中国校本教研与校本课程数字出版平台
中国校本教研网 www.schooledu.com.cn
◎特别推荐◎

高效能语文教学
5项修炼

王其华◎著

江苏教育出版社

序　言

“发展”是新课程改革的核心理念。教育的最终目的是促进学生的发展，一切为了学生的发展。随着“课改”的不断推进以及教育的深入发展，人们越来越理性地认识到：教育改革的落脚点在学生，但是教育改革成败的关键在教师，教师发展是促进学生发展和学校发展的重要一环。没有教师的发展，学生的发展就是无源之水；没有教师的发展，学校的发展就成了无本之木。百年大计，教育为本；学校发展，教师为本。教师是学校的第一资源，谁拥有一流的教师，谁就能创造一流的教育。

教师要发展，就要解决好依靠谁发展、发展什么、怎样发展的问题。教师的发展虽然需要领导的关心、同事的支持、客观环境的影响等外部因素，但更重要的是教师要发掘自身的内驱力和发展力，通过不断的自主学习、勤奋积累和刻苦修炼，实现自我的生命价值。

教师内涵发展的内容很丰富，但是更新先进的教学理念、掌握智慧的教学方法、设计精妙的教学案例、注重深刻的教学反思、开展科学的教学研究，应该是教师内涵发展的重中之重和关键环节。本书从融化课改理念、优化教学方法、活化案例设计、强化教学反思、深化教研探索五个方面，以丰富的、鲜活的语文教学案例，展现了语文教师专业发展的内涵和重点，既展示了语文教学和研究的艺术，也折射出教师发展的基本轨迹。

教师要实现内涵发展，首先要吸纳先进的“课改”理念。教育理念是指导教育行为的思想观念和精神追求，教师应该是新课程理念的拥有者和生成者。教育是科学，理念是先导，只要有教育行为发生，就一定有教育理念在起作用。没有理念指导的实践是盲目的实践，教师理论的高度直接影响到其思想的高度，没有先进理念引领的教师是不会走得太远的。“问渠那得清如许，为有源头活水来。”学习、吸收、融化课程改革的新理念，是教师内涵发展的“源头活水”。具有明确和先进的教学理念，应该是教师基本的素质。教师的教育理念一旦形成，就成为相对稳定的精神力量，成为教师对教育理想的积极追求和不竭动力。

教师要实现内涵发展，必须要优化智慧的教学方法。教学是一门艺术，教无定法，贵在得法，重在活法。教师只有了解学情，把握教学规律，掌握灵活多样的教学方法，才能在课堂上融会贯通，得心应手，游刃有余，熟练地驾驭课堂教学，灵活地调控课堂节奏，提高教学效率，达成教学目标，在发展学生的同时也最大限度地提升自己。

教师要实现内涵发展，关键要活化精妙的案例设计。语文教学是预设和生成的统一体，精巧的预设才能预约精彩的生成。教学设计是对教学内容、教学目标、教学方法、教学活动以及教学组织等方面的选择与安排，是提高教学质量的前提。教学设计能力是教师素养的重要基石，也是教师教学能力的直接体现。优秀教师总是用心备好每一节课，精心设计好每一节课，全身心上好每一节课，在师生互动的课堂上培养学生的创新精神，激发自己的教学智慧，展现自己的教学风格，让每一节课程成为师生生命的狂欢、情感的流淌、精神的绽放，这应该成为优秀教师追求的成长状态。

教师要实现内涵发展，重要的是强化深刻的教学反思。没有反思的教学是虚无的，是没有价值和意义的，套用苏格拉底的一句话就是“没有反思的生活不值得过”。著名的美国教育心理学家波斯纳提出了一个教师成长公式：成长＝经验＋反思。一个优秀教师的成长过程离不开不断的教学反思这一重要环节。教学反思可以进一步地激发教师主动学习的自觉愿望，不断地反思会不断地发现困惑，不断地认识自我，不断地走向成熟。一个教师停止反思的时候，也就是他思想枯竭、成长停止的时候。有研究者认为：“即使是有20年的教学经验，也许只是一年工作的20次重复；除非他善于从经验反思中吸取教益，否则就不可能有什么改进。”叶澜教授认为，一个教师写一辈子教案不可能成为名师，如果一个教师坚持写三年的教学反思，就有可能成为名师。教师要坚持对自己的教育思想、教育态度和教育教学行为及效果进行经常的分析与反思，让思想根植于实践的土壤里、生长在反思的王国中，养成反思习惯，提高反思能力，加速专业成长的进程。

教师要实现内涵发展，必须要深化科学的教学研究。教师即研究者，做研究型、专家型教师，这是“新课程”改革对教师成长的热切呼唤。是否有研究的热情，有没有研究的能力，这是教书匠与名教师的重要区别，教学研究是教师成长的“发动机”。教育活动是极具个性的实践活动，教师的教育实践不能完全依赖于他人的研究成果。郑金洲教授在《教师如何做研究》一书中说：“教师应具有教育智慧，教师同样需要研究智慧，研究的本领增强了，教学的智慧也就逐渐生成了。”实践证明，教师一旦以研究者的心态置身于教育情景，以研究者的眼光审视当下的教育理论和教学实践，并以研究者的探究精神不断发现问题、解决问题，就能有效提升理论水平，其教育质量必然会大有提高。教师不能仅满足于做一个教育的实践者、消费者，还要做一个教育的研究者、创造者，揭开科研的神秘面纱，推开科研这扇窗户，才能发现教育表象下的美丽风景，真正感受到教育的快乐和幸福。掌握科研规律，学会科研方法，向科研要质量，以科研促成长，这是教师内涵发展的必由之路，也是优秀教师必须具备的重要能力。

当然，教师的内涵发展还有其他很多方面，本书只是选取其中的几个视角，期待对老师们能有所启发，也期待有更多的教师能通过内涵发展快速地成长起来，脱颖而出，从“教书匠”成长为“教育家”。

目　录

1 第一章 内化“教改”新理念：

教师内涵发展的“活力源”

“新课程”催生新理念，新理念唤醒新教师。没有理论指导的教学实践是盲目的实践，没有理论武装的语文教师是空虚的教师。在“新课程”改革的背景下，语文教师要实现内涵发展，首先要把学习教育理论、更新教育观念作为第一需要，这是教师内涵发展的“活力源”。语文教师要积极投身教育教学改革，准确把握教学改革的内涵和精髓，把“新课程”改革中先进的教育理念融化到自己的知识结构中，内化成自己的心灵财富，让这些教学理念在心底生根、开花，达到融会贯通和灵活运用，以此来指导自己的教育教学行为。教师掌握新的教育教学理念，不仅可以丰富文化底蕴，改善教学行为，提升教学境界，更重要的是能使内心变得开放、敞亮、鲜活、细腻和温柔，从而使生命充满活力，为内涵发展注入源源不断的“源头活水”。

第一节　课堂创新的理念

在“新课程”背景下，语文教学的最高境界究竟是什么？让学生学会听、说、读、写就是语文教学全部的追求吗？我始终认为：语文教学应该是一种崇高的追求、一种幸福的享受，追求创新的智慧，享受教育的幸福。江泽民同志曾在第三次全国教育工作会议上指出：“面对世界科技飞速发展的挑战，我们必须把增强民族创新能力提到关系中华民族兴衰存亡的高度来认识，教育在培育民族创新精神和培养创造性人才方面，肩负着特殊的使命。”语文教学进行创新教育是教育改革发展的必然趋势，也是深化素质教育的重要举措。在创新教育深入人心的今天，我们要用创新的理念指导语文教学，把学生领进智慧的乐园，让学生享受到教育的幸福。

语文课堂要实施创新教学，就要努力把学生领进三种创新境界：

一、精神契合——敞开学生的心灵

语文教学是丰富多彩的，具有生命的灵性，灌注着丰厚的文化内涵和人文精神。语文课堂教学应该是心灵飞扬、情感启动、精神契合的过程。德国哲学家雅斯贝尔斯认为：“教育是文化得以传递的活动，是人与人精神的契合，人与人的交往是双方的对话。”在语文教学中，教师靠关爱、激励、唤醒打开学生的心门，走进学生的心灵；学生通过诵读、感悟、涵泳，披文入境，进入作者的内心世界；学生和学生之间则通过讨论、交流、合作，互相启发，互相了解，彼此沟通，走进对方的精神领域。语文教学就是要促进学生、作者、教师的语言和精神走向融合，走向水乳交融的美妙境界。

精神需要精神的浇灌，情感需要情感的陶冶。语文教学要实现精神的契合，关键是教师要树立正确的教育观、学生观，善于创设宽松愉悦、民主和谐的教学氛围，去除各种清规戒律。托尔斯泰说：“教育的唯一规范就是自由。”教师要从长期独霸的权威讲坛上走下来，从精心设计的“教案圈套”中走出来，蹲下身子和学生相互切磋、相互交流，平等地进行心灵的对话，以爱唤起爱，以情陶冶情，以美塑造美，以趣激发趣，给学生的情感和思维以自由舒展的空间。在这样的教学情境中，学生如沐春风，自由地呼吸，敏捷地发现，快乐地探索。也只有在这时，学生才能尽情地敞开心灵，放飞思想，泼洒情感，和周围的一切和谐地融为一体，这是诗化学生心灵的过程。在这种心灵追逐、情感同频共振的境界中，学生自然会进入“文入我心、我心入境、物我一体”的同化境界，达到“其言皆若出于吾之口，其意皆若出于吾之心”的理想氛围。这时候的语文学习就是一种精神的享受，一种人生的幸福。

二、思维碰撞——催绽智慧的花朵

恩格斯把人类的思维活动誉为“地球上最美丽的花朵”。赞科夫说：“教会学生思考，这对学生来说，是一种最有价值的本钱。”语文是一种充满思想、充满人文精神、充满智慧的学科。而传统的语文教学关注的是生硬的灌输、机械的操练，把记忆知识当作教学的出发点和归宿，实施的是“搬”式教学。即教师把教材、教参“搬”进教案，把教案“搬”进课堂，“搬”上黑板，同时让学生“搬”进笔记，再“搬”进作业，最后作为标准“搬”进答案，“搬”进考卷，到老师那里换一个不错的分数，致使鲜活的课堂教学变成了纯技术的演练，在相当程度上抹杀了学生的创造性思维和个性化理解。语文教学要直面时代的挑战，必须从关注知识和技能走向关注智慧和潜能，让“鲜明的思想”“活生生的语言”“儿童的创造精神”在语文课堂充分张扬和外显。

学生来到学校里，不仅仅是要获得一个知识的行囊，更重要的是武装一个智慧的头脑。语文教学要让学生学会独立思考，学会发现和创造，就要从培养学生的创新思维入手。智慧碰不到智慧要消失，智慧只有和智慧在碰撞中才会迸出动人的火花。学习主体和学习主体之间的切磋、探讨和争辩，是激扬创新智能、碰断常规思维程序的利器。

为了充分挖掘学生的创新潜能，提供思维碰撞的契机，除了在课堂教学中多给学生提供争辩讨论的机会外，我还在班级开展“每天一辩”活动，具体做法是每天放学时给学生提供一个大家都感兴趣的话题，如“小学生看电视有无益处”“减轻小学生课业负担好不好”等。让学生回家收集材料、整理信息，第二天晨会课上，按所持的不同观点把学生分成正反两方让其进行辩论，当场评出“最佳辩论”小组和“最佳辩论员”进行奖励。由于形式新颖，内容贴近学生实际，符合学生争强好胜的心理特点，同学们情绪高涨，跃跃欲试，乐此不疲，逐渐达到有序、高效、合作、竞争的理想境界。每天的争辩活动，犹如一道风味独特的“自助餐”，为学生语文素质的构建提供着新鲜而丰厚的营养。它的意义突出表现在三方面：它是锤炼说话能力的磨砺石；它是培养合作意识和竞争精神的大舞台；它是激扬创新思维的催化剂。这种“短兵相接”“唇枪舌剑”的争辩活动，把学生逐渐领进创造的佳境。

三、个性飞扬——塑造人格的灵光

山有峰，才显其险；针有尖，才显其锐；刀有刃，才显其利；智能有尖，才能突破创新；人有棱，才能自强自立。爱因斯坦说：“优秀的性格和钢铁般的意志比智慧和博学更为重要，智力上的成就在很大程度上依赖性格的伟大。”创新教育是真正完整的“人的教育”，教师的教学观应从知识本位、智力本位到人本位，课堂教学所担负的重点职责也应从传授知识、发展智力革新为培养学生的价值观与态度，促进人格的全面发展。语文教学要把发展学生的个性品质、塑造学生的人格灵光作为最崇高的追求。

语文教学要培养学生鲜明的个性品质，必须从培养质疑精神和批判意识开始。我们的学生缺少的不是语言，而是独立的思想。没有质疑和批判的思想，就没有创造。没有质疑和批判，哥白尼就不会创立日心说，爱因斯坦就不可能提出相对论，伽利略也不可能有意大利比萨斜塔的经典实验。把思考、发现和批判的权利交给学生，用心呵护和敞开学生的内心世界，让学生从小就能学会用自己的眼睛观察、用自己的心灵感悟、用自己的头脑思考。有了质疑和批判的胆量，有了异想天开的创意，有了标新立异的观点，学生的个性就会舒展开来，就会在语文课堂自由飞扬。

首先，鼓励学生敢于向教材质疑，不唯书。教材不是不可挑战的金科玉律，学生也不是被动接受教材的奴隶。教师要教会学生带着质疑的心理和批判的精神去阅读，怀着求知和期待的心态走进去，带着审视和挑剔的目光走出来，敢于大胆地向教材挑战。如在学习《草原》第一段时，有学生提出问题：“我觉得老舍先生在第一段中有两处写得前后矛盾。第一是‘一碧千里’和‘并不茫茫’相矛盾；第二处是‘到处翠色欲流’，是说翠色要流而没有流，接着说‘轻轻流入云际’，那是说‘翠色’已经‘流’了。”这位同学善于思考，敢于向教材挑战，表现出勇敢的批判精神。

其次，鼓励学生善于向同学质疑，不盲从。在语文教学中，对同一个问题，学生常常会有自己不同的看法。教师切不可匆忙下结论，要创设思维碰撞的情境，引导学生展开激烈的讨论，让学生畅所欲言、各抒己见，使他们从小就有主见、会判断，不人云亦云、盲目顺从。如学习《落花生》，有的学生认为花生的品质值得学习，但也有学生不同意这个看法，认为现在是市场经济，一个人要有竞争意识，要善于展示自己、推销自己，如果都像花生那样默默无闻，恐怕连一份像样的工作都找不到，所以，在当今社会里，桃子、苹果、石榴也有值得我们学习的品质。从学生的发言中，就能看出学生的思维闪耀着创造的火花。

再次，鼓励学生勇于向教师质疑，不唯师。教学首先是师生之间活生生的人的关系，师生是合作学习的伙伴，教师要为学生创新个性的发展撑起一片广阔的蓝天。如学习《大森林的主人》时，老师总结说："猎人在饥寒交迫的情况下，能从大自然中索取到自己所需要的东西，称得上是大森林的主人。"有的学生则提出相反意见，认为猎人肆意捕杀野生动物，破坏生态环境，点燃篝火，还容易引起森林火灾，这算不上主人翁的态度。学生勇于向教师和传统的观念挑战，大胆发表自己独到的见解，表现出可贵的批判精神和创新个性。

叶澜教授说"课堂教学应被看作师生人生中的一段重要的生命经历，是他们生命的意义的构成部分"，并提出要"让课堂焕发生命的活力"。具有创新性的语文课堂教学，要以激发儿童的心灵、焕发儿童的生命活力为前提，以提高学生的智慧、铸造学生的人格为归宿，让学生在充满灵性的感悟中体验语文的快乐，在充满激情的创造中享受教育的幸福。

第二节　优化过程的理念

传统语文教学的最大弊端就是重教学结果，轻教学过程。课堂上教师关注的是学生听懂了没有、记住了没有，而不是学生怎么去学、学得怎么样。教师考虑的是怎样快速地把正确的结论和答案交给学生，以便学生考试能取得好成绩。教师把教学过程仅仅看成达到目的的途径和获得结果的手段，而且尽量缩短、尽量简化。当语文教学贫乏得只剩下"结果"的时候，教学的意义就是对学生的折磨和摧残。现代教学的主要目标是教学生"会学"，而不是“学会”。“会学”突出“过程”，而“学会”关注“结论”。李维鼎先生在《语文言意论》一书中就传统型的阅读教学重结果轻过程的具体表现进行了如下描述：一是诵读不足，分析介入太快；二是咀嚼不足，结论说出太快；三是讨论不足，分歧消解太快；四是欣赏不足，理性说明太快；五是整合不足，阅读结束太快；归结起来便是“过程”展开不足，“结论”得出太快。可以说这五个“不足”和“太快”，点出了阅读教学高耗低效的症结所在，同时也从另一方面揭示了有效教学的本质途径，那就是“过程”展开要充分、丰盈，采取“中心”突破，实现“过程”突围；“结论”得出要放慢节奏，慢下来才能看到风景，在过程中才能领略到精彩。

一、真诚助学，倾心关注“过程”

在传统的课堂教学中，教师的目光大都聚焦在部分学优生的学习表现上。学优生回答出问题，就代表其他学生都会了，一个教学环节就结束了，学优生成了课堂教学的“晴雨表”。其实，由于能力的差异，极个别学生的表现并不能代表全体学生的学习实际，还有很多学生在吃“夹生饭”，少数学困生经常被忽略，严重影响了整体教学质量的提高。

教师不仅是学生学习的指导者，更是学生学习的帮助者和促进者。教师要敏锐地关注每一个学生的学习状态，真诚地帮助每一个学生学习进步，尤其是关心那些学习有困难的学生，不让每一个学生掉队。在一次大型公开课上，于永正老师指名一个学生朗读课文，谁知指到的是全班读书最差的一个学生。他读得十分吃力，都是一个字一个字往外蹦。于老师耐心地听他读完，拍拍他的肩膀，亲切地说：“不要紧张，好好练习，老师相信你能读好，过一会儿我再请你读!”临下课前，于老师又请他起来读书。这次，他是两个字两个字往外蹦。于老师高兴地说：“了不起！你的进步真快。下节课你一定能读得更好，到时候老师再请你读，好吗?”下课了，同学们都出去玩耍，只有那位同学还坐在座位上读书。问他为什么不出去玩，他说于老师下节课还要听他读书。

这个教学细节看似简单，但令人回味。在大型的公开课上，如果是一般的教师遇到这种情况，肯定是不耐烦地让他坐下，再换别的学生起来朗读。而于老师耐心地指导、热忱地鼓励、真诚地期待，唤醒了学生学习的信心和热情。只有后进生会学了，才是真正的有效教学；只有后进生学会了，才是不含水分的教学质量。

二、巧妙纠错，恰当还原“过程”

在阅读过程中，学生出现认识的偏差和理解的错误很正常。有些教师面对这种情况，要么让其他学生回答，要么自己包办代替，教学绕道而行，虽然节省了时间，但是却错过了学生最佳的探究过程。其实，没有错误的课堂教学是不真实的。有错误的课堂才是真实的课堂，有问题的课堂才是有效的课堂。从某种意义上说，学习的过程就是一个发生错误、认识错误、纠正错误的循环过程。学生也正是在这个过程中实现对认知信息的排斥或认同并进行信息重组，从而获得新的知识，提升认知能力。

一位著名的特级教师说过这样的话：“教‘3＋2＝5’的教师是合格教师，教‘3＋2＝?’的教师是好老师，而用‘3＋2＝6’来教的教师才是优秀教师!”教学中的“错误”是一种重要的课程资源。“错误”可以激发学生的心理矛盾和问题意识，更好地促进学生的认知发展。英国心理学家贝恩布里奇说：“错误人皆有之，作为教师不利用是不可原谅的。”教师要善于捕捉学生在学习过程中出现的各种错误，发现其背后隐含的教育价值，欣赏错误背后的风景，善待出错的同学，引导他们在错误中探究、在错误中求知，绝不能用统一的答案和标准去要求千差万别的学生，把一个个富有灵性和创意的答案扼杀在萌芽状态。教师要将错就错，因势利导，抓住教学契机，适时地点拨，恰当地引导，巧妙地把错误开发成宝贵的教学资源，那必将会成为课堂教学一道亮丽的风景。

下面是一位教师在教学《林冲棒打洪教头》时的教学片段：

师：他读得口齿清楚，响亮流畅。但有一个字却读错了，谁听出来了？

生：他把“拨草寻蛇”读成“拔草寻蛇”了。（师板书“拨”“拔”）

师：“拨”跟“拔”就像一对孪生兄弟，谁知道它们的区别在哪儿？（生答，教师用红笔标出“拔”右上的一小竖）

师：（故作惊奇）原来这两个字只差一小竖啊。是呀，拔干净草，找蛇不是更容易吗？为什么要“拨草寻蛇”呢？（生讨论）

师：现在，谁来演示一下“拔草寻蛇”和“拨草寻蛇”？（一生做大力拔草状，之后又拿了支钢笔小心翼翼地演“拨草寻蛇”）

师：你表演得太棒了！大家从他的表演中发现了什么？

生：“拔”是需要很用力的，而“拨”是轻悄悄的。

生：“拔”是从下往上拉，而“拨”是左右拨动。

师：这两个不同的动作，跟“寻蛇”有关系吗？

生：（恍然大悟）蛇的感官那么灵敏，一有风吹草动它就溜了。只有轻轻地“拨”，才能找到它。

师：看来，这一“拔”一“拨”，“寻蛇”的效果可是大相径庭啊！

学生的错误并不可怕，可怕的是教师对错误的熟视无睹和盲目封杀。这位教师具有敏锐的资源意识，善于发现和捕捉课堂上转瞬即逝的利于促进学生可持续发展的因素，巧妙地利用了学生的错误，通过放大、解剖、沉淀、过滤等手段，再现了阅读认知的过程，从而点燃学生智慧的火花，让课堂充满“成长的气息”，呈现了“无法预约的精彩”。

三、灵活创造，动态生成“过程”

课堂教学不是固定僵化的预设框框，而是动态变化的生成过程。新课堂要从“教中心”转变为“学中心”，把学生的“学”作为教学设计的出发点和落脚点。教师的教要适合于学、服从于学、服务于学，以学定教，顺学而导。虽然预设必不可少，但生成才是我们追求的最高境界。苏霍姆林斯基说过：“教育的技巧并不在于能预见到课的所有细节，而在于根据当时的具体情况，巧妙地在学生不知不觉之中做出相应的变动。”布卢姆也说：“人们无法预料教学所产生的成果的全部范围。没有预料不到的成果，教学也就不成为一种艺术了。”

著名特级教师周一贯在一篇论文里举了这样一个教学案例：一位教师教学《爬天都峰》一课（人教版第五册），深读课文伊始，就有一位小朋友说：“课文的题目是‘爬天都峰’，这‘爬’字有点儿土，我们说‘登山队员’，就没有说‘爬山队员’的。用‘登天都峰’作题目不是更好吗？”老师正想解答这个并不复杂的问题，但又想：何不把“教”转化为让学生自己“学”的过程？于是，教师现场改变了教学预设，便说：“你的话有道理，用‘登天都峰’作题目也可以，可作者为什么要用‘爬’？在这里到底用‘登’好还是‘爬’好，让我们来深读课文研究一下好吗？”于是，有的学生找到了写天都峰特别高的第二小节为依据，说明“爬”比“登”好，因为“爬要手脚并用，正表现出这山的高，只能爬”。教师便乘机抓第二小节让学生说出研读感受。有的学生说，因为登山的“我”是个孩子，还有一个是老爷爷，这一老一小要登山多不容易，就只好“爬”了。教师便因势点拨学生深读课文的第三至第七小节。有的学生还从课文的第八至第十小节读到这一老一小是依靠互相鼓励，“从别人身上汲取力量”才上了天都峰，不是轻易上去的，所以用“爬”更能说明这一点……就这样，学生的学习需求得到了满足，生命潜能得到了充分调动，用自己的方式解决了自己的问题，而老师的“教”只是渗透在“导学”的过程之中。

我们为这位教师的教学智慧而高兴。教师没有固守自己的教案设计，而是根据教学中出现的新情况、新问题，审时度势，灵活安排，适时地调整教学计划，把“教”的行为巧妙地转化为“学”的活动，使课堂教学能沿着顺应学生发展的快车道高效运行。少一点预设，多一点生成；少一点僵死的框框，多一点自由创造的时空，语文课才会洋溢着创造的灵动，师生的精神生命也会因此而熠熠生辉。

四、整合重构，充实丰满“过程”

阅读是被引导的创造。阅读教学中，教师的视野不能只局限在课文里，教学的资源也不能只禁锢在课文里，资源的单一势必会带来理解的肤浅。教师要结合课文适当扩展补充教学资源，或者链接与文本相关的阅读材料，或者通过师生写作创生新的阅读文本。教学时把这些阅读材料和课文内容有机整合融汇，生成新的学习范型，实现课文内容的重构与升级，丰富阅读的内涵，使阅读教学进入别有洞天的美妙境界。

浙江省特级教师庞光辉在执教《雨点儿》（人教版国标本一年级上册）时，为了完成识字解词的目标，在教学中进行了大胆的创造性的尝试。她先模仿课文的内容和形式，创作了《雪花儿》和《树叶儿》两篇短文。这两篇短文不仅在写法上和课文相似，并且都运用了课文中的生字和“数不清、飘落、半空、回答、地方、不久”等几个重点词语。然后，庞老师把全班学生分成若干个学习小组，指导学生在阅读这三篇短文的过程中自主识字。学生先各自朗读其中一篇短文，学习、感知其中的生字新词。然后，各组学生合起来读三篇短文，深化对新词的理解和认识。这样阅读，原文和新文交互呈现，对照阅读，一篇带多篇，立体感悟，多重积累，不仅扩大了阅读量，丰富了语感经验，也有效地培养了学生的阅读能力。学生通过创造性的阅读活动，深深地爱上了“雨点儿”“雪花儿”“树叶儿”这三个“朋友”。有些学生还模仿课文的写法，创作了《泉水》《云朵儿》《蒲公英》等生动有趣的短文，表达了他们对大自然的美好情怀。

庞老师的教学生动活泼，智引妙连，洋溢着蓬勃的活力，充满了旺盛的张力，使单薄干瘪的文本变得血肉丰满，让简单枯燥的教学过程变得丰盈充实。这样的教学过程，充分体现了“用教材教”而不是“教教材”，极大地发挥了文本的发酵功能和教学过程的创生特性。

五、激活期待，伸展延长“过程”

阅读教学就是引导学生用自己已有的知识经验与文本信息碰撞，通过大胆想象和预测，产生强烈的“期待视野”，从而生成新的意义。所谓“期待视野”，就是读者在阅读一部作品以前由阅读经验、生活经历、认识水平、阅读兴趣等所形成的思维定向或先在结构，这些因素化合成一种机制、一种期待、一种希冀、一种欲望、一种对文本内涵的探究心向与判断尺度，也是一种语感的图示，它直接关系到读者对作品的理解和接受程度。阅读教学中，就是要激活学生的期待视野，唤醒学生的探究意向，伸展和延长阅读的过程，让阅读教学意味更深长、意境更悠远、效果更扎实。

请看特级教师吉春亚教学《跳水》的片段：

师：这是一个真实的故事，作者是俄国著名作家列夫·托尔斯泰。我们的课文只是节选，原文的结尾部分没有了。我们做一次托尔斯泰，把这个令人惊心动魄的故事叙述完整。

（生动笔练习，大约3分钟左右）

师：“小托尔斯泰”已经耐不住了，请最先举手的宣读自己的作品。

生：孩子睁开了眼睛，全船欢呼起来，孩子的父亲也欣慰地笑了，猴子也从高高的桅杆上下来了，手里拿着撕坏的帽子，不好意思地看着孩子。孩子拿过帽子，拍拍猴子的小脑袋说：“叫你不乖，叫你淘气！”全船的人又哈哈大笑起来。

……

师：我的心沉浸在你们创造的甜蜜氛围中。你们太棒了！托尔斯泰写的结尾是怎样的呢？

（出示托尔斯泰原文的结尾，让学生比较）

这个教学激活了期待的视野，开启了思维的闸门，让学生充分地调动起自己的生活积累和语言储备，结合对文本的理解，大胆地展示自己的独特构思和独特感受，在预测课文结尾的过程中拉长了阅读的过程，增加了探究的机会，培养了学生的思维和创新能力。

六、以写促读，化用提升“过程”

“写作是阅读的目的。”“写作是语文能力的最高呈现。”阅读教学中，通过引导学生随文练笔，能有效地激活学生阅读的状态，深化学生对阅读的理解，使学生化用和提升阅读的进程。我们看看著名特级教师王崧舟在执教《二泉映月》一课时对“坎坷”一词的教学过程：

师：是啊，你把“坎坷”这个词语读成了长长的一段话。闭上眼睛，让我们用心地去看，这些话在你的眼前仿佛出现了什么样的画面？在一个烟雨蒙蒙的早晨，阿炳在干什么？在一个大雪纷飞的黄昏，阿炳在干什么？也许他因为双目失明而撞上了一摊水果，也许他在破旧不堪的房子里。请把你看到的画面形象写成几句话。

生：我仿佛看到了双目失明的阿炳在大雪纷飞的时候，拿着胡琴在街上卖艺，当他不小心撞到小摊时，即使他说“对不起”，摊主也不肯放过他，把他一天辛苦赚来的钱全部都拿走了。

生：我仿佛看到了双目失明的阿炳不小心碰翻了人家的水果摊，虽然说了“对不起”，还是被人毒打了一顿。虽然围观的人很多，但是没有一个人帮助他，只是在一旁讥笑他。

生：我还看到双目失明的阿炳在别人吃着团圆饭时，一个人在大雪纷飞的夜晚，拉着二胡，穿着破烂的单衣，吃着别人剩下的饭菜，睡在牛棚里，没有被子，没有床，没有枕头。

……

语言的学习，是一个思维、表达与情感和谐发展的过程。我们来感悟一下王老师对“坎坷”一词的教学过程：教师先让学生从文中找出表现“坎坷”的语言文字进行朗读，找到相应的注解和诠释。然后根据文本语言和所创设的情境产生丰富的想象，从而在头脑中形成画面，让词语内涵连同人物命运在学生的脑海中立体动感起来。再把建构的心理图画通过具体的语言文字生动地表达出来，实现了由“意”到“言”的转换，从而提升了学生的言语智慧，发展了学生的语言。这个教学过程，融朗读感悟、情感熏陶、想象审美、言语运用为一体。这是一次思维的历练和情感的体验，是对文本意蕴的丰富和提升，也是对语言作品的消解和化用，更是对心灵的润泽和升华。这样的教学过程变抽象为具体，变平面为立体，变单一为多维，变僵化为灵动，具有“核反应堆”的凝聚力和爆发力，呈现的是教师的教学智慧，彰显了教学过程的无穷魅力。

阅读教学过程如同一段充满生命活力的精神旅游，师生都是走在途中的游客，最重要的目标就是在游览的过程中欣赏沿途的风景，让每一处美丽的风光都点亮我们的眼睛、愉悦我们的精神、滋润我们的心灵，而不是急于求成，一下子到达终点站，那就失去了旅游的意义。“结论”是僵化静止的，“过程”是鲜活生动的；“结论”只能使人知道，“过程”更能让人感受；“结论”只能暂时储存在记忆里，“过程”则能长久生长在生命中。没有“过程”的“结论”是虚化的，“过程”不充分的“结论”是干瘪的。只有“过程”的展开“面朝大海”，“结论”的得出才能“春暖花开”，只有丰盈充实的过程才能结出饱满丰硕的果实。阅读教学只有采取“过程”突破，实现“过程”突围，让阅读的过程拓宽、掘深、增厚、加高、延长，而不是萎缩、狭窄、简化，学生才能在动态的过程中进行充满灵性的探索、富有激情的创造，结论本身就蕴含在过程之中。阅读教学的价值在过程中生成，教育的价值同样在此。

第三节　智慧对话的理念

新课堂要求从“教师中心论”“学生中心论”走向“师生对话论”。“水尝无华，相荡乃成涟漪；石本无火，对击始发灵光。”教学的本质就是主体间的交往和对话过程。对话，不仅是一个时尚的名词、一个新锐的理念，更应是一种实实在在、付诸课堂实践的全新的教学行为和语文学习方式。

《语文课程标准》指出，阅读教学是学生、教师、文本之间对话的过程，语文教学应在师生平等对话的过程中进行。其实这里面包含着两层含义：(1) 阅读是读者与文本间的对话过程；(2) 教学是教师与学生以及学生与学生间的对话过程。这里面蕴含着语文教学对话的两个概念：一是“阅读对话理论”，二是“教学对话理论”。现在很多教师把两者混为一谈，把《语文课程标准》中的“对话”理解为单纯的“教学对话”，这显然是很片面的。

“阅读对话”，就是指读者与文本间的对话。在阅读对话中，读者固然是一个对话的主体，但文本也是另一个对话的主体。因为“文本是一种语言，也就是说，它像一个‘你’一样自身说话，它不是一个客观对象，而更像对话中的另外一个人”（见高伟《课程文本：不断扩展着的“隐喻”》）。每一个文本都是一个敞开的世界，具有生命的灵性，蕴含着作者独特的情感、思想和人生，是师生课堂对话的源头活水。读者与文本之间的关系不是孤立静止的，而是双向互动的，文本的价值与地位是作者创作意识与读者的接受创新意识共同作用的结果。学生对文本的学习和把握，应该是一种心灵的进入，是一种心灵的启动，是学生与作者之间精神的交往、心灵的对话。可见，阅读对话实质上是读者对文本的叩问、质询、反思、充实和延伸，是对文本进行再加工、再创造的过程。

“教学对话”，是指师生之间、生生之间立体多元的对话。现代教学过程以弘扬人的主体性为核心，注重激发作为主体的人的能动性和创造性。教师和学生都是作为主体的人，他们之间的关系是一种交互主体的关系，两者在交往过程中合作，在合作中沟通。因此，教学也就是一种语言性沟通或语言性活动，这样，教学对话就成为教学活动的重要特点。

在对话理念的观照下，呈现出丰富多彩的语文学习形式。

一、与文本对话——探究性学习

每一个文本都是一个等待发掘和探究的未知世界。阅读一篇课文就是学生与文本作者一次次对话的过程（主要以无声的方式），也是一种探究性学习的过程。学生与文本对话的主要切入点有两个：

1. 理解性对话，探究“言内之意”

理解是对话得以发生的关键要素，是受教育者形成关于自身知识和生活智慧的基础。因此，只有在理解的前提下，个体才能走向他人，才会有意义的不断生成，使具有真正意义的对话关系拥有构建的平台。理解性对话，就是要求学生首先理解和掌握“语言文字本身所有的意义和情味”，即探究文本的“言内之意”。理解的主要方式是阅读和感悟，理解的主要途径是“会面”和交流。叶圣陶先生说：“文字是一道桥梁，这边的桥堍站着读者，那边的桥堍站着作者，通过了这一道桥梁，读者才和作者会面，不但会面，并且了解作者的心情，和作者的心情相契合。”阅读实际上就是读者与作者“会面”的过程。读者通过朗读思考，沿着语言文字的“桥梁”披文入境，走进文本世界，和作者亲切地“会面”和对话，与文本亲密地接触和交融，真正理解文本的内涵，体会作者的思想感情，积累课文中规范的语言材料。

2. 想象性对话，领悟“弦外之音”

所谓“弦外之音”，就是作品的“言外之意”，是寻找生成意义的有效切入点。因为作品的意义不是凝固不变的，它包含着许多意义的“不确定性”和“意义空白”，这些构成了作品的召唤结构，召唤着读者去发挥想象力，具体实现作者的创作意图。叶圣陶先生说过：“文艺作品往往不是倾筐倒箧地说的，说出来的只是一部分罢了，还有一部分所谓言外之意、弦外之音，没有说出来，必须驱遣我们的想象才能领会它。”要进一步领会作品的“言外之意”，就必须“驱遣我们的想象，才能接触到作品的意境”。如《虎门销烟》中“看到害人的鸦片被销毁了，成千上万的老百姓激动地跳啊、叫啊，欢呼声响彻虎门上空”一段，老百姓会怎样跳，怎样喊？他们会欢呼些什么？让学生结合课文情境，想象练说，再模拟表演，就真切地还原了课文中鲜活的生活情景，使学生体会到人物的思想感情，感受到林则徐虎门销烟的重要意义。这不仅是激活想象、唤醒文本、填补意义空白的过程，也是学生与作者对话、与文中人物对话的过程。

二、与他人对话——合作性学习

1. 生生对话，互动中合作

生生对话最有效的组织形式是小组合作学习。在小组合作学习中，学生始终处于互动交流的状态之中，他们同是对话的主体，在群体中畅所欲言、尽情表达、相互启发、相互补充、相互借鉴、相互完善，思维在碰撞中绽放光芒，观点在争论中流动生成，精神在相遇中唤醒激活。这既是探究新知的过程，也是分享合作成果的过程，使语文课堂成为合作的舞台、多元对话的“场”。

2. 师生对话，唤醒中升华

在生生对话的过程中，教师不能淡出，而要巧妙地介入，热情地参与，把对话不断引向深入，在精神倦怠时给予激励，在思维困惑时给予点拨，在理解偏差处给予纠正，在见解精彩处给予赞赏，使学生感到顺利地表达自己是一件多么幸福的事，是一件让自己的内心多么舒展的事。教师应是一个高明的“导游”，引导“游客”不断发现精彩；教师又是一个睿智的“首席”，把对话一步步地引入佳境，推向高潮。教师视学生为真诚的朋友和亲密的对话伙伴，学生则把教师看作心中的亲人。心扉敞开，言如泉涌，师生成为“学习共同体”。这样的对话，哪有心声不能谛听？哪有心火不能点燃？哪有心花不能怒放？对话便在相互唤醒中走向深刻和厚重，在意境升华中变得精彩和富有灵性。

三、与自我对话——反思性学习

语文学习是不断地思考着、反省着、探索着、寻觅着的过程，而这一切的进行，都离不开自我对话。弗洛伊德在他著名的精神分析理论中，将“我”分为本我、自我与超我，并认为人的心路历程就是由这么三个“我”的相互冲突与矛盾所构成。这些“我”的相互冲突与矛盾，就是一种自我对话。自我对话的实质是自我反思。反思性作为建构主义学习的核心特征，意味着学习者必须从事自我监控、自我检测、自我反馈等活动，对知识内容及产生过程进行反思，以便及时了解学习效果，调整自己的学习方式，采取补救措施。在语文教学的过程中，教师要求学生去感悟、多思考，实际上就是让学生积极地去开展自我对话。我们应经常让学生反思自己的学习过程，在课前预测：我想怎样学？在我应该怎样学？我能怎样学？在课中反思：我学得怎么样？我需要怎样改进自己的学习方法？在课后总结：我收获了多少？掌握了什么？我又有哪些新的发现？有哪些好的学习经验值得借鉴？还有哪些失误和教训值得总结？让学生从多方位、多角度进行反思性学习，和自己进行深层次的对话，有利于培养学生的反思能力，从而不断地提升“自我”，完善“自我”，提升人文品格。

自我对话属于内部对话，发生在学生个体的心灵深处，是思想的沉淀和“发酵”。教师在教学中要经常有意识地去引导和培养，让学生逐步养成反思习惯，提高学习质量。

四、与生活对话——实践性学习

仅有课堂的学习是局限的，光有知识的对话是狭隘的，生活是更广阔的学习天地，实践是最鲜活的对话舞台。语文学习的外延和生活相等。引导学生走进自然、关注社会、体验生活，把语文学习的触角延伸到丰富多彩的社会生活中去，在生活中学语文，在实践中用语文，这是加强语文实践活动、提高语文素养的重要途径。如经常让学生观察自然，写观察日记；到社区去参观、调查、访问，然后举行“夸夸我的家乡”故事会；收集街道上各种宣传标语中的错别字和简化字，开一家“错别字诊所”，当一回“啄木鸟大夫”；收看电视中各种精美的广告宣传片，举行一次“我为家乡做宣传”的广告词设计大赛……在这些喜闻乐见、生动有趣的语文实践活动中，学生改善了知识结构，丰富了心智模式，加深了情感体验，张扬了创新个性。在这里，对话因与生活相契而更加丰富，因与实践相通而更加灵动，因与人生相遇而更加深邃，对话的意义也被极大地充盈着、拓展着、延伸着、升华着。回归生活、回归自然、注重实践、突出创造，这是“大语文”教学最本真的追求。

第四节　回归本真的理念

“新课程”改革实施以来，语文教学取得的成绩有目共睹，但是存在的问题也不容忽视。目前语文教学存在的主要问题是：教学目标的“虚”，教学氛围的“闹”，教学方式的“杂”，教学内容的“碎”，教学评价的“偏”。概括起来就是性质把握不准确，教法设计不扎实，本色体现不鲜明。难怪杨再隋教授感叹：“语文教学被抹去了本色、拧干了原汁，它错位了、变形了、变味了、变质了。语文课怎么啦？语文课文该怎样？语文课应怎样教？”

“新课程”背景下的语文教学需要重新审视，回归本真的教学理念，必须解决好三个问题：教什么？怎样教？教得怎样？

一、咬定青山不放松——恪守“语文性”

何谓“语文性”？“语文性”就是语文学科区别于其他学科所特有的、本质的属性。语文教学的基本特点就是从语言文字入手，直指人文内容，最后再回归到语言文字，它是一种不断互逆的运动。这种语言与人文之间双向互逆的特点形成了语文学科所特有的“语文性”。只有恪守“语文性”，咬定语文的“青山”不放松，语文教学才能回归本体、固守本位、显现本真。只有恪守“语文性”，语文教学才能顺利实现：

1. 工具性与人文性无缝对接

语文是人类最重要的交际工具，具有工具性；语文又是人类文化重要的组成部分，具有人文性。工具性与人文性的统一，是语文课程的基本特点。我们在教学实践中经常会顾此失彼，要么只重视其工具性，在教学中只进行机械的工具训练，使学生失去精神的追求；要么只重视其人文性，忽视其工具性，使教学失去学科特点，使语文课失去自身的价值。而“语文性”是

“工具性”和“人文性”的整合与交融，是“工具性”和“人文性”之间最佳的平衡点和支撑点。坚守“语文性”，就能使语文学科的本质特征得到充分的展现，人文性也会在工具价值的实现过程中自然而然地流淌，疏疏朗朗地呈现。工具性与人文性的无缝对接，使学生既能得到语文能力的历练，又能获得浓浓的人文关怀。二者相辅相成，相得益彰。

2. 语言和精神同构共生

语文教学的言意理论是：文本作品为言语作品，它是“言”和“意”的统一体。“言”是语文之根，“意”是语文之魂，“言”和“意”共同演绎语文教学的精彩。语文教学要恪守“语文性”，就是坚持从语言文字入手，让学生直接与文本对话，在感悟、体验、探究、积累、运用语言的过程中，体会到文本的思想内容，吸收人文内涵，培植人文精神。这样不仅得“意”，而且得“言”，“言”在“意”中生辉，“意”在“言”中绽彩，“言”和“意”兼收并蓄。语言和精神同构共生，语文教学才会焕发出生机与活力。

二、浮华落尽见真淳——彰显“语文化”

什么是“语文化”？就是用语文的眼光看语文，用语文的方式教语文，用语文的方法学语文，“让语文再语文一些”（成尚荣语），让语文课成为真正的语文课而不是关于语文的课。众所周知，语文教学曾经与思想结深缘、与政治贴密心、与精神攀近亲，经历了种种把语文作为一种纯工具的尴尬之后，浮华汰尽显本色，最终还是要回归到语文的道路上来，用语文的眼光看语文，用语文的方法解决语文的问题。语文课要“消肿”“减肥”“瘦身”，舍弃那些关于语文的、非语文的东西，认认真真地种好自己的“试验田”。平平淡淡教语文，简简单单教语文，扎扎实实教语文，轻轻松松教语文，还语文本色，教本色语文，已成为广大语文教师的共识。语文教学要彰显“语文化”，教师要抓住以下几个关键词：

1. 感情朗读

好酒不品不知其味，好书不读不知其妙，朗读是学习语言的根本方法，是阅读教学的主旋律，朗读训练是语文教学中最重要、最经常的训练。读既是实践，又是训练；既是感悟，又是熏陶；既有理解，又有体验；既有语感的培养，又有情感的陶冶；既是规范的书面语言的内化过程，又是学生心灵净化、习性养成的过程。

语文教学要真正归还学生的“读者”地位，让朗读在语文学习中大放光彩。语文教师要彻底摒弃传统教学中重讲解、轻朗读的现象，要知道讲解是分析，朗读是综合；讲解是钻进文中，朗读是跃出纸外；讲解是摊平、摆开，朗读是融贯、显现；讲解是死的，如同解剖，朗读是活的，如同给作品以生命；讲解只能使人知道，朗读更能使人感受。语文课上，最动听的声音便是读书声。在琅琅书声中，学生用心灵去拥抱语言，和作者的心灵直接交流，在思维和情感的强烈震撼中领会作者伟大的人格、深邃的思想和美好的情操。在琅琅书声中，学生不仅能感受和再现作品的情思美感，还能体验语言的节奏感、音韵感。朗读是不可替代的融通语言和精神的言语学习方法。语文课上，要让读书声成为精神律动的音符。

2. 品味感悟

叶圣陶先生说过："学语文主要靠学生自己读书，自己领悟。"语文学习不能靠分析句法和肢解文章结构，而应走"熟读精思，虚心涵泳，切己体察"（朱熹语）、"心入于境，情会于物"（王昌龄语）、"呈于象，感于目，会于心"（叶燮语）的路子，即引导学生自己读书感悟。感悟的实质是意会，它不遵循严密的逻辑规则，而是一种带有浓厚主观色彩的感性与理性相统一的过程。在语文教学中，学生学习语言不是一种纯客观的认识过程，而是一种带有浓厚主观色彩的感性与理性相统一的感悟过程。因而感悟不是通过教师的烦琐讲解和分析能达到的。只有让学生潜心读书，自己咀嚼语言文字的滋味，去体验语言文字的感情，才能实现对语文学习的感知和领悟。

倡导自主感悟的语文学习首要是唤起一颗尘封的心，让学生于熟视中产生新奇，与陌生中产生疑问，用心灵去叩问赖以生存的世界。而重视感悟，就要靠主体自己充分调动感觉、知觉、表象、联想、情感等去触摸语言材料的整体存在，化语言文字为敏锐的语感。所以，重感悟实质上就是注重练"内功"，这是发挥主体能动作用、防止烦琐分析的有效手段，是学习语文的一条重要的经验。

3. 强化积累

著名特级教师张庆说："学语文如熏锅屋。学语文是个慢功，是个长期训练、积累的过程。""学理如筑塔，学文如聚沙"，这都说明了语文学习是一个"潜滋暗长"的吸收、内化、积累的过程，浮躁不得。"创新"是一个虚掩的门，只有沿着"循序渐进"之路走下去，它到时才会向你敞开。有一首诗歌写得好：你只有饮进一条条江河，你才能酿成满天风浪；你只有吞进一颗颗落日，你才能吐出朵朵旭阳。

语文教学要为学生语文积累而教，更要加强对语文积累的内涵规律的研究。积累不是死记硬背，而是多重记忆，立体积累；不是杂乱无章地记忆，而是整理构建，系统积累；不是一曝十寒地记忆，而是博览广记，随时积累。积累的时空无处不在，积累的内容丰富多彩，积累的方法灵活多样。通过朗读、诵读、背诵，通过丰富多彩的读、写、听、说实践活动，通过整体感知、把握、体味、揣摩、感悟，通过与教材对话、与生活对话、与文化对话、与心灵对话，来培养学生良好的语感，丰富学生的语言材料，建构学生的语言模型，增加学生的文化底蕴，培育学生的悟性和灵性，提高学生阅读、理解、欣赏和表达的水平，进而怡人性情、涵养人格，使学生既有底气又有灵气。

4. 迁移运用

"我听了，就忘记了；我看了，就记住了；我做了，就理解了。"语文知识只有在长期的运用中才能得到固化，语文能力只有在反复的实践中才能历练成型。语文是实践性很强的课程，语文教学应着力培养学生的语文实践能力，尤其是语言应用能力，而不能只追求语文知识的系统和完整。举一反三，迁移运用，是语文学习的根本规律。在我们的课堂中，常常是重知识轻能力，重理解轻运用，重感悟轻实践，导致学生的语言知识和技能往往是零碎的、缺乏活性的，很难在生活实践中实现迁移。语文教学作为母语教育，学习资源和实践机会无处不在、无时不有。语文教学必须打破课堂界限、学科界限、课内外界限，拓宽语文学习和运用的领域，积极引导学生在广阔的生活中去学习语文，在丰富多彩的社会实践中运用语文，培养学生"留心处处皆语文"的意识，让学生在实际运用中提高语文素养，使语文学习成为学生生活的需要。

三、含英咀华品真味——享受"语文味"

什么是"语文味"？有专家将语文味界定为："在语文教育的过程中，以共生互学的师生关系为前提，主要通过情感激发和语言品味等手段，让学生体验到一种使之陶醉的审美快感。"也就是语文课所特有的个性、本色、本体和滋味。它是语文教学给人的一种感觉、一种体验、一种境界，具有令人欢愉的、吸引人的魅力。语文味是工具性和人文性统一的结晶，是言语和精神交融的滋味，是语文的积淀、精髓和灵魂，是语文所特有的气质、氛围、品位和境界。语文的个性魅力就在淋漓尽致的"语文味"之中。

1. 激趣：让学生享受盎然的“趣”味

兴趣是最好的老师。朱熹说：“教人未见意趣，必不乐学。”一位特级教师说过：“如果你的教学不能使学生感兴趣，那么你的教学还没开始就已经结束了。”语文教学首先要让学生学得有趣，要趣味盎然、妙趣横生。语文教学激发兴趣的途径主要有两条：一是教学活动要有趣，教师通过创设情境、巧妙设疑、激发想象、情景表演、争论辨析、实践活动等，让学生在艺术化、情趣化的学习活动中体验到语文学习的乐趣；二是充分挖掘教材中的趣味因素，让教材生动起来、活泼起来，使学生不知不觉地受到文中趣味的感染，情不自禁地喜欢语文、爱上语文。

2. 怡情：让学生享受浓厚的“情”味

情感是文章的源头活水，文章是情感的自然结晶。然而我们的教育在有意无意之间却压制学生情感的发展，甚至忽略学生情感的存在，使学生飞扬灵动的情感变得迟钝麻木、鲜活丰富的思维变得呆板贫乏、多元独特的个性变得单一、平庸。

语文不是无情物，它本就充满着浪漫和诗意，作者深沉的情感就隐匿于语言文字的深处。因此，语文教学要让情感复原，让感情流淌，让课堂充溢着浓浓的人文情怀。当教师和学生一起深入作品之中涵泳品味、受到感染的时候，当师生的思想感情与作品的思想内容融为一体，并进而引发新的联想、迸发新的灵感、产生新的感悟的时候，语文课就会成为师生互动的学习过程、共度的情感历程、共创的人生体验。语文教师要把学生培养成一个有血有肉、情感丰富的人，能为每一次的太阳升起而欣喜，为每一次的日落而悸动，甚至每一阵风吹过都能让他们的心湖泛起阵阵涟漪，每一声蝉叫鸟鸣都能激起他们翩跹的思绪，周围的一切是那样容易刺激他们的感官、触动他们的心绪。打开情感的闸门，让人性化了的生活款款步入我们的课堂，让真情在我们的课堂恣意流淌，真情所到之处，必将是鲜花盛开、风光无限。

3. 尚美：让学生享受无穷的“韵”味

语文课堂最讲究韵味，美的韵味给人一种美的享受。因此，有人说，一堂好的语文课就是一首韵味无穷的诗。语文教材中拥有不少优美、壮美、凄美的极有韵味的文学作品，特别是散文和诗歌。如果只从传授语文知识的角度引导学生疏通文字、理解主题，教起来就干瘪无味，学起来就味同嚼蜡，哪里还谈得上什么“韵味”！因此，语文教学必须培养学生一双发现美的眼睛、感受美的心灵、创造美的双手，让学生穿越美丽的语言丛林、走进美妙的课文情境、感受美的韵律、发现美的精华、拓展美的视野、领悟美的意义，在赏心悦目中提高对语言文字的融会贯通能力，增加深厚的文化底蕴。这样，语文课就不是枯燥的单纯的知识传授课，而是有韵味的语文艺术课，在艺术之火中照亮学生的心灵，让学生去寻觅、感悟生活的美好，提高语文素养和人文精神。语文课堂飘荡着美的音符，学生观之悦目，读之上口，听之悦耳，心醉神摇。这样的课堂始终诗意盎然、韵味绵长，既拓宽了课文的内容，又熏陶感染了学生，从而激发起他们对语文的浓厚兴趣。因此，课堂教学的韵味就是诗意的建构。

4. 悟道：让学生享受绵长的“意”味

语文教学不仅是表面的字词句章，也不单单是形式上的听说读写，而是通过有深度、有广度、有内涵、有灵魂的精神交往活动，丰富学生的精神家园，提升学生的生命质量，达到培养人、发展人、塑造人、完善人的目的。语文就是由语言文字构筑的精神世界。儿童学习语文，不仅仅是接受语言文字教育，也是来享受人类精神的。语文教学既要注重语文课程丰富的人文内涵对学生精神领域的影响，强化语文的熏陶感染作用；又要尊重学生在学习过程中独特的体验，让学生、教师、文本在多维度、立体式的对话过程中生成独特的意义、意味、意蕴、意趣，“把一种意义关系从另一世界转换到自己的世界”，实现精神的相遇、思想的相契、情感的相融、生命的相通。语文教学不仅仅是建构知识的过程，更是建构情感、态度、价值观的过程，让儿童在“意”味深长的语文学习中逐渐积累“精神的快感”、打下精神的“底子”、凝结成灵魂的“心根”。

5. 得言：让学生享受独特的“语”味

语言是人存在的精神家园，人存在于语言之中（海德格尔语）。语文课的实质，就是在教师的精心指导下，让学生通过对典型“言语作品”的剖析、玩味和模仿，在丰富多彩的“言语实践”中不断内化多种营养，并较为成功地将其外化为各种“言语作品”，逐步形成能够独立听说读写的“言语能力”，以运用于广泛的社会生活的“言语行为”之中。让语文课弥漫着具有独特灵性的“语”味，就是要让学生通过阅读课文，在获得语文所传播的信息的同时，获得“如何传播信息”的“言语智慧”，在各种言语实践中培养学生的语感，发展学生的言语能力，使学生拥有敏锐的语感图式、鲜活的言语范型、灵性的言语智慧，幸福地栖居在言语的精神家园中。

第五节　科学讲授的理念

“新课程”背景下的语文教学，倡导学生自主学习，强调把学习的主动权还给学生，反对“满堂灌”“填鸭式”的教学方式。于是，很多教师对“讲”讳莫如深，避之唯恐不及，课堂上该讲的也不讲，放任学生自由学习，使教学从“满堂讲”走向“满堂悟”的虚浮尴尬境地。那么，语文课要不要讲？究竟怎样讲呢？叶圣陶先生说：“‘讲’当然是必要的。问题是如何看待‘讲’和怎么‘讲’，教师就要朝着促使学生‘反三’这个目的精要‘讲’。”可见，自主学习和教师讲授并不矛盾，关键是要提高认识，给“讲”一个科学合理的位置，充分发挥“讲”的功效，把握“讲”的尺度，努力修炼“讲”的功底和艺术。

一、“讲”或“不讲”——把握“讲”的原则

语文课要讲还是不讲？我们先来看这样一则笑话：某位演讲家准备登台演讲，他问台下的听众：“你们知道我今天要讲些什么吗？”听众回答：“不知道。”演讲家淡然一笑：“连我要讲什么大家都不知道，那还有什么必要讲呢？”第二天，演讲家又登台演讲了，他再问听众：“你们知道我今天要讲些什么吗？”听众怕演讲家再次罢讲，干脆回答：“知道。”演讲家高兴地说：“既然大家都知道了，那我就不需要讲了！”第三天演讲家再次登台演讲，他还是先问下面的听众：“你们知道我今天要讲些什么吗？”这时听众中有人说知道，有人说不知道。演讲家说：“那好，就让你们当中知道的人讲给不知道的人听吧！”

这个笑话给我们有益的启发，它让我们领悟了语文课上关于教师“讲”的基本原则：一是学生对所学内容完全不了解的不要讲，因为没有知识的起点；二是学生已经知道的不要讲，因为没有必要；三是学生之间可以互相帮助的不要讲，“兵教兵”的效果更有效；四是学生能自己学会的不要讲，让他自己尝试；五是教了也不会的不要讲，讲了也没用。坚持这“五不讲”的原则，我们在教学中就知道哪些该讲、哪些不该讲了。

二、讲什么——明确“讲”的内容

教师要“传道、授业、解惑”，必然离不开讲，但一定要明确在课堂上讲些什么内容。笔者认为，关键是要讲好“四点”。

一是知识的聚焦点。小学语文教学中，有些语文知识是学生必须要掌握的，如语言知识、句子类型、表达方式、表现手法、标点符号等，这些知识的聚焦点是学生学习语文的基础和工具。在系统知识面前，有计划、有步骤、有阶段的“讲”，可以让知识更系统、更完整。

二是认知的疑难点。这主要指教材的重点和认知的难点，这是学习过程中的障碍。学生在学习新知的过程中，难免会出现理解的偏差和认识的错误，教师要适时地给予点拨和纠正，以实现对重点和难点的突破。

三是思维的断裂点。小学生在学习中不善于多层次、多角度地去认识事物，理解问题时思路狭窄、思维简单，有时候会出现思维的断裂和空白，表现为思维的单一性、单向性、片面性。教师就要通过巧妙的讲解弥补学生思维的缝隙，填补学生思维的空白，提高学生思维的流畅性和贯通性。

四是情绪的兴奋点。教师通过鼓励性的语言，创设学习情境，最大限度地调动学生的情绪，激发学生的参与热情和强烈的求知欲望，让学生朝着有利于知识的接受、能力的提高方面发展，使他们在学习过程中获得成功的体验。

三、怎样讲——注重“讲”的方法

夸美纽斯说：“教师的嘴就是一个源泉，从那里可以产生知识的溪流。”教师要把“知识的溪流”引进学生的心田，就要注重讲的方法和技巧，避免机械的讲解、枯燥的陈述让学生味同嚼蜡。概括地说，教师的讲要突出“四性”。

一是突出情感性，激情澎湃地讲，以情感染人。教师的讲要充满真情、柔情和激情，突出情感性。教师的激情澎湃必然会掀起学生的情感涟漪，让学生心花怒放、情不自禁，受到强烈的感染和熏陶。

二是突出趣味性，妙趣横生地讲，以趣吸引人。兴趣是最好的老师，兴趣是点燃智慧的火花，是探索知识的动力。教师的讲要富有趣味性，只有教师讲得妙趣横生，学生才能听得兴趣盎然，才能被深深地吸引到教学中来。

三是突出实践性，直观形象地讲，以美愉悦人。语文是实践性很强的学科，教师可以把讲解融入直观形象的操作展示之中，如图片、多媒体、演示实验等，让学生直观地感知和理解，获得美的愉悦。

四是突出思索性，悬念丛生地讲，以疑启发人。教师的讲不是直接“告诉”，而是要启发思考。所以，教师的讲重在激起悬念，设置“陷阱”，引领学生进入思索的状态，让学生在质疑和释疑的过程中开启智慧。

虽然教师的讲必不可少，但是一定要掌握讲的“度”，要“适度”而不“过度”，做到少讲、精讲、巧讲、会讲，正如语文专家精辟地指出的那样：“讲什么，讲的多或少、详或略、深或浅，都要恰到好处。”（张志公）“这里面仍然有个分寸的问题，要讲得不多不少，要讲得切合实际。”（吕叔湘）

四、讲的效果如何——研究“讲”的策略

教师的讲授不是灌输，而是为学生的学习提供适当的指导和帮助。教师要研究讲的策略，因为这直接关系到教师教的效果和学生学的效果。具体说来，教师讲的策略有这样几个方面：

一是先学后引。学生学习之后，有了疑问和困难，教师再进行有针对性的指引。

二是顺学而导。教师沿着学生的学习路径，顺着学生的思维方向，进行适时的点拨和指导。

三是以学定教。以学情决定教情，以学生的自主、合作、探究学习为主体，教师成为学生学习的合作者和促进者。

四是讲练结合。精讲多练，以讲促练，讲练结合，在高质量、快节奏的练习中提高学生的学习能力。

五、“讲”是为了“不讲”——升华“讲”的艺术

叶圣陶先生早就谆谆告诫我们：“说到如何看待‘讲’，我有个朦胧的想头。教师教任何功课（不限于语文），‘讲’，都是为了达到用不着‘讲’，换个说法，‘教’都是为了达到用不着‘教’。”“尝谓教师教各种学科，其最终目的在达到不复需教，而学生能自为研索，自求解决。”学生是学习的主人，如何把教师的“讲”转化为学生的“学”，达到“教是为了不教，讲是为了不讲”的境界，这需要教师升华教学艺术和教育智慧。

1. 以读代讲

俗话说："书读百遍，其义自现。"阅读教学最重视朗读，以读代讲是以学生读书感悟为主体的重要教学方式。课堂上让学生充分地读，在读中整体感知，在读中有所感悟，在读中培养语感，在读中受到情感的熏陶。通过多种形式的朗读活动，使学生真正达到读出感情、读出味道、读出方法、读出见解的境界。

2. 以写代讲

写，是提高认识、深化理解教材的重要手段。阅读教学中结合教材实际，选择恰当的时机和训练点，让学生巧妙地进行随文练笔，能使学生在写作中走进文本深处，感悟到作者的思想感情，获得思想的真谛。

3. 以演代讲

教学中通过演示、表演等形式，能使抽象的知识变得形象直观、枯燥的文字变得立体可感，增强理解和内化的效果。于永正老师在教学《小稻秧脱险记》时，为了让学生理解"一拥而上、气势汹汹、蛮不讲理、不由分说、警觉"几个关键词语，没有孤立地讲解，而是与学生分别扮演"小稻秧"和"杂草"，在生动的表演中再现了课文情境，达到了自解自悟的目的，给学生留下了深刻的印象。

4. 以查代讲

对于一些需要学生掌握的资料性信息，可以让学生通过上网搜索、查阅资料和工具书等形式，自主查询、自主阅读和自主构建，培养学生收集和处理信息的能力。

5. 以议代讲

对于一些有争议、难度比较大的问题，让学生进行小组讨论和评议，然后进行小组展示。通过想一想、议一议、评一评、辩一辩、说一说等形式，让学生集思广益、拓展思维、深化理解、共同分享合作的快乐。

苏霍姆林斯基说："教师的语言修养在很大程度上决定着学生在课堂上的脑力劳动的效率。"因而从某种意义上说，语文课堂教学艺术首先是语言艺术。在确保学生主体地位的前提下，语文课上教师要摆正"讲"的位置，锤炼"讲"的艺术。该讲时，要浓墨重彩、尽情渲染；不讲时，则惜字如金、静水深流，做到收放自如、得心应手。教师不仅要自己讲得精致、精当、精巧，更要让学生讲出精美、精彩和精华，充分彰显语文教学的魅力。

第六节　读写结合的理念

叶圣陶先生说："阅读是吸收，写作是倾吐，倾吐能否合乎法度，显然与吸收有密切的联系。"可见阅读和写作之间有着密不可分的联系，阅读教学是学生积累语言的主要途径。现在的学生普遍害怕写作，不会写作，这主要是由于教材安排和教师教学形成的。一方面，语文教材每两周安排一次作文训练，全学期也就七八次，这样的写作量对于提高作文能力来说简直就是杯水车薪；另一方面，阅读教学中只读不写，没有作文训练的应有位置，作文训练被严重边缘化、浅表化。"使用语言是一种技能……只有通过不断的模仿和反复的实践才能养成。"（吕叔湘）于永正老师说："阅读教学中写的训练，不应游离于课文之外，要使它成为阅读教学中的一个有机组成部分。"语文教师要大力开发阅读教学中的写作资源，把阅读教学作为写作能力培养主渠道、主阵地，把写作活动适时、适度、巧妙地揉进阅读过程中，真正实现读中学写、以写促读、读写结合、提高语文教学质量的理想境界。具体来说，就是把阅读教学中的写作作为常规训练内容，把每两周一次的写作作为专项训练内容，常规和专项训练紧密结合，共同提高学生的作文水平。

一、全面审视阅读教学中写作活动的价值

1. 有利于完善阅读过程

张志公先生说："阅读教学要引导学生在文本里走个来回。""来"指从语言文字到思想内容，"回"是指从思想内容又回到语言文字。即"首先把语言文字弄清楚，从而进入文章的思想内容，再从思想内容走出来，进一步理解语言文字是怎样组织运用的"。一个完整的阅读教学过程，不仅要实现"语言文字——思想内容"的第一个回合，也要实现"思想内容——语言文字"的第二个回合。以往的阅读教学，常常是重"来"轻"回"，甚至是有"来"无"回"，教学的终点只停留在了解一篇课文的思想内容上，而不能从中掌握语言运用的规律和技巧，这是"半程"或者叫"半截"的阅读教学。而阅读教学中的写作训练，正是着眼于语言文字的组织运用，回归了阅读教学的整体，丰富了阅读教学过程。

2. 有利于整合教学资源

阅读教学的资源丰富多彩，文本是重要的教学凭借，但并不是唯一的教学资源。教学中，通过学生外化表达生发出来新的写作材料，如果能适时地、巧妙地和教学文本进行链接和整合，形成新的教学资源，阅读教学会迸发出旺盛的生命活力。如特级教师于永正教学《再见了，亲人》一课，把全班学生分成三组，让他们分别以大娘、小金花、大嫂的身份写一段向志愿军告别的话。课的最后，再让三位学生读志愿军对大娘、小金花、大嫂说的话，另三位学生读大娘、小金花、大嫂对志愿军说的话，一一对应，使原来单向的“话别”成了双向的、名副其实的话别，使学生如临其境地演绎、激情澎湃地表达，取得了理想的教学效果。这样把写作材料有机地植入文本材料中，融合成新的教学资源，丰富了学习内容，拓宽了阅读教学的深度和厚度。

3. 有利于培养思维品质

语言是思维的载体和工具，思维是语言的本质和内核。思维，作为阅读活动的核心，总是和言语相互依存、密不可分。言语一旦脱离思维，就会变成无意义的声音和符号。人们一般不能脱离思维进行思考，当然也不能脱离思维进行语文教育活动。优秀的思维品质才能引领优秀的阅读和写作活动。阅读教学中的写作活动就是把语文材料进行重组聚合的思维活动，表现自己对生活的感悟和对文本的理解，达到与人交流共享的目标。从这个意义讲，阅读教学中的写作训练，就是以语言为基础，对学生进行思维培育的有效载体。

4. 有利于积累言语范型

我们习惯把每个单元的作文训练称为“长线”，把课堂的随文练笔称为“短线”。“长线”虽是作文教学的基础，但是它周期长、机械化、效果差。而“短线”是“长线”的重要补充，内容简单、形式灵活、见效快。阅读教学中的写作活动突出随文练笔，活学活用，即学即练。这样一天一练、一课一得的习作训练，学生“言”“意”兼得，读写相长，课文规范的语言潜移默化地转化成学生自己的语言，文本精彩的表达形式也不知不觉内化到学生的习作结构中。学生积累了大量的言语范型和写作经验，这是学生写作能力的重要阶梯。

5. 有利于升华情感体验

苏联教育家赞科夫说：“只有在学生情绪高涨、不断要求向上、想把自己的想法表达出来的气氛下，才能产生使儿童的作文丰富多彩的那些思想感情和词语。”情感，是阅读的生命，更是写作的生命。刘勰在《文心雕龙》中说：“夫缀文者，情动而辞发；观文者，披文以入情。”学生在阅读过程中已经是“披文以入情”，在此基础上的写作活动便是“情动而辞发”。学生把在阅读过程中孕育起来的情感再次投射到写作活动中，形成情感的延伸和迁移，两情相悦，情情相融。这是学生对情感的深度体验和升华。

6. 有利于激活创造潜能

阅读教学中的写作活动不是机械地模仿，也不是简单地迁移，而是在阅读理解的基础上对文本的再认识、再发现、再加工、再创造的过程。在这个过程中，学生要把自己阅读的感受和认识融入新的表达创造中，这激活了学生的创造潜能，培养了学生的创新能力，张扬了学生独特的个性。

二、加强阅读教学中写作活动的设计

阅读教学中写作训练的资源来自文本，写作过程是在阅读教学过程中。写作内容的选择、形式的设计、时机的把握，都要服从和服务于整体教学，力争写得自然、写得巧妙、写得有效。要挖掘阅读教学中的写作资源，重点是要抓住文本的言语形式和言语内容两个方面进行设计。言语形式是言语作品外部方面，表现为有形的线性结构。而言语内容是言语作品内部方面，本身无形、无色、无声，只能存在于一定的言语形式之中。借用乔姆斯基的术语，言语形式就是“表层结构”，言语内容就是“深层结构”。阅读教学中的写作训练不能随心所欲、旁逸斜出，而要抓住言语作品的“表层结构”进行线性的设计，抓住言语作品的“深层结构”进行点状的设计。线性设计和点状设计要因文而异、有机融合，共同演绎阅读教学中写作的风采。

（一）线性设计：借助课文的言语形式迁移练笔

借助文章的言语形式进行巧妙的模仿和迁移，内化与吸收作者的写作方法，构建学生的写作结构和范型。

1. 模仿“结构线”

文章的结构是课文的骨架，是课文外在的表现形式，是学生学习模仿的重要凭借。例如，《庐山的云雾》《东方之珠》《北大荒的秋天》等文章，都采取了总分的构段方式，表达思路非常清晰。学生学习后就可以模仿这种构段方式练写片段，掌握这样的表达方式。

2. 迁移“写法线”

课文的写作方法丰富多彩，非常适合学生迁移训练。教师可以让学生学习课文中写人的方法、记叙的方法、描写的方法、状物的方法等，仿照着写人、记事、写景、状物。

请看于永正老师教学《月光曲》的片段：

师：体会得非常好！阅读的时候，分辨出事物和联想，对文章的理解就更深刻了。同学们，我这里还有一篇短文，写得不错，我想如果能适当加点联想，文章就会更美。请你们看，能不能加以补充。

“多美的荷花啊！碧绿的荷叶把池塘挤得满满的。白荷花、红荷花竞相开放，全开的、半开的，姿态各异，争奇斗艳。一朵刚刚绽开的花骨朵躲在一片荷叶后面，一只蜻蜓在上边飞来飞去。”

学生思考后进行了二次创作。其中一个学生修改后的文字是：“夏天的一个中午，我来到池塘边观赏荷花。碧绿碧绿的荷叶像一把把撑开的伞，把池塘挤得满满的。花儿从荷叶的缝隙中伸出来，白的、红的，全开的、半开的，婀娜多姿，竞相开放。一阵风吹来，花儿摇动起来，我觉得荷花变成了小姑娘，荷叶变成了她的绿裙子，为我翩翩起舞。”

分辨出事物和联想，是本文要渗透和训练的重要写作方法。于老师引导学生在补充阅读中领悟写作方法，在迁移写作中内化写作方法，使读与写有机结合。授人以鱼，不如授人以渔。学生在迁移中掌握了写作方法，这是终身受益的财富。

3. 转换“言语线”

阅读教学中，通过写作对课文生动的语言进行巧妙的转换和重构，将其内化成自己的言语元素，不仅能深化学生对课文内容的理解，还能使学生熟练地掌握多种表达技巧。

于永正老师在教学《新型玻璃》时就有一个经典案例：于老师要学生分别以五种“新型玻璃”的身份对自己的特点和作用进行介绍，从而有效激发了学生写作的积极性。一学生是这样叙述的：“你们可能不认识我，我刚问世不久。我是‘吸热玻璃’。在炎热的夏天，我可以阻挡强烈的阳光，使室内比室外凉爽；在严寒的冬天，我可以把冷空气挡在外面，使室内保持温暖，我大大地希望能为你效劳。”（师插话：“大大地希望”改成“衷心地希望”）“如果你家把我买回去，安在门窗上，你家就不用买什么空调、电风扇了，因为我可以在夏天挡住阳光，在冬天挡住冷空气。如果你家有老年人，夏天就不会中暑，冬天就不会感冒、得关节炎什么的。现在，你知道我的用处了吧？愿你把我买回去，我会衷心地为你效劳。”

于老师让学生以第一人称的口吻来对课文进行改造和转换，学生的写作兴趣被极大地调动起来，文本的言语就如同涓涓小溪潺潺地流进学生的心田。

（二）点状设计：借助课文的言语内容拓展练笔

借助课文的言语形式进行迁移练笔是仿其“形”，追求的是“形似”，得到的是语言的“外壳”；借助课文的言语内容拓展练笔，追求的是“神似”，不仅得到语言的“外壳”，还能得到思想的“内核”，可谓“言”“意”兼得、“神”“形”兼备。而要做到这一点，关键是要选择好练笔的“切入点”。

1. 填补空白点

由于表达的需要，文学作品中会留下大量的“空白”。教学中让学生通过联想和练笔去填补、完善文本中的意义空白，完成对知识意义的建构，是一种富有成效的写作训练。

阅读不是阅读者机械地接纳文本，而是阅读者充分依据自己独特的理解、体验，充分展示自己的个性，调动自己的主观能动性，发挥想象力，对文本意义进行发掘，对文本空白进行填补，对阅读材料的意义进行重塑和再创造。教材中的“空白”是重要的写作资源，是促进“期待视野”和“召唤结构”走向同化和融合的黏合剂与催化剂，它使阅读更灵性、意义更丰富、感悟更深刻、课堂更精彩。

2. 续编延伸点

不少课文的结尾言虽尽，意未穷，留下无限的遐想余地和创造空间。此时，教师应指导学生顺着作者的思路往下续写，让文章意味更深长、意境更悠远。开启思维的闸门，让学生充分地调动起自己的生活积累和语言储备，结合对文本的理解，大胆地展示自己的独特构思和独特感受，在延伸续编中创造课堂的精彩。

如《穷人》一课，许多教师都进行过续编故事的练笔，目的是为了让学生根据课文的内容展开合理想象，进行创造性的表达。先引导学生思考：当渔夫看到在挂着白色帐子的床上，在自己五个孩子的身旁，西蒙的两个孩子正安静地睡着时，他会说些什么？做些什么？引导学生续写故事《拉开帐子以后》。这样的续写既有助于学生对课文深入理解，又能锻炼他们的想象力和创造力。

3. 还原意向点

文学是语言的艺术。文学作品所蕴含的内容首先隐藏在文本的语言中，作者善于利用一定的表现手法与写作技巧进行语言变形，打造一条条熟悉而又陌生的文字隧道，形成语义层面上的一层薄冰，正所谓“言近而旨远，辞浅而义深，虽发语已殚，而含意未尽”。

请看于永正老师《我的伯父鲁迅先生》的教学片段：

师：学到这儿，我突然想到，还有一个词没有讲（指小黑板），就是“饱经风霜”。

师：请大家想一想，那位拉车的饱经风霜的脸是一张什么样的脸？想好了，请用几句话写出来。我给大家开个头：“那位拉车的才三十多岁——”请同学们接着写。

生：这位拉车的不过三十多岁，可看上去足有五十多岁。脸黑瘦黑瘦的，布满了一道又一道的皱纹，眼圈深深地凹了下去，眼里充满了血丝。那乱糟糟的头发上，蒙着一层灰。看上去，这张枯瘦的脸，像一个霜打的茄子。

师：写得多好呀，“饱经风霜”的意思就在其中了。

通过练笔，激活了学生脑海中已经储存的生活表象，将学生的主观经验与作者所描写的内容相契合，让学生把眼前读到的语言文字与他们的生活经验相联系，把抽象的文字符号还原成鲜活的画面，把僵化静止的文本信息还原成生动活泼的人物形象，即达到视界融合，对文本的整体理解实现了融会贯通，促进学生全面地吸收和立体地积累。

4. 诱发想象点

爱因斯坦曾言：“一切创造都是从创造性的想象开始的，想象力比知识更重要，因为知识是有限的，而想象力概括着世界上的一切，推动着进步并且是知识进化的源泉。”想象是智慧的最高境界。写作活动一旦插上了想象的翅膀，就能让学生置身于一定的语用状态中，产生如临其境、如闻其声、如见其人、如睹其物的情感体验，写作便进入了一个美妙的境界。

请看特级教师薛法根教学《第八次》的写作课的片段：

师：假如你就是布鲁斯王子，现在要动员你的军队和人民起来与你一起抵抗外国侵略者，你会怎样动员他们？想一想：他们与你一样一连失败了七次，也几乎失去了信心啊！你该怎样说服他们？怎样激励他们？怎样振奋他们的精神？请你拿起笔，写一份简短有力的动员书。可以这样开头：苏格兰的父老乡亲们、亲爱的同胞们……

（生写动员书）

师：谁愿意来发布自己的动员书？注意，其他同学认真听，假如你就是苏格兰的人民，你听了这位王子的动员，会愿意参加抵抗吗？如果愿意，在他读完之后，举手欢呼。不愿意参加默默不语就行了，给人家王子留点面子吧。（众大笑）

（下面是其中一个学生朗读自己写的动员书）

生：父老乡亲们、同胞们，苏格兰在经受侵略，苏格兰在经受磨难，苏格兰在哭泣、在流血啊！（师插话："以情动人，高！"众笑）虽然我们一连失败了七次，但那算得了什么？你们知道吗，就连小小的蜘蛛都能坚持不懈，第八次结成了一张网。难道我们连一只蜘蛛都不如吗？（师插话："以理服人，妙！"）我们一定能像蜘蛛一样，获得第八次抵抗的胜利！勇敢的苏格兰人，拿起你的武器，跟我前进吧！（掌声）（师插话："身先士卒，鼓舞人心！算我一个！"众大笑）

激活想象源，诱发想象点，培植想象力，在想象中表达，在想象中创造，就能使学生"思接千载，视通万里"。

5. 扩展发散点

抓住内涵丰富的关键词句进行扩展和发散，能有效地丰富课文资源，让学生在更宽广、更深厚的背景上理解文本，培养思维的发散性。请看特级教师孙双金教学《二泉映月》的教学片段：

师：你还找到什么关键词句？

生：我找到"卖艺度日"。

师：你看过的卖艺情景是怎样的？

生：我看见过车站那儿有一对夫妇，都是盲人……

生：我看过耍猴卖艺的。

生：我看过一个人在路边给人磕头。

师：阿炳挣几个零花钱又怎么度日呢？请你们想象。

（播放《二泉映月》，大屏幕出示）

场景一：冬天，大雪纷飞，寒风刺骨，双目失明的阿炳是怎么卖艺的呢？

场景二：夏天，骄阳似火，烈日炎炎，阿炳是怎么卖艺的呢？

场景三：一天，阿炳生病了，烧到40度，浑身发抖，他又是怎么卖艺的呢？选择一个画面，展开合理想象，写一片段。

（《二泉映月》凄苦、悲哀的旋律回荡在礼堂，所有人都沉浸其间，默默想象，有学生间或喃喃自语）

师：说一说，你看到了怎样的情景？

生：冬天，大雪纷飞，寒风刺骨，阿炳却只穿着破长衫。他走在雪中，两手发抖，都操不起来琴。阿炳又冷又饿，他觉得更加寒冷了，拉着凄惨的曲子。但是谁也不理他，好不容易挣到一点钱，却有人仗着阿炳看不见，把钱抢走了。这一天，阿炳一个铜板也没有挣到。

生：夏天，骄阳似火，烈日炎炎，阿炳非常热，汗水从头上一颗一颗滴落下来。阿炳也非常渴，嘴上都裂了，可他没有钱买水喝，仍然非常努力地拉琴。他眼睛看不见，他看不见路上有没有人向他伸出援助之手，看不见自己已经挣了多少钱，看不见有人将他辛苦挣来的钱拿走了，看不见别人对他的不屑、对他的白眼。

生：一天，阿炳生病了，发烧已经烧到了40度，但是为了他喜爱的音乐，为了生计，他仍然坚持出去卖艺。卖艺时，他手中的乐器随着他的咳嗽声不停地颤抖，二胡声也受到了影响。他克服疾病的干扰，继续拉着、拉着……

这个精彩的练笔，抓住“卖艺度日”进行扩展、发散，有效激活了学生的思维，拨动了学生沉睡的心弦，使学生产生了强烈的心灵共振和情感共鸣。这既是对“卖艺度日”一词内涵的挖掘和扩展，又是对人物形象成功的演绎和塑造，更是对文本意蕴的丰盈和创造。这样的练笔，呈现的是教师的教学智慧，彰显的是随文练笔的无穷魅力。

6. 思辨疑惑点

小学语文教材中有很多矛盾点、冲突点、疑惑点，是阅读写作的重要资源。教师应有意挑起学生认知的冲突，激起学生思维的火花，使学生在具有思辨性的练笔中深化认识，凸显主题，升华情感体验。如在教学《落花生》一课中，一位教师依据父亲说的“人要做有用的人，不要做只讲体面而对别人没有好处的人”进行引导。他给学生出了这样一个辩题：当今社会，你想做像花生那样的人，还是想做像苹果、石榴那样的人？要有自己充足的理由让人信服。并据此提供了一次小练笔：我想做（　　），我认为（　　）。这样的练笔，使语文的工具性和人文性水乳交融，使学生在言语表达中深化认识、化解疑惑，成为语文课堂最大的亮点。

除了以上介绍的几种方法外，还可以抓住意义的聚焦点、情感的融汇点、生活的联系点、思想的感悟点等开发写作资源，引导学生写作。

随文练笔不是阅读教学中的摆设和点缀，更不是可有可无的，而应是语文高效课堂的理想追求。阅读中的写作在内容的选择上要突出针对性，在形式的设计上要体现灵活性，在时机的把握上要注意随机性，在评价的策略上要凸显赏识性，让写作因阅读而丰盈，让阅读因写作而精彩，让随文练笔在阅读课堂绽放异彩，成为语文课堂一道亮丽的风景。

第七节　潜能唤醒的理念

语文教师究竟要带给学生什么？最终让学生得到什么？这是我们语文教师进入课堂前首先要思考的问题。语文教学不仅是使学生获取知识的过程，而且更应成为人的精神培育和人的潜能开发的过程。德国教育家第斯多惠说："教学的本质不在于传授本领，而在于激励、唤醒和鼓舞。"语文教育的首要目标直接指向的是"人"，而非"知识"；语文教学的本质在于"唤醒"生命的灵性，而非"传授"僵化的知识。传统语文课堂教学常常忽视人的生命意义，将鲜活的"人"物化为呆板的"容器"，忽视了课堂中"人"的潜能和"人"的感受，从而成为被动的、封闭的课堂教学。语文教师要教给学生一生有用的语文，让学生得到终身发展所需要的东西，就必须从"传授"走向"唤醒"，从"教会"走向"开发"。

一、关爱和赏识——播撒心灵的阳光

美国心理学家威廉·詹姆斯有句名言："人性最深刻的原则就是希望别人对自己加以赏识。"就精神生命而言，每个孩子仿佛都是为得到赏识而来到人世间的。小学生正处在自我意识迅速发展的时期，他们所表现出来的特点就是希望能得到他人的肯定和认同，渴求别人的好感与赞扬，特别希望受到老师的尊重和赏识。尊重和赏识是所有生命走向成功的起点。"不是好孩子需要赏识，而是赏识使他们变得越来越好；不是坏孩子需要抱怨，而是抱怨使他们变得越来越坏。"

著名特级教师孙双金说，我的口袋里总是揣满了"高帽子"，因为我知道赏识能使人愉悦，赏识能使人快活，赏识能激发人的潜能，赏识能使人心智开启、灵感涌动。

于永正老师更是赏识教育的高手，他把"高帽子"的作用发挥到了极致。在课堂上，于老师总是用宽容的心态对待每一个学生，用欣赏的眼光关注学生的每一点进步，用喜悦的心情去赞美学生的每一点成功。于老师始终微笑着面对学生，始终用激励的话语和学生交流。于老师喜欢把芝麻说成西瓜，我们不时听到这样的话语："好的，写得真棒！""不错，说得真好。"

"你对心理活动的描写不亚于托尔斯泰。""你的这篇文章写得太好了，几乎用不着修改。""这个问题很难，你居然思考出来了，了不起!"在作文批改中，于老师经常给学生作文100分，高的给200、300，甚至给500分。孩子们在这样一位和蔼可亲的老师面前，启动了心智，敞开了心扉，他们畅所欲言，跃跃欲试，真情涌动。于老师用给学生戴"高帽"的方式让学生感受到了温暖和激励，超越了自我，获得了一次次成功的机会。

教师给学生最珍贵的、无以代替的厚礼就是自信心和自尊心。语文教学过程应当是帮助学生不断赢得自尊、积累自信、获得自强的过程。语文教学中，适时适当地给学生戴上"高帽子"，实质是对学生的尊重、赏识和关爱。语文教育就是充分挖掘学生的闪光点，给予学生更多的肯定、表扬、欣赏和鼓励，将语文教师的温情和语文教学的温暖传递给学生，将人生的美好前景展示在学生面前，让学生感受到心灵成长的愉悦。

童年是用来欣赏的，不是用来摧毁的。蹲下来欣赏学生，给学生的心灵播撒爱的阳光，使学生获得一种被关注、关爱的情感满足，让学生在获得知识的过程中，始终伴随着信任、尊重、赏识、鼓舞的心理体验，这对学生的成长至关重要，这是教育取得成功的秘诀。

二、多把尺子评价——成为你自己

陶行知先生曾说过："培养教育人和种花木一样，首先要认识花木的特点，区别不同情况给以施肥、浇水和培养教育，这叫'因材施教'。"教育的基点不在于教师教什么和怎样教，而在于教师以怎样的心态看待学生，以怎样的标准衡量学生，以怎样的尺度评价学生。多一把尺子衡量，就会多出一批好学生；多一个标准评价，就会发现更多的精彩。钱钟书是我国学贯中西、博古通今的学者，可鲜为人知的是当年他入清华时数学成绩是15分。80后作家韩寒小小年纪，著作等身，但却因成绩单上大红灯笼高高挂而高中不能毕业。如果用考试成绩这一把尺子衡量的话，我们的文坛定然会黯然失色。教育的最终目的是让每一颗种子成为它能够成为的样子，是大树，就让它伟岸地立着；是灌木，就让它肆意地卧着；是小草，就让它静静地绿着；是小花，就让它悄悄地开着。语文教育的过程其实也就是帮助学生"发现自己""认识自己""成为自己"的过程。

在语文教学中，教师不能只用一把尺子来衡量学生，用一个模式来限制学生，而是要为每一个学生准备一把最适合的"尺子"，适合的"尺子"才能量出学生的长度，测出学生的亮度，触摸到学生的温度。适合学生的方法才是最好的方法，适合学生的教育才是最好的教育。学生的这个“尺子”上应该有这样两个闪闪发光的“刻度”：

一是尊重差异。苏霍姆林斯基说：“每个儿童就是一个完整的世界，没有重复，各有特色。”学生的差异是客观存在的，不以人的意志为转移。面对这些差异，教师不能漠视，也不要企图消灭，正确的选择应该是尊重差异，正确对待差异，把差异当作一种资源来开发，保护和调动每个学生的学习兴趣和积极性。

面对学习有困难的学生，教师不能用同一个标准来要求学生，而应真诚地关注学生，热情地鼓励学生，耐心地等待学生，宽容学生的失误，允许学生暂时的“落后”。慢下来，才能看到学生的风景，慢下来的教育更精彩。

二是张扬个性。孩子们富有个性，他们的生活积累各不相同，精神世界千差万别，知识储备各具特点，这就决定了阅读教学是学生的个性化行为，每个学生都必然也有权利按照自己的思维方式去解读作品。教师不必用一种模式、一个标准来规范学生的认知，而是要从“标准答案”走向“多元解读”。教师要引导学生进行有个性的精神探索、从各自独特的视角去感悟，鼓励他们用自己的方式表达自己的情感、展示独特的心灵世界和个性风采、以不同的方式构建自己心中的“哈姆雷特”。只有这样，学生才是一个真正的“读者”，他在阅读中才能真正体验到自己的精神劳动所带来的快乐，他才可能拥有真正属于自己的思想。

有这样一个富有个性的教学案例：

有位年轻的女教师在《蚂蚁和蝈蝈》的公开教学接近尾声时，用屏幕投影出示一组量词训练题：“一(　　)蚂蚁，一(　　)甲虫。”学生们高举小手，应答如流，就在“一只蚂蚁，一只甲虫”的标准答案即将被锁定的一刹那间，突然出现了一个“杂音”——“一（位）蚂蚁，一（名）甲虫”。闻听此言，学生们哄堂大笑。“标新立异”的6岁男孩面红耳赤。而此时的年轻女教师却面带微笑，轻抚小男孩的头柔声地问：“你能说说这样填的理由吗?”小男孩满怀自信地反问道：“《熊先生》《狼外婆》动画片上不都这么说吗?”“没错!”接着这位年轻的女教师还神采飞扬地背诵了一首诗——《可以不可以》，学生们听了都露出了会心的笑容，灿烂的表情写在他们稚气的脸上。

面对课堂的“杂音”，教师没有压抑和扼杀，而是通过鼓励和引导，彰显了学生的个性思维，促进了学生的个性化发展，生成了课堂的精彩。语文教学是极具个性化的，课堂教学就是要为学生创造个性表达的舞台。尊重学生富有个人感情色彩的表达，尊重学生的独特感悟，这是对学生最好的人文关怀。

三、学会学习——方法比知识更重要

北京师大的肖川博士在讲关于研究性学习时说过："授人以鱼，不如授人以渔；授人以渔，不如授人以渔场。"我想，要想获得源源不断的"鱼"，仅有"渔"和"渔场"还是远远不够的，不如有各式各样的"鱼钩子"，这样才能在想吃"鱼"时就去"钓鱼"，永远都能开心地吃到"鱼"。联合国教科文组织教育发展委员会在《学会生存》一书中指出：未来的文盲不再是不识字的人，而是没有学会怎样学习的人。笛卡尔说："最有价值的知识是关于方法的知识。"方法比知识更重要。没有知识并不可怕，可怕的是没有获得知识的方法。原清华校长蒋南翔先生曾说过一个生动的比喻："一个猎人到森林里去打猎，要准备猎枪和干粮。如果一个学生在学校里，只知道积蓄知识，而不懂得与此同时掌握获得知识的方法，那么他毕业后走上工作岗位就像猎人走向森林，只带干粮没带猎枪一样。没有猎枪，干粮带得再多，也会很快地消耗殆尽。如果有一支猎枪，并能运用自如，那么还愁没有吃的么?"这番话比喻生动、意味深长，说明了掌握学习方法对学生来说何等重要。

语文课堂上，教师要针对形形色色的"鱼"，准备好各种最有用的"钩子"，巧妙地交给学生，让学生在知识的海洋里尽情地"垂钓"，美美地收获。

阅读教学，教师要教给学生理解课文的方法，引导学生去模仿，从而去学习新的同类知识。在课堂教学中，教师应根据不同的知识点科学传授，巧妙渗透学法指导，让学生从"学会"走向"会学"。如学习三年级一篇课文《庐山云雾》第二小节时，教师让学生先找出这一节主要写庐山云雾什么特点（找出这一节的中心句：庐山的云雾千姿百态），接着让学生圈画出最能表现庐山云雾姿态美的词句咀嚼品味（重点品味比喻句），再让学生有感情地朗读课文，进入情境。本节课文学完后，教师和学生一起回顾刚才的学习方法：一是找出中心句抓住特点；二是抓住比喻句品味特点；三是有感情朗读读出特点。因为课文第三段在写法上与第二节相同，也是通过两个比喻句来描写庐山的云雾瞬息万变，所以要求学生用同样的方法自学第三段。教师通过学法指导让学生亲身经历学习过程，最后掌握学法，真正掌握通过抓中心句来理解课文的方法，从而达到“教是为了不教”的目的。面对不同的文本、不同的教学内容，教师要准备好有价值的金色“钩子”，让学生自主地学习、主动地探索、构建自己的精神大厦。

四、点燃“火把”——唤醒沉睡的心灵

“学生的头脑不是一个要被填满的容器，而是一支等待点燃的火把。”两千年过去了，古希腊学者的这句格言仍给人以深深的启发。学生来到学校里，不仅仅是要获得一份知识的行囊，更重要的是武装一个智慧的头脑。语文是一种充满思想、充满人文精神、充满智慧的学科，智慧不是靠灌输的。有句话说得好：当我们拼命向学生灌输时，我们事实上已经让他们学会了拒绝思考；当我们抓住学生思想的火花，我们就燃起了他们创新知识的熊熊火焰。

教育是为了培养人的心灵的丰富性、多样性。语文教学要适应时代的挑战，必须从关注知识和技能走向关注智慧和潜能。杨茂秀教授告诉我们：“不要倚赖教人家很多东西来满足自己的虚荣心；唤醒人家的好奇，就足够去启发人的心灵。不要给人家太多东西，使人负担太重；只要一点点火花，如果有易燃的东西在旁边，就会烧起来。”语文教师要带着最易于点燃的“捻子”走向学生，轻轻点燃学生智慧的火把，唤醒沉睡的心灵和求知的欲望，让“鲜明的思想”“活生生的语言”“儿童的创造精神”在语文课堂充分张扬和外显。

曾经读到一段关于美国道尔顿学校入学教育的文字，美国道尔顿学校堪称美国中小学素质教育的典范，美国名流精英皆以自己的孩子在道尔顿就读为荣。这所学校在孩子入学后上的第一课就值得我们深思：

一群不安分的孩子被老师带领着，走进图书馆。这些孩子刚刚入校，这是他们的第一课。

老师从书架上抽出一本书，读一篇著名的童话。

“这本书好不好？”读完之后，老师问道。

“好！”孩子们答道。

“这本书是一个伟大的作家写的。你们谁也来讲一个故事？”

一个小朋友走上来，讲述他创作的故事，无非是“我有一个爸爸，有一个妈妈”之类很简单的故事。但老师却很郑重地铺开一张纸，很认真地记下

这个故事。

“现在，谁为他的故事画个插图呀?”

又一个小朋友走上前，把故事中的人物画下来，显然是“涂鸦”。但老师却取出一个漂亮的封面，把这两面纸装订好，封面上写下这两位小朋友的名字。

老师把“书”高高地举起来，说：“瞧，孩子们，你们也能写书！只要你们奋斗，什么事情都能干成。你们还小，只能写这种小书，当你们长大了，就能写书架上的这些名著了。你们会成为伟大的人物的!”

这就是国外的教师传达的教育理念：写书人人都能做到，从两张纸到一本书，只有一步之遥，这是为期不远、指日可待的。

每次看这个案例，我都被深深地震撼着。这表面上看是一个入学的写作训练，但其中折射出来的是与众不同的教学理念。在开学的第一天，教师就把梦想和创造的火花轻轻地点燃，让他们理想的火焰熊熊燃烧。孩子们拿到的岂止是一本小人书，分明是一个自信的人生和一个充满梦想的童年。

心理学研究表明，教育中激励的作用是神奇的：一个没有受到激励的人，仅能发挥其能力的20%～30%；而当他受到激励时，其能力可以发挥至80%～90%。这就是说，同样一个人，在通过充分激励后，所发挥的作用相当于激励前的3～4倍。语文学习中，当人的身心处于激活状态时，大脑会把一切与学习内容相关的储备充分调动起来，进行勾连贯通。在这种状态下，最容易产生灵感和顿悟，创造性浪花常常会不断迸发和飞溅。

五、送给“梯子”——实现跨越式发展

学习如登山，在攀登的过程中总会遇到磕磕绊绊，影响学习进程。这时，教师就要积极地看、认真地听，用心感受学生的心灵世界，尽可能掌握课堂中的各种信息，给学生提供最有效的帮助，随时交给学生最便于攀登的“梯子”，让学生拾级而上、跨越发展，不断登上新高峰，不断欣赏到新风景。教师的帮助不是越俎代庖，更不是包办代替，而是教学生改变策略、变换思路，是提供方法、化解困难。有人说，谁能改变一个孩子的童年体验，谁就能改变他眼中的世界和人生蓝图。

请看于永正老师课堂上的一个教学情境：一位学生在回答一个理解性问题时思维受阻，于老师笑眯眯地准许他享有特权——离座寻求帮助者。当另一个同学俯在其耳边小声嘀咕几句后，他恍然大悟，正确流利地回答了问

题，全班同学自发为之鼓掌。从这个教学细节里，我们感受到了于老师的教学魅力。当学生学习受阻时，于老师既没有“越位”——全权代替，也没有“落位”——置之不理，而是巧妙地借给学生一个攀登的“梯子”，给他选择、探究和体验的权利与机会，让同伴之间相互学习、相互启发，在共同分享中实现了对问题的理解和体验的升华。教师要充分地相信学生、解放学生、利用学生、发展学生，给学生更多自主学习的权利。“讲是为了不讲”，“教是为了不教”，这是教学的最高境界。

语文教学中，“传授”是死的，“唤醒”是活的；“传授”只能让人知道，“唤醒”更能引人创新；“传授”需要技艺，“唤醒”更需要智慧。唤醒灵性，开发潜能，激活心智和创造力，这才是语文教育的本质所在。用赏识温暖人、用评价发现人、用方法引领人、用热情激励人，这是语文教师的神圣使命。教学中，多给孩子一些权利，让他们自己去选择；多给孩子一些机会，让他们自己去体验；多给孩子一些困难，让他们自己去解决；多给孩子一些条件，让他们自己去创造；多给孩子一片空间，让他们自己向前走。

第八节　阅读期待的理念

阅读是什么？有人说阅读就是一种猜测的游戏，是自我经验在文本环境中的再验证，是以读者的人生经历走向作者的人生经历的过程。阅读教学就是引导学生用自己已有的知识经验与文本信息碰撞，通过大胆想象和预测，产生强烈的“期待视野”，进而在和文本“零距离”的接触中激活沉睡的内隐信息，唤醒潜在的“召唤结构”，从而生成新的意义，这是阅读教学最根本的途径。

所谓“期待视野”，是读者在阅读一部作品以前由阅读经验、生活经历、认识水平、阅读兴趣等所形成的思维定向或先在结构，这些因素化合成一种机制、一种期待、一种希冀、一种欲望、一种对文本内涵的探究心向与判断尺度，也是一种语感的图示。它直接关系到读者对作品的理解和接受程度。和“期待视野”相对应，文本里蕴含着很多等待开掘的“召唤结构”。接受美学认为，文学文本往往以“意义的不确定性”和“空白”构成了多层面、开放性的空框结构。这种空框结构热情地召唤着学生的创造性的感知活动，召唤着学生对文本空白进行补充和延伸。学生在阅读文本时，由于其不同的期待视野影响着各自对文本的感知方式和结果，不同的人在阅读理解上存在很大的差异性，课文的意义应该是从课文的召唤结构与学生的期待视野的相互融合中生成的。而“补白”则是促进期待视野和召唤结构走向同化和融合的黏合剂与催化剂，它使阅读更具灵性、意义更丰富、感悟更深刻、课堂更精彩。

所以，期待视野中的阅读，不是阅读者机械地接纳文本，而是阅读者充分依据自己独特的理解、体验、意愿，充分展示自己的个性，调动自己的主观能动性，发挥想象力，对文本意义进行发掘，对文本空白进行填补，对阅读材料的意义进行重塑和再创造。

一、促进理解

“课文的‘召唤结构’要求学生在语文感知过程中，不仅要调动原有的语感图式或经验世界，还要展开想象的翅膀，调动、激发学生根据自己的人生经验去想象、去补充、去创造，以产生课文的意义。”（王尚文《语文教学对话论》）阅读理解是一项具有创造性的感知活动，感知的过程离不开学生已有知识经验的参与，更需要通过想象去填补和完善文本中的意义空白，完成对知识意义的建构。

如教学古诗《游园不值》中“一枝红杏出墙来”一句时，一名教师是这样引导的：

师：大家闭上眼睛想一想，从一枝出墙的红杏，你看到了墙内的什么景象？

生：我看到园里的杏树上杏花开得正艳，一朵朵、一簇簇，好不热闹！

生：园里的月季花开了。那些盛开的花儿像人们灿烂的笑脸，那些刚刚开放的花儿则像调皮的孩子探着脑袋张望，那些含苞欲放的花儿就像害羞的姑娘不肯见人似的。

生：里面的花儿千姿百态、美不胜收。有的仰着头，对着太阳微笑；有的斜着身子，倾向前方，好像是希望游客一开门就能看见它；还有的三个一群、五个一伙地凑在一起说悄悄话。

生：我看到了满园的草，杏树下、花丛中、墙角边，都长满了草，它们是那么嫩、那么绿、那么美。

生：我看到了一只只蝴蝶在花丛中翩翩起舞，舞姿是那么优美；一群群蜜蜂在花间歌唱，歌声是那么动听。

生：我还看到了几只画眉在树上跳跃着、欢唱着，它们一定也在欣赏着园中美丽的景色吧！

师：同学们的想象真丰富，叙述真生动。是啊，这艳丽的花朵、嫩绿的小草、起舞的蝴蝶、唱歌的画眉，还有我们没有看到的其他优美的事物，没有听到的其他优美的声音，组成了一幅多么美妙的满园春景图啊！面对这满园的春色，你想说些什么呢？

生：红杏啊，我要感谢你，我虽然没有进入园中，但你让我看到了满园的春色。

生：主人啊，你虽然大门紧闭，但这满园的春色你关得住吗？从一枝出墙的红杏，我看到了很多，我听到了很多，美丽的春色我还是欣赏到了。

生：大门啊，你虽然紧闭着，但满园的春色你是关不住的。如果你再紧闭不开，那出墙的绝不是一枝红杏。

教师引导学生理解“一枝红杏出墙来”的内涵，没有枯燥地直接讲授，也没有机械地照搬词语解释，而是充分发挥词语丰富内涵的召唤作用，借助想象、联想，去激活学生脑海中已经储存的生活表象，让学生把眼前读到的语言文字与他们的生活经验联系起来，把抽象的文字符号还原成鲜活的生活画面，把僵化静止的文本信息还原成生动活泼的形象，通过“文字的桥梁”，再现作者笔下的生活情境，促进学生全面地理解和立体地积累。

二、深化感悟

在语文学习中，教师和学生之间不是教训与被训、赐予与接受的关系，而是相互影响、相互融合的平等关系。学生对课文的感悟和内化活动，就是学生的阅读视野与文本视野积极融合并不断生成与扩大文本意义的过程，也是不断丰富与完善学生自身感知方式或语感图式的过程。

请看《诚实与信任》教学片段：

师：我把小红车的挡风玻璃碰坏了，留下一张字条就走了。这张字条上会写些什么呢，你能想象出来吗？

生：小红车车主，由于今天晚上天黑，而且还有雾，能见度很低，我开车不小心把你的车窗玻璃碰坏了，实在对不起。我把我的家庭住址、姓名和电话号码留给你，希望你看到后尽快和我联系，我会承担我的责任的。

生：小红车车主，我因为急着赶路，没有注意，把你的车窗玻璃碰坏了，都是我的错。本来我应该把车子修好等你来了当面向你道歉，可是我临时有急事需要去办，只好把我的地址、姓名、电话留给你，希望你及时和我联系，我会尽快去把你的车子修好的。

生：小红车车主，我忙乱之中做了错事，把你的车玻璃碰坏了。当时你的车子是停着的，这个责任全部在我。我因有事需要离开，所以特地给你留下我的姓名、地址和电话，希望你把购物单据寄来，我会如数把钱寄给你。真不好意思，给你添麻烦了，我不是故意的，希望能得到你的谅解。

师：你们想得很合理，小红车车主看到这样的字条又会怎样想、怎样做呢？

生：这个人在无人知晓的情况下，能主动留下字条，真是太诚实了，现在像这样诚实的人真的不多见啊。

生：这个人态度这样诚恳，真让我感动，我完全相信他的话，我不想再问他要钱了，几块钱算什么呢？这种诚实和信任是金钱买不到的。

生：其实我的车停在超车线外，我也有责任，怎么能全怪他一个人呢？他把责任全都揽在自己的身上，足以说明他的诚实和大度，让我很惭愧。我也不能太斤斤计较了，我自己把车子修好就算了。要是能交上这样诚实的朋友，那多好啊！

师：你们说得很好，正是因为"我"的诚实，才赢得了小红车车主的信任，演绎出这样精彩的故事。诚实和信任真的比金钱更重要啊！

教师引导学生猜测、揣摩字条上的内容，其实就是让学生和文本对话、和作者交流，以自我的经验和感悟与文本世界发生碰撞，走进文本世界，触摸作者内心，从而生成具有创造性的文本意义。那字条上没有写出的"空白"，构成了极有诱惑性的"召唤结构"，学生通过合情合理的想象，把它尽情地拓展、扩充、还原、放大。在这个创造性的"补白"过程中，学生对文章的感悟循序渐进、由浅入深，不仅大大丰富了课文的内涵，也使学生深刻地领悟了文章的主旨。

三、引导探究

阅读教学实际上是一个探究新知、生成新"我"的过程。在阅读过程中，学生要实现对文本意义的开发和获取，就必须在教师的引导下，充分发挥主观能动性，成为一个积极主动的探究者，从自己独特的语感图式和思维特点出发，将自己的感知触角延伸到言语形式的各个方面，尽可能从大量的言语信息刺激中，形成自己对言语内涵的独特体验和深层感悟，从而创造性地探究出言语意味与情感意趣。

请看周益民老师教学《天鹅的故事》片段：

师：同学们读懂了老天鹅的行动，然而你们可明白它的心、它的情？你们就来做一回它的代言人吧。

师：老天鹅啊老天鹅，难道你就没有看到冰面上那片片白羽、斑斑血迹？

生：没有关系，为了大伙的生存，我愿意。

生：我看到了，如果这白羽、血迹能够换来大家的食物，我心甘情愿。

师：老天鹅啊老天鹅，你像石头似的扑打冰面，难道真是钢铁之躯？就不怕那钻心的疼痛、刺骨的寒冷？

生：我像石头是因为我攒足了劲，要竭尽全力，我很疼，但我愿意！

生：不，我也知道疼痛和寒冷，但是为了我们的集体，我必须这么做！

生：我心里只有破冰的念头，疼痛和寒冷已经顾不上了。

师：老天鹅啊老天鹅，以你的声望，完全可以命令年轻天鹅行动，何苦要忍受这般苦痛？

生：你错了，我要用自己的行动来号召大家投入战斗。

生：正因为我德高望重，才更需要做个榜样！

师：此时，老天鹅还仅仅是在同那冰面作斗争吗？

生：它是在同命运抗争。

师：是的，这是一曲命运的交响曲。如果说老天鹅的行动是一首诗，那么它一定是诗中最壮丽的篇章；如果说老天鹅的心声是一支歌，那么它一定是最动人的旋律。我们聆听，我们感悟，每一遍都会有新的收获。

课文中惊心动魄的破冰场面让人震惊，老天鹅勇敢无畏的精神让人感动，但是老天鹅的内心世界和情感领域是怎样的呢？课文的空白等待着学生去填补和丰富，怎样由表及里、通过表象透视内涵呢？教师让学生想象老天鹅的心，体验老天鹅的情，做一回老天鹅的代言人。由于前面读得充分、理解到位，学生入情入境，每个人仿佛都成了文中的“破冰勇士”，站在老天鹅的角度，尽情地去想象、去发现、去思索、去开掘、去领会，动情地抒发自己的心声。再加上教师不失时机地点化和引导，学生的想象更加活跃，思想更加开阔，探究更加深入。“补白”使探究活动渐入佳境，意义创生精彩纷呈。

四、激情创造

列宁说："缺乏情感的认识便失去了认识的深入，人的思想只有被浓厚的情感渗透时，才能得到力量，引起积极的注意、记忆和思维。"阅读教学不仅是获取知识、提高语文能力的过程，更是熏染情感、提升人文精神的过程，是为童年的精神世界奠基的工程。情感是思维的翅膀，是认知的催化剂，学生只有在真情涌动、激情荡漾、热情似火的融情状态下，才会焕发出忘我的探索精神，实现知识的超越和理性的升华。用苏霍姆林斯基的话说，就是"在知识的活的身体里，要有情感的血液在畅流"。课文中有许多"空白点"，蕴含着浓郁的情感因素，如果凭借想象之炬点燃情感之火，巧妙地变"空白点"为"燃烧点"，让教师的情、学生的情、教材的情水乳交融，学生思维的火花就会绽放得更加绚烂，语文课堂就会成为情感流淌的课堂、智慧飞扬的课堂。

特级教师薛法根在教学《九色鹿》的最后一节时，有一个精彩的片段：

师：对！国王的话主要是包括"斥责、惩罚、保护"三个内容。现在，发挥你的想象，将国王的原话写出来，看谁写得生动形象！

（生独立想象写话）

师：谁愿意来交流？

生：国王非常气愤，说："调达，你这个见利忘义的家伙！当初九色鹿救了你的命，你现在怎么忘恩负义呢？为了金钱，你的良心竟然让狗给吃了！我们的国家怎么会出你这样的败类？来人啊，将这背信弃义、恩将仇报的家伙拖出去，重打五十大板，永远驱逐出我们国家！传令下去，今后谁再伤害九色鹿，格杀勿论！"

师：斥责得很有力度！惩罚、保护得也很有法度！你是一个好国王！

生：国王非常惭愧，他恨不得寻条地缝钻进去。（师插话："这就叫惭愧！写得形象了！"）他一转身，指着调达的脑袋痛骂："你这个狼心狗肺的家伙！竟然将九色鹿对你的救命之恩当作了驴肝肺，见利忘义，背信弃义，恩将仇报！我为我们国家出了你这样的小人感到羞耻！我真是瞎了眼，相信你这种小人的话，差点滥杀无辜！幸好有九色鹿揭穿你的丑恶嘴脸，让我看清了你的真面目。（掌声）来人呐，将这灵魂肮脏的小人推出去斩首示众！"（众笑）

师：（插话）你这个国王用刑严厉！（众笑）

生：（接着读）我宣布，今后九色鹿可以在我们国家自由地生活，谁也不能伤害他。否则，就是调达的下场！

师：（接话）斩首！（众大笑）

生：国王指着调达斥责道："调达，你这个灵魂肮脏的小人！竟然出卖你的救命恩人！你知不知道什么叫忘恩负义？什么叫恩将仇报？你就是这样的小人！卑鄙无耻！来啊，将调达重打一百军棍，发配边疆终身服役，用你的余生赎罪吧！（众大笑。师插话："这国王原来信佛教！"众又大笑）公公，（师："什么？"）公公是国王身边的太监。（众大笑不止。师插话："哦！这里还有公公。"）公公，昭告天下，九色鹿是神鹿，从今往后就是我国的国宝，是我国特级珍稀保护动物，（众又大笑）任何人都不得伤害！

师：你这个国王可真幽默！

薛老师抓住教材中的"言外之音""弦外之意"进行巧妙的开发，基于文本又超越文本，使学生在阅读过程中积淀已久的情感不可遏止地迸发出来，和作者与文本产生了强烈的情感共鸣，不仅实现了期待视野和召唤结构的高度融合，拓展了文本资源，也开启了学生尘封的心扉，使学生张扬了独特的个性，生成了智慧的言语，享受到创造的乐趣。

教材文本中的召唤结构和阅读中的期待视野处于永恒的互动之中，召唤结构吸引读者去完成一部作品，期待视野不断调整读者阅读中的心理状态。萨特说，阅读是自由的梦，阅读是一种被引导的创造。"补白"应该成为阅读教学永不枯竭的源头活水，成为语文课堂最美好的追求。

第九节　考试评价的理念

考试与评价是教学过程的重要组成部分，是一根无形的"指挥棒"，对教育教学活动起着导向和制约作用。传统的语文考试制度重"考"轻"学"、重"结果"轻"过程"、重"证明"轻"鼓励"，把考试成绩作为评价学生的唯一标准，视为选拔学生的唯一手段。"考"，成了领导和教师的法宝；"分"，成了学生和家长的命根。学生成了考试的机器，教师成了猜题估题的高手。千军万马竞过"独木桥"，在少数佼佼者顺利通过之时，大批的"失败者"却"纷纷落水"。这种考评制度已成为实施素质教育的"拦路虎""绊脚石"，已到了非改革不可的地步。今天，新世纪创新教育的航船已破浪远行，我们怎么能拿着应试教育的“旧船票”去重复“昨天的故事”？我们根据素质教育的要求，树立“大考试观”，从考试的内容、方法、评价等方面进行积极探索，构建了立体式、开放型的语文考试“立交桥”，努力让考试成为实施素质教育的“发动机”“助推器”。

一、开放考试内容——从“单一”走向“综合”

学生的素质结构是多元的，现代社会对人才的要求也是全面的。而现在的考试内容只注重对基础知识和基本能力的考查，存在明显的单一性和片面性。小学语文新大纲明确指出，要从情感态度和知识能力几方面，采用书面、口头等多种形式进行综合考查，还要注意对学生的学习态度和习惯、阅读量习作量、口语交际能力、自学能力和参加各种语文活动的情况进行评价。这为我们的语文考试改革指明了方向。开放性的考试强调考试内容从“偏窄”变为“全面”，从“单一”走向“综合”。

1. 扩大考评范围

根据学生的语文素质结构，我们把语文学科成绩考评分为“态度习惯”“知识能力”和“兴趣爱好”三个领域。对小学生来说，非智力因素，如兴趣、情感、意志等对学习效果的影响极大。邹韬奋在《工程师的幻想》一文中说：“一个人在学校里表面上的成绩，以及较高的名次都是靠不住的。唯一的要点是你对于所学的是否心里真正觉得很喜欢，是否真有浓厚的兴趣。”学生多方面的兴趣爱好是其主动追求、积极发展的表现。为了激励学生培养兴趣爱好、发展个性特长，“兴趣爱好”可单独作为一个领域进行评价。学习态度及习惯与知识能力呈正相关状态，只有养成良好的学习习惯，知识能力才能内化为学生的素质，对学生的一生产生深远的影响。正如叶圣陶先生所说：“语文方面许多项目都要经过不断练习，锲而不舍，养成习惯，才能变成自己的东西。”所以“态度及习惯”也要作为一个领域进行考核。

2. 完善考评标准

我们根据语文学科的特点，将各个领域的内容又细化成若干个具体的评价目标。如“语文能力”目标可概括为六个字：“识”，即能掌握 2500 个常用字；“写”，即能写一手规范的汉字；“读”，能阅读难易程度适合的课外读物；“背”，能背诵积累 200 篇好文章；“说”，能当众用普通话说话或无拘无束地进行口语交际；“作”，能写 500 字左右的通顺习作。这六个方面基本上能反映出学生语文能力发展的水平。再如“习惯考核”方面，我们根据实际情况制订出以下内容和标准：认真读书和思考的习惯；学会使用字典的习惯；爱惜学习用品的习惯；边听边想、讲究礼貌的习惯；认真预习和复习的习惯；质疑问难的习惯；边读边批注，不动笔墨不读书的习惯；上课记听课笔记的习惯；独立完成作业、自觉检查和订正的习惯；经常看书报、听广播的习惯；留心观察周围事物的习惯；勤写日记、常练笔的习惯。这些细化的目标渗透在语文学习的各个方面，为学生的学习活动指明了方向。

二、开放考试时空——从“结果”走向“全程”

传统的语文考试以分数为衡量学生的标准，凭主观命题，按经验评分，用一张试卷定终身，过分强调对思维结果的考查，而忽视对思维过程的考查。这样孤立地看待学生的思维结果，很难真正反映学生的语文潜能、语文素养。事实上，学生能力的提高是一个动态的发展过程，我们要用发展的眼光来看待学生，要拓展考评的时间和空间、形式和手段，从“结果”评价走向“全程”调控，着力构建侧重于考查学生平时语文积累过程、语文思维过程和语文特长的测评方式；建立起过程、结果有机结合的动态评价体系，从侧重终结性考核向侧重形成性、诊断性考核转化，以便学生更加及时地反馈、分析、总结、提高，让学生在更广阔的时空里获得更大的发展。

1. 考试时间重在平时

要想全面评价学生语文学习的质量，及时了解学生学习的进展情况，必须把对学生的学业考查分散到平时的常规学习过程之中，把平时的形成性测试与期末的终结性评价结合起来，充分挖掘学生自身的学习潜能。平时检测包括课堂教学、课内外作业、单元练习、参加语文实践活动情况等。学生学在平时、考在平时、反馈和矫正在平时，有利于激发其学习积极性，而且教师随时可以掌握学习目标的完成情况，便于进一步改进教学。

2. 考试方法贵在多样

开放的考试内容需要多样的考试方法。我们重点做好两个结合：首先是书面语言和口头语言相结合。语言包括书面语言和口头语言，二者相辅相成、相得益彰。重视口头语言的训练和考查，这是生活的需要，也是社会发展的需要。口头语言考查主要包括听话、说话和朗诵等。“听话”的内容有：学生听录音后口述内容，听写、听记、听答、听评等。“说话”的内容有：口头造句、回答问题、复述课文、讲故事、演讲比赛、转述故事、看图说话、讨论争辩等。“朗诵”的内容有：朗读和背诵课文、诗歌朗诵比赛等。

每学期，我们都要组织评委分期分批对各班学生的听话、说话、朗读背诵水平进行测试，评出等第。其次是笔试与口试、操作、实践等多种形式相结合。书面考试是静止的，而实际操作则是灵活直观的，更能客观地反映出学生的真实能力。如自办小报展评、黑板报评比、课本剧表演、书法竞赛等。这样在运用中考试、在考试中提高，学生多感官参与，有效地培养了手、脑、口、眼并用的能力。

3. 考试形式巧在活泼

生动活泼的考试形式是检测达到良好效果的重要因素。在每个单元学完后，我都让学生自己设计一份检测试卷，同时进行优秀试卷评比。然后同桌互相交换考试，小组内讨论得出答案，优秀试卷还要发给全班学生考，考完后让出卷的学生到台上给大家讲评。在出卷和做卷的过程中，学生认真阅读课文，精心收集资料，互相交流合作，主动参与到考评的全过程，真正成为学习和考试的主人，有利于培养探索意识和创新精神。

三、开放考试评价——从“定性”走向“激励”

对学生的评估要有利于激励和促进学生语文水平的发展。以往的考试评价是“一刀切”“齐步走”，按考试分数高低给学生排出名次、定出等第、分出三六九等，评价的目的就是给学生“定格”。事实上，语文的外延和生活的外延相等。语言文字的独创性、多样性、模糊性，答案的不确定性，决定了语文考试评价的灵活性和个性化。语文评价要有利于激励学生个性特长的发展，促进学生个性品质的完善，鼓励学生读书要有自己独创的见解、鉴赏要有自己独特的品味、写作要有自己独特的风格。评价一个学生，既要横向比较，更要纵向比较，只要学生有点滴的进步，就应当充分肯定和表扬。每一次检测都应是学生前进过程中的一个新的起点，是其发展和提高的一个新的台阶，而不是一次失败的终点。语文教师要树立正确的语文质量观，重新审视考试评价的功能，要让考试触及每个孩子的精神世界，在孩子的心灵深处种上幸福、自信的“庄稼”，从而排挤掉那些自卑、失败的“杂草”，走出“定性”的误区，最大限度地发挥“激励”的功能。

1. 允许“再考”，让每个人都有成功的体验

学生一次考试考得不理想，可以继续练习后再次申请考试，直到考出满意的成绩为止。我在班级检测学生朗读和说话时，有一部分学生由于准备不充分，没有考好，我让他们再练习。两个星期后，学生主动要求再考，这次

他们都考得非常好。这样评价，评出了兴趣，评出了信心，每个人都感到自己是教学目标的实现者和成功者。

2. 多元评价，在立体互动中求得发展

我们改变了以往“学生考、教师评”的传统做法，探索出“学生自评、师生共评、生生互评、家长参评”的立体互动式的多元反馈评价体系。“学生自评”是充分把评价权交给学生自己，让学生不断进行自我总结和反思、自我完善和提高，努力实现自己的目标。“师生共评”是抓住共性的问题，由教师和学生一起共同评议，举一反三，事半功倍。“生生互评”是指学生之间的相互评价和相互影响，包括讨论、互相反馈、互相倾听、互相鼓励、互为师生及合作与竞争等。如在检测学生朗读成绩时，全班同学都是老师，都参与现场评分，大家互相倾听和鼓励，取长补短，共同进步。“家长参评”是指邀请家长参与对学生的评价。家长是孩子的第一任老师，对孩子的情况最了解，最有发言权。如对学生学习兴趣、爱好、态度、习惯等的考查，我们设计好评价表，让家长给学生作出评价。家长参与评价，能架起教师和家长联系的桥梁，畅通信息反馈的渠道，使学校教育和家庭教育紧密结合起来，形成教育合力，提高教学效益。

语文考试制度的改革是一项系统工程，需要领导的支持、教师的努力、学生和家长的参与。未来的语文考试会出现一种开放化、多元化、多样化的格局。我们热切期望语文考试制度的改革能顺应时代发展的潮流，成为推动素质教育发展的强大动力。

第十节　自主探究的理念

自主学习是培养学生创新能力、促进学生可持续发展的重要的教学理念。《语文课程标准》明确指出：学生是学习和发展的主体，语文教学应激发学生的学习兴趣，注重培养学生自主学习的意识和习惯，为学生创设良好的自主学习的情境，尊重学生的个性差异，鼓励学生选择适合自己的学习方式。自主学习的特征实际上应该是：建立在学生有内在学习动机基础上的“想学”，建立在自我意识发展基础上的“能学”，建立在学生掌握了一定的学习策略基础上的“会学”，建立在意志努力基础上的“坚持学”。在长期的教学实践中，我注意构建自主学习方式，把学生的自主学习活动不断引向深入，促进了学生的自主发展。

一、你想学什么——自主确定学习目标

教学首先要让学生知道要学什么以及学到什么程度，学生只有知道了自己要学什么和学到什么程度，才会有意识地主动参与。教学目标的确定，不能靠教师的告诉和指令，而应是让学生主动参与确定对自己有意义的学习目标，变教师的“心中有数”为学生的“成竹在胸”，变“要你学”为“我要学”，这是自主学习获得成功的前提。

如学习《动物的互惠互助》，课文列举了蜜獾和导蜜鸟、红海葵和海葵虾、鳄鱼和千鸟三组动物相互合作、互惠互利的趣事，揭示了大自然的奥秘。在学生初步接触课文后，我及时启发：“这篇课文，你想学会什么?”学生根据已有的知识和经验，结合课文特点，纷纷提出了自己的想法。有的说要把课文读得正确、流利、有感情，有的说要学会文中的生字和词语，有的说要掌握三组动物是怎样互惠互助的，有的说还想更多地了解一些动物之间的互惠互助的知识。在讨论的基础上，我小结归纳，本课的教学目标就清晰地呈现出来。学生自主确定学习内容、筛选学习目标，把“教”的目标变为“学”的目标，主动地将学习目标内化到自己的认知结构和精神追求中，使其成为自己自主探索的方向和动力之源。

二、你能怎样学——自主进行阅读实践

《语文课程标准》指出，阅读是学生的个性化行为，不应以教师的分析来代替学生的阅读实践，要逐步培养学生探究性阅读和创造性阅读的能力，提倡多角度的、有创意的阅读。教师要走出“教师问、学生答，教师牵、学生走”的牵引式教学误区，让学生自主选择学习方式，自主进行阅读实践，充分发挥自身的学习潜能，在个性化的学习实践中获得独特的感受、体验和理解。

还以《动物的互惠互助》为例，在明确学习目标的基础上，我向学生提出一个具有挑战性的问题：“你能怎样学?”学生经过认真的思考，马上提出很多巧妙的学习方案。我及时鼓励：“那就按你喜欢的学习方式来学习吧!”学生八仙过海、各显神通，纷纷按自己最喜欢的方式进行学习。有的同学从课题入手，抓住“互惠互助”一词，找出三组动物是怎样互相帮助，又是怎

样互相给予对方好处的。有的同学从朗读入手，先把课文读得正确、流利，然后练习讲故事。有的同学用诗歌的形式记下自己的学习体会。有一位同学在读完蜜獾和导蜜鸟的故事后，写下一首诗："蜜獾导蜜鸟，合作非常好；你去发信号，我来捣蜂巢；你吃蜂蜜我吃蜡，各取所需乐陶陶。"有的同学喜欢表演，在熟读课文的基础上，同桌二人分角色表演三组动物互助合作的故事，表演得惟妙惟肖。有的同学喜欢画画，看到第二组动物没有图画，就给海葵虾和红海葵画了一幅图，取名为"合作愉快"或"团结就是力量"。还有的同学把从课外收集来的有关动物互惠互助的事例巧妙地放到课文中，读起来生动有趣。学生虽然学习方法各异，但他们却用智慧的头脑对课文进行了富有创造性的解读。这些富有创意的阅读实践，对于学生的成长过程来说，是潜能的开发、精神的唤醒、内心的敞亮、独特性的彰显与主体性的张扬。

三、你学得怎么样——自主评价学习效果

恰当的评价是学生走向成功的重要手段。真正的主体性评价不是依靠外部力量的督促和控制，而是每一个主体对自己学习行为的反省。教师要把评价的权利交给学生，引导学生积极参与评价的过程，让学生在主动、立体、多元的评价过程中自主反思、自主总结、自主完善，尽可能地使学生获得鼓励、体验快乐、张扬个性，从而获得充分的发展。

1. 交流

即让学生充分汇报自己的学习收获，展示学习成果，交流学习体会。交流的形式可以是个人汇报，也可以是小组合作汇报。交流的内容可以是朗读、复述、背诵、表演、绘画等。交流为学生展示才华和凸现个性提供了最佳的舞台和契机。

2. 评价

即让学生自主评价自己的学习效果。首先是引导自评，如："你认为自己读得怎么样？"其次是互评，如："你认为他说得怎么样？为什么？"再次是师生共评，如："你把课文读得这么美，老师都快要陶醉了。"评价要注重情趣性，突出互动性，激发创造性，珍视学生独特的感受和理解。

四、你还想知道什么——自主拓展发展时空

语文教材蕴含着丰富多彩的内容，传递的是鲜活睿智的思想。叶圣陶

先生早就说过："语文教材无非是个例子。""语文教本不是终点。""语文教本好比一把钥匙，学生拿着它去打开其他书库。"语文教学不能只局限于书本和课堂，要善于打破时空界限，由书本向社会延伸，由课内向课外拓展。

1. 课内质疑

有思想才能会质疑，会质疑才能会创造。从无疑到有疑，从小疑到大疑，再从有疑到无疑，使学生的思维不断深入、情感不断升华。在学完《动物的互惠互助》后，我发问："你还想知道什么？"学生的思维一下子活跃起来，提出很多有趣的问题，如："鳄鱼为什么不吃千鸟？""动物都是先有互助才有互惠，为什么课题不叫'动物的互助互惠'？""还有哪些动物之间也存在着互惠互助的关系？"这些问题有一定的思考价值，闪烁着智慧的火花。

2. 课外拓展

学完一篇课文，并不是学习的终结，而是新的学习的开始。让学生带着问题走出课本，带着探索的兴趣走出教室，举一反三，迁移运用，在丰富多彩的实践活动中学语文、用语文，从语文学习的"必然王国"走向提高语文综合素养的"自由王国"。如学完《黄鹤楼送孟浩然之广陵》后，学生沉浸在朋友分别时那种依依不舍的情感之中，又从课外阅读材料中找来《赠汪伦》《送元二使安西》《送杜少府之任蜀州》《芙蓉楼送辛渐》等一系列送别诗来阅读，并背诵"海内存知己，天涯若比邻""莫愁前路无知己，天下谁人不识君"等名句。在此基础上，举行"送别诗朗诵比赛"，有的同学还表演了诗中送别的场面，进一步感受到浓浓的离愁别绪，增强了语言积累，深化了情感体验。

当然，强调学生自主学习，并不是削弱教师的主导作用。关键是教师要站好位置，既不能站在学生前面，那是"越位"；也不能跟在学生后面，那是"错位"；而应站在学生的一侧，如同一位聪明的"导游"，和学生同行，成为学生学习的引导者、帮助者和合作者。转折处，点拨指导；精妙处，欣赏玩味；疑惑处，释疑解难；困乏处，敦促激励。使学生循序渐进地走进语言形象的园林之中，领略语言的美，感悟生活的真，体验创造的乐，得陶醉之情趣，享求索之愉悦，让学生在语文课堂中幸福地成长、自由地发展。

第十一节 动态生成的理念

“动态生成”是“新课程”改革的核心理念之一，“动态”即运动变化的状态，“生成”即创生、生长、形成、达成，是对教学过程变化性的概括，是一种能体现出教育智慧的对教育资源的有效整合和利用。课堂教学是教师和学生共同的生命历程，本应焕发出生命的活力。我们要从生命的高度，用动态生成的观念认识课堂教学，建立新的课堂教学观，让“动态生成”之花盛开在语文课堂。

一、对“动态生成”的现状扫描

目前，虽然老师们也意识到生成的重要性，但是由于认识的肤浅、理解的偏差，在操作层面上还存在很多问题，主要表现在：

1. 压抑生成

在有些课堂上，一旦教学过程中出现了“节外生枝”，当学生思维出现了“旁逸斜出”，很多教师由于没有生成意识，缺乏应对策略，仍以课堂的主宰者自居，便采取了简单粗暴的方法进行干涉，此时学生思维的创造性被严重压抑，生成的种子也被扼杀在萌芽状态。

2. 盲目生成

有些教师在教学环节的安排和问题的设计上有意设置“生成圈套”，东拉西扯，过度摇曳，视生成为课堂的花瓶和装饰，把简单的问题复杂化，把明白的道理深奥化，使学生如坠云雾之中，生成的盲目性显而易见。

3. 随意生成

有些教师为了体现“生成”的新理念，让学生天马行空，随意发挥。即使学生的生成偏离了文本的价值取向，教师也不纠正、不点拨，使生成陷入了随意性的泥潭。

二、对“动态生成”的理性思考

1. 生成是认知发展的“导火索”

在生成的课堂上，教师不再是生硬地灌输、机械地传授，学生也不再是被动接受知识的容器，而是等待点燃的火把。没有了知识权威的控制，学生可以自由地呼吸，大胆地探索；没有了标准答案的束缚，学生可以充满激情地去感悟，充满灵性地去创造。思维的解放，使学生乐于思考、勤于探究、敏于发现、善于创造，生成成了学生认知发展的“导火索”。

2. 生成是情感交融的“催化剂”

课堂不仅是发展学生智慧和能力的场所，更是丰富学生情感世界的重要基地。情感教育是对人的心灵的塑造。在生成的课堂上，师生相互倾听、相互欣赏、相互接纳，走进彼此的情感领域和精神世界，使学生有一种“在家”的感觉。试想，如果学生长期生活在情感压抑的课堂里，情感体验的失落不仅会造成学生学习感知力的麻木、想象力的枯竭，而且会使学生对课堂生活本身失去热情，变得麻木与冷漠，进而影响到他对生活的态度。正是有了师生情感的交融，才使得学生在课堂这个平淡无奇的空间里的存在变得有理由、有意义、有价值，使课堂成为学生赖以成长的精神家园。

3. 生成是生命成长的“助推器”

课堂教学应该关注正在成长的生命个体。对智慧没有挑战性的课堂教学是不具有生成性的；没有生命气息的课堂教学也不具有生成性。在生成的课堂上，教师高度关注“人”的发展，善待生命的自主性，尊重生命的独特性，理解生命的生成性，观照生命的整体性，发掘生命的创造性，使学生的生命活泼泼地舒展开来。在充满生命活力的课堂上，师生全身心投入，他们不只是在教和学，而是在感受课堂中生命的涌动和成长。强调教学的生成性，就是尊重师生的生命意义及价值，激发学生的生命活力，让生成成为学生生命成长的“助推器”。

三、对“动态生成”的策略探微

1. 尊重和赏识——构建多元的生成标准

课堂生成没有固定的模式，也没有统一的标准，重要的是教师要尊重学生“远近高低各不同”的个性差异，赏识学生“横看成岭侧成峰”的独特感悟，让学生在民主、自由、平等的氛围里快乐地学习和成长。只要学生的理解没有偏离文本的价值取向，教师都要热情地鼓励孩子的“奇思妙想”，真诚地呵护孩子的“异想天开”，构建起多元化、人文化的生成标准。

请看周益民老师《去打开大自然绿色的课本》的教学片段：

师：想想，诗人为什么说大自然是绿色的呢？

生：因为大自然里有绿树、翠竹、碧草、青山，它们都是绿色的……

生：我就不同意，难道其他颜色就不能代表大自然的色彩了吗？

师：好啊，那你说说看，你认为大自然是什么颜色呢？

生：我认为大自然是红色的，红枫叶、红花、红云……万紫千红。红色代表着喜气洋洋，象征着红红火火。

师：红色大自然，好！红色象征着热烈，昭示着兴旺，传递着幸福。古诗中对“红”的吟咏也很多，像——

生：霜叶红于二月花。

生：人面桃花相映红。

生：日出江花红胜火。

生：映日荷花别样红。

生：我认为大自然是白色的。白色象征着圣洁、高雅，雪花就是那美的精灵。

师：不错，民间有谚语——瑞雪兆丰年。

生：我觉得大自然是彩色的，人们不是常说“绿树红花”“五颜六色”“五彩缤纷”“橙黄橘绿”吗？你们想，如果只是一种颜色，那多单调啊？

师：大家说得可真好。不过我也发现了一个有意思的现象，同一个大自然，怎么给人的体会就不一样呢？

生：是因为每个人的喜好不一样吧。

生：我想，是每个人对大自然体会的角度不同。

师：精辟！你的发言让我想起了苏东坡的名句——横看成岭侧成峰。刚才我们的讨论是否就是现实的自然和心中的自然的关系？（生点头）那么，现在，让我们一起走进诗人的内心，来体会他心中绿色的大自然吧！

教师没有把知识技能看成凝固不变的“标本”，而是承认其不确定性，通过它进行创造性思考并由此生成新的意义。这种个性飞扬、人性流淌的课堂其实就是追求一种意义的建构、思想的生成，弥漫其中的思想和生命的气息将使课堂充满无法预约的精彩，使课堂成为一个思维激荡和灵感勃发的情境“场”。这样的课堂才是生命的绿色课堂，才是原生态的可持续发展的课堂。

2. 调控和引领——探寻灵动的生成方法

“课堂应是向未知方向挺进的旅程，随时都有可能发现意外的通道和美丽的图景，而不是一切都必须遵循固定线路而没有激情的行程。”（叶澜语）教师只要在思想上真正关注学生多方面的成长，顾及了学生生命活动的多面性，就能发现课堂教学随时都具有生成性的特征。重要的是教师要有敏锐的生成意识、灵动的生成方法，善于把握生成的时机，掌握调控生成的策略，使课堂因生成而精彩。

（1）在拓展创造中生成——巧用文本的“空”

在文学作品中，往往会留下一些艺术空白，这些空白会使文本意义具有“不确定”性。它们不是作者行文的疏忽，而是不忍点破的韵外之致、只可意会的弦外之音、布局谋篇的匠心独运。入乎其内，徜徉其中，必然会别有洞天、豁然开朗。教学中，巧妙地引导学生在文章的空白处进行合理而丰富的想象，激昂处还他个激昂，委婉处还他个委婉，品得个中妙谛，利用这些意味隽永的空白，引导学生打破思维定式进行拓展和延伸，就能激发学生创造性的想象，催生新的文本资源，创生新的知识意义。

（2）在质疑问难中生成——善用学生的“问”

“学起于思，思源于疑。”有了疑问，学生的思维才有指向，探究才有动力，学习才有收获，生成才会水到渠成。现代教学论认为，实现教育任务的一个可靠的方法，就是善于引导学生去发现问题、提出问题，从而达到“解决问题”的目的。

请看一位教师在教学古诗《江雪》时的片段：

生：这么冷的天，那位老翁为什么还在江上钓鱼？难道他不怕冷吗？

师：真是一个好问题！请大家大胆地设想一下原因何在，也可以与同桌讨论一下。

生：因为家里穷，他以捕鱼为生，天冷也要来钓鱼。

生：可能老翁在想，鸟都飞走了，这下没人和自己抢了。

师：那就是说老人在独自享受这一份清静。

生：老翁可能遇到了什么伤心事。

师：也有这种可能。

生：他可能非常喜欢钓鱼，所以也就顾不上天冷了。

师：那他就是一个真正的钓鱼爱好者！

生：可能是他犯了错误，被流放在外。

师：看来大家的理解都不相同。那么，究竟哪一种比较吻合作者的心境呢？刚才有同学说，了解诗人的生平和时代背景对理解古诗很有帮助。那就让我们看一看柳宗元的生平简介。

（课件出示柳宗元的生平简介）

师：现在你们比较赞同哪一种理解？或者有什么新的想法？

生：现在，我知道了柳宗元是在被贬永州时写这一首诗的。

生：我感到，诗人是在借这个“蓑笠翁”表达自己的心情。

（3）在因势利导中生成——妙用学生的“错”

在阅读过程中，学生出现认识的偏差和理解的错误很正常。教师如果能将错就错，因势利导，巧妙地把错误开发成宝贵的教学资源，那必将会成为课堂教学一道亮丽的风景。有位教师教学《林海》一文，当学生读到“大兴安岭这个‘岭’字，可跟秦岭的‘岭’字大不一样”一句时，把“大不一样”读成了“不大一样”。教师马上抓住了这一细节，进行了引导：

师：他刚才哪儿读错了？

生：他把“大不一样”读成了“不大一样”。

师：这两个词语意思相同吗？

生：意思不同。“大不一样”是说差别很大。“不大一样”是说差别并不怎么大。

师：读读课文，想想秦岭与兴安岭差别大不大。

生：它们差别很大。秦岭“云横”，而兴安岭则是“那么温柔”。

师：谁到黑板上来画画，看看秦岭和兴安岭是什么样的？（生作画）

师：（指图）一个险峻，一个温柔，看来二者确实是——

生：（齐答）大不一样。

学生的错误并不可怕，可怕的是教师对错误熟视无睹或盲目封杀。这位教师具有敏锐的生成意识，善于发现和捕捉课堂上转瞬即逝的利于促进学生可持续发展的因素，巧妙地利用了学生的错误，通过放大、解剖、沉淀、过滤等手段，从而点燃学生智慧的火花，让课堂充满“成长的气息”。

（4）在个性解读中生成——活用学生的“悟”

阅读是学生的个性化行为。在阅读教学中，就是要鼓励学生从各自独特的视角去感悟、解读课文，以不同的方式构建自己心中的“哈姆雷特”。只有这样，学生才是一个真正的“读者”，他在阅读中才能真正体验到自己的精神劳动所带来的快乐，他才可能拥有真正属于自己的思想。请看《麻雀》的教学片段：

师：当猎狗张开大嘴要吃小麻雀时，老麻雀奋不顾身地从树上飞下来，想拯救小麻雀。假如你是老麻雀，你会这样做吗？为什么？

生：不会，因为……我害怕……怕死。

师：你很诚实。其他同学呢？

生：我也不会，因为那样做，不但救不了小麻雀，还多搭上一条性命。

师：你是觉得不要增加不必要的牺牲，对吗？

生：我也不会，反正孩子注定没命了，我去白白送死，还不如回去再孵一只小麻雀。（学生哄堂大笑）

师：你挺会保存实力呀！

生：我会像老麻雀那样做。因为以弱胜强是常有的事，不去试试就输定了；去试试，有可能战胜对手。

生：老麻雀虽然不是猎狗的对手，但母爱的力量是伟大的，它没想那么多。

生：老麻雀不能眼睁睁地看着自己的亲骨肉被吃了。为了拯救自己的孩子，死也值得。

师：说得多么感人、多么有道理呀！

这些都是学生独特的内心感受，再现了学生真实的心灵世界。这位教师没有用统一的标准答案来套学生，而是充分开放学生的思维空间，学生才会感悟得这样深刻而有灵性，体验得这样鲜活而有个性。感悟既是一种心理活动，又是一种感情经历，更是一种审美体验。

（5）在偶发事件中生成——化用课堂的“景”

在语文课堂上经常会遇到一些意想不到的偶发事件，这里面往往蕴含着可贵的教学价值，如果教师有高超的教学机智和生成意识，善于捕捉这稍纵即逝的教学时机，敏于发现其内在的有效的教学资源，就会将“偶然”生成“必然”，将“意料之外”化成“情理之中”，从而化“干戈”为“玉帛”，化“腐朽”为“神奇”，将偶发事件化用为独特的教学景观，营造出一种“原汁原味”的课堂学习情境。

特级教师于永正有一次上作文课，一进教室，就发现满黑板的数学题还没有擦。他略作思索，便调整了原来的教学思路，于是边擦黑板边说：“也许是上节课老师拖堂了，值日生没来得及擦；也许是个别同学没做完题，不能擦……”正说着，几个学生急忙上前夺过于老师手中的黑板擦儿。于老师忙说：“咱们合作，长短互补，我擦高的，你们擦低的。”他对其中的值日组长说：“正好有两个黑板擦，其他同学请回。”这时，同学们的表情很复杂，有内疚，有自责，也有歉意。于老师又表扬说：“同学们多懂事儿，纷纷争着擦……咱们这节作文课就写刚才发生的事，题目就叫《擦黑板》。”

于老师慧眼识宝，因势利导，把一件意外的偶发事件生成为难得的写作材料。学生入情入境，有感而发，这时的写作便成为一种快乐、一种需要。

3. 谛听和共鸣——追求诗化的生成境界

在生成的课堂，师生的心灵在谛听，情感在共鸣，共同追求“随风潜入夜，润物细无声”的诗化境界。生成的课堂要拥有“蓦然回首，那人却在灯火阑珊处”的美丽发现，拥有“山重水复疑无路，柳暗花明又一村”的意外收获，拥有“心有灵犀一点通”的和谐共鸣，拥有“此时无声胜有声”的心灵释放，拥有“精骛八极，神游四方”的思想流淌……

让我们来欣赏特级教师孙建峰《做一片美的叶子》的教学片段：

师：孩子们，请自由交流你们的阅读感受，老师愿意聆听你们的声音！

生：“大树把无数的叶子结为一个整体。无数的叶子在树上找到了自己的位置。”从这句话，我明白了：家把爸爸、妈妈和我结为一个整体，爸爸、妈妈和我在家里都有自己的位置。

生：中国是一棵大树，把五十六个民族结为一个整体，五十六个民族在中国都有自己的位置。

生：地球是一棵大树，把二百多个国家结为一个整体，每一个国家在地球上都应有自己的位置。那么，美国为什么不让伊拉克有自己的生存位置？

师：好！你“先天下之忧而忧”，把书本与现实结合起来，这叫活读书！掌声鼓励！

生：我知道叶子掉光了，大树也死亡了；工人都下岗了，他们所在的工厂也就倒闭了。

师：生活就是一部最生动的教科书，你从中读懂了很多、很多……

生：（十分羞愧地）我的爸爸、妈妈离婚了，我们家这棵大树倒了，他们都不肯要我，我没有自己的位置了……有时，我想到了死。（她把“死”字说得很重、很重。那一刻，教室里静极了）

师：（把孩子揽在胸前，温婉地与她“对话”，极力想抚平她幼小心灵的创伤）孩子，你是无辜的！你是坦诚的！你是坚强的！我和同学们都很同情你特殊的人生际遇。班级就是你的家，学校就是你的家，朋友就是你的家，你的经历和体验就是你的财富。从中你将学会珍惜，珍惜自己，珍惜与他人的共同生活！

生：（激动得热泪盈眶）我想喊你一声“爸爸”！……

（会场上掌声雷动，经久不息，不少人在悄悄地抹去眼角的泪水……）

“课堂上，用心聆听孩子们的心声，意味着还孩子们思维的自由，还孩子表达的自由，还孩子们心灵的自由；意味着对孩子想象的放飞，对孩子个性的解放，对孩子人格的尊重；意味着一种亲切的对待，一种由衷的信任，一种美妙的心境。”（孙建峰语）在这样的生成场景里，学生从各种束缚、禁锢、定式和依附中超越出来，感受到自主的尊严，感受到独特存在的价值，感受到心灵成长的愉悦。诗化生成的语文课堂，创生着一种新的表达方式和新的分享方式，创生着一种人性流淌的自然和开放的情境。

第十二节　强化实践的理念

语文是交际工具，语文教育是一项实践活动。学生的语文能力归根到底不是教师“教”出来的，而是在丰富多彩的主体实践活动中历练和发展起来的。《语文课程标准》明确指出，语文是实践性很强的学科，应着重培养学生的语文实践能力，而培养这种能力的主要途径也应是语文实践，应在大量的语文实践中掌握运用语文的规律。语文只有运用于具体的实践中，融汇到学生的血液里，才能真正成为学生永恒的精神财富。

一、精心选择内容，在立体的构建中启迪智慧

语文实践活动的内容可谓丰富多彩，贴近现实生活，贴近学生实际，适合学生的胃口，使学生在活动中多层次地感悟、全方位地吸收、立体式地构建，越学越聪明，越学越有灵性。

1. 语文实践活动与语文知识、能力的整合

语文实践活动的基本目标就是要让学生充分地获取语文知识，提高语文能力。如“寓言大观园”活动，按以下方案设计：(1) 让学生听配乐的寓言故事，以激发学生兴趣；(2) 学生自由阅读课外收集来的寓言故事，做好摘录；(3) 练习讲寓言故事，在全班交流；(4) 教师创设情境，让学生编写寓言故事；(5) 练习表演自己写的寓言故事。这样的设计，使语文知识与听说读写等语文能力在综合实践活动中整合起来，并积淀下来，内化为学生的语文素养。

2. 语文实践活动与其他学科的融合

语文实践活动并不仅仅局限于语文学科的知识，而是语文学科与其他各门学科的大融合。如“童心盼春天”活动，让学生唱一唱《春天在哪里》等歌颂春天的歌曲，然后画一幅表现春天美景的想象画，再在画的旁边写一篇

赞美春天的短文。修饰好以后，把它剪下来贴在自己的日记本上。在这样的活动中，语文与音乐、美术相融合，文字与乐曲、图画相媲美，把不同学科的相关知识融会贯通，学生在头脑中形成了更概括、更高级的知识信息，从而优化了知识结构，提高了综合运用各种知识的能力。

3. 语文实践活动与学生实际的结合

实践活动要贴近学生的生活，折射学生的思想，和学生的实际情况紧密结合起来，才能为学生所喜闻乐见，收到理想的效果。如学生所喜欢的游戏活动、竞赛活动、重大节日的庆祝活动，课内外的小实验、小发明、小制作等活动，对学生都具有很强的吸引力。在过春节时，小学生喜欢贴春联，教师就提前布置学生收集春联，在班上举行“优秀春联展评”，从内容到形式，评出最佳春联，然后组织书写春联，写好后给村上的五保老人送春联、贴春联。在此基础上，引导学生独立创作春联，写好后赠给自己的好朋友，表达自己的美好祝愿。这样的活动能打开学生情感的闸门，走进学生的内心世界，让学生兴趣倍增、乐此不疲。

4. 语文实践活动与大自然、大社会的契合

大自然是无字的教科书，大社会是丰富生动的大课堂。语文实践活动只有走进自然、融入社会，才能搭建起学生发展创新的广阔平台。如踏青、秋游、写生、参观、调查、采访、参加公益劳动等。例如，在“家乡的昨天、今天、明天”调查实践活动中，我让学生自己设计调查表格，选择调查内容，接着深入各家各户进行调查统计，了解家乡昨天的状况和今天的变化，写成调查报告在班上展览。然后大胆想象，设计家乡美好的未来。可以画成想象画，参加班级评比，也可以写成诗歌、记叙文向学校“红领巾广播站”投稿。让学生通过各种形式尽情抒发热爱家乡的情怀，表达建设家乡的志向。这种开放性的活动，使学校教育和社会教育水乳交融，有助于学生了解社会、认识社会、获得最新信息，培养自己适应社会、改造社会的能力。

二、灵活设计形式，在多样的探索中激发创造

语文实践活动不仅内容丰富多样，更重要的是它形式多种多样、生动活泼，融知识性、趣味性、新颖性于一体，让学生在多姿多彩、情趣盎然的探索中激发创造热情，体验成功的乐趣。本文简单介绍几种常见的形式。

1. 游戏式

这种形式以游戏为主，趣味性强，简单易行。如词语接力、故事接龙、

找朋友游戏、开火车游戏、猜谜语游戏、语文智力游戏等。这类游戏，学生参与的积极性就很高。

2. 竞赛式

适当地开展语文竞赛活动，能有效地活跃课堂气氛，使学生以更加饱满的热情、更加积极的心态投入语文学习中去。例如，“古诗对抗赛”活动，课前让学生阅读描写夏天景色的古诗，并且背诵下来；课堂上分组进行对诗比赛，每背出一首诗就加 10 分，最后根据分数高低评出“获胜小组”和“最佳个人”，颁发“小诗人”奖。

3. 情境式

创设浓郁的活动情境，让学生入情入境。例如，一位教师在开展“寻春”活动时，先让学生看录像，欣赏春天的美景，同时播放歌曲《春天在哪里》，让学生沉浸在春天的情境中。活动开始了：（1）渡“成语河”：必须说出带有“春”字的成语；（2）穿“造句林”：以抽签的形式，用带有“春”字的成语造句；（3）钻“标点洞”：给描写春天的短文加上标点；（4）爬“故事坡”：续编故事《小松鼠送春天》；（5）进“古诗亭”：表演话剧《漫游古诗亭》；（6）登“作文台”：每人写出一篇描写春天的短文，进行赏析；（7）攀“小报峰”：每个人课后办一份《春》报，课堂上设计好版面草图。这两节语文实践课，使学生在假想的旅行中畅游，用各种方式表达对春天的赞美，激发起对大自然的春天、人生的春天、祖国的春天的热爱。

4. 体验式

在语文活动中，让学生进入特定的角色之中，尝试角色行为，加深情感体验，提高综合运用语言的能力。例如，一位教师在教学《乌鸦和狐狸》时，别具匠心地设计了一组生动活泼的实践活动，使课堂教学高潮迭起、异彩纷呈。活动设计如下：

（1）敞开心扉“说”。教师出示一则想象性报道，把学生带入一个新鲜而具体的生活情境中。报道内容如下：

本报讯，昨天动物王国一狐狸采取欺骗、威逼、利诱等手段，在光天化日之下将乌鸦口中的肉抢走，给乌鸦造成极大的经济损失和精神伤害。乌鸦已决定请律师到动物法院状告狐狸，让它赔偿其损失。关于这起案件的进展情况，本报将追踪报道。——《森林报》记者　百灵鸟

在学生惊讶、兴奋之时，教师让学生发表对这则报道的看法。接着又让学生以律师的身份为乌鸦和狐狸进行辩护，先小组讨论，再分组辩论。

（2）无拘无束地“写”。在激起情趣、激活思维的前提下，教师又让学

生以“记者百灵鸟”的身份来写一则追踪报道，可以自由想象、自由练笔。

（3）兴趣盎然地“演”。以《乌鸦和狐狸新编》为题，让学生表演乌鸦和狐狸后来可能发生的事情，让“说”和“写”在“演”中得到延伸和拓展。这一创造性的“超原型”的阅读实践，融语言表达、思维训练、人文关怀于一体，使语文的符号语言化为学生“感于内而发于外”的现实言语，让学生立体感受，多重积累，获得独具个性的情感体验。

再如，有位教师在班级开展办报活动，成立了“童心闪烁”编辑部。班级建制也进行了改革，班长和副班长任主编和副主编，各组组长为各栏目责任编辑，全体学生根据各人的爱好和特长，分别为记者、美术设计员、文字抄写员、策划宣传员等。学生们各司其职、各显其能，各自在自己的岗位上发挥着聪明才智，体验着创造带来的快乐。

语文实践活动内容丰富、形式多样，教师要根据班级、学生和自身的实际情况灵活选择，巧妙安排，融会贯通，让语文实践活动真正成为学生成长的“助推器”。

第十三节　把握方式的理念

现在，有些语文课上得是越来越热闹，唱歌、跳舞、绘画、表演、演讲，可谓是“十八般武艺”轮流上场，令人眼花缭乱的多媒体手段也层出不穷，热闹非凡，精彩纷呈，可是听过课以后仍觉得缺少点什么。总感觉趣“浓”了，味“淡”了；课堂“活跃”了，心灵“浮躁”了；形式“丰富”了，内涵“单薄”了。课堂就像一只飘飘悠悠的风筝，几乎失去了赖以维系的“绳索”。

请看这样一个教学案例：

一位教师执教《北大荒的秋天》，先让学生们交流课前收集到的各种关于北大荒和秋天的资料，接着逐个展示关于北大荒秋天的多媒体课件。忽而是金黄的稻浪（学生大呼：“哇！秋天真美啊！”），忽而是火红的苹果（学生大呼：“哇！秋天好美啊！”），忽而是黄澄澄的甜梨（学生大呼：“秋天真美啊！”），最后让学生以自己喜爱的方式表达对秋天的赞美。于是，学生有的以歌舞表演，有的以唱歌展示，有的以绘画汇报。整堂课看似气氛热烈，风风火火，一派情趣盎然之景象。

这样的课看似热热闹闹，其实是“热闹其外，空洞其中”，是典型的“没有语文的语文课”。学生是高兴了，可是语文的内涵在哪里呢？学生语文素养的提高体现在何处呢？语文课程虽然有很强的综合性，但是仍然有着自己鲜明的学科特征。语文一旦失去其学科特征，也就失去了其独立存在的价值。很多有识之士热切呼唤：语文教学要用“语文的方式”，上出“语文的味”。成尚荣先生说：“语文还要再语文一点，以语文的方式进行语文教育。”什么是“语文的方式”呢？就是引导学生实实在在地接触文本，拥抱文本语言，通过生动的言语实践活动走进文本世界，在语言文字中走个来回，让“言”和“意”和谐地融在一起。这其实就是四个字：听、说、读、写。语文课要以语言学习为主要目标，上出语文的内蕴、语文的性情、语文的本色，让语文课洋溢着浓浓的“语文味”和书卷气。语文教学要把“根”深深地扎进语言文字肥沃的土壤中，吸收源源不断的养料和水分，获得充足的阳光和雨露，“根”深才能“叶”茂，“根”正才能“苗”壮，语文教学这棵参天大树才能枝繁叶茂、郁郁苍苍、生机无限。语文的事情还是要用语文的方式来解决，其他非语文的方法只能是“隔靴搔痒”，无济于事。

用“语文的方式教语文”，就是要引导学生唱好“听说读写”四字歌。

一、认认真真地听

语文教学首先要培养学生认真倾听的习惯。倾听什么？倾听教师的讲解和示范，明白主旨，掌握规律；倾听同伴的讨论和分析，抓住要点，加深认识；倾听文本作者的述说和倾诉，感受语言文字背后的声音。学生只有从外在的听到内在的听、从抽象的听到具体的听、从观念的听到体验的听，才能听得清楚，听得明白，听得生动。语文教学首先就是一个相互倾听和接纳的过程。

二、轻轻松松地说

口语交际训练是语文教学的重要内容。结合教材内容，让学生多角度、多层次地进行说话训练，不仅是深入理解课文的过程，也是提高说话能力的有效途径。语文教师要根据教学实际，适时地让学生说理解的话，说积累的话，说观察的话，说发现的话，说想象的话，说创造的话。在兴趣盎然的说话训练中，学生变得思维敏捷、能言善辩、妙语如珠，这是语文教学应该彰显的本色。

三、真真切切地读

读是语文教学的第一要义，是理解课文的重要手段。以读为本、以读促悟、以读激情、以读导练，是阅读教学最基本的方法。读，注入目、出于口、闻于耳、记于心。语文课上，学生真真切切地读，仔仔细细地品，咀嚼揣摩，吟咏成诵，在朗读中感受作品的语言，领略作品的气势和文法，探索语言内在的含义、情味和形态；理解言外之意，产生情感共鸣，达到“其言皆若出于吾之口，其意皆若出于吾之心”的美妙境界。朗读实际上就是把书面语言还原为口头语言的过程，琅琅的读书声是语文课堂最美的音符，文本在声情并茂的朗读中获得了鲜活的生命，学生在情真意切的朗读中建构起童年精神的家园。

四、扎扎实实地写

课堂小练笔是促进语言积累和转换的重要的言语实践形式。以读促写、以写助读、读写结合，一直是语文教学宝贵的经验。“君子动口不动手”不是阅读教学的应有之义。有经验的语文教师总是很巧妙地把“写”挤进阅读课堂，不失时机地进行写的训练。如抓住文章的“空白”，让学生想象填写；抓住教材的特点，让学生相机仿写；抓住文章的结尾，让学生延伸续写；抓住文章的插图，让学生观察描写；抓住课文的情节，让学生创造性地编写……把写渗透到阅读教学中，才是有滋有味、生动活泼的语文课，这样的课才更有内涵，更有风采，更有个性，才会洋溢着浓浓的语文的气息。

第十四节　有效拓展的理念

《语文课程标准》指出，语文教师应高度重视课程资源的开发与利用，创造性地开展各类活动，增强学生在各种场合学语文、用语文的意识，多方面提高学生的语文能力。“新课程”改革把拓展语文学习的空间，丰富语文学习的资源，加强语文学习和生活的联系，培养学生自主、合作、探究式的学习方式等作为语文教学的重要目标。现在，很多教师在阅读实践中进行拓展教学，取得了较好的效果，但是也出现了无度拓展、无序拓展、无效拓展等问题。所以，我们必须对语文课堂的拓展教学有全面的认识，在教学实践中搞清楚为什么要拓展、拓展什么、怎样拓展等问题，充分发挥拓展的实效性，提高阅读教学效果。

一、形成期待——延伸阅读的长度

伊瑟尔提出："作品的意义只有在阅读过程中才能产生，它是作品和读者相互作用的产物，而不是隐藏在作品之中，等待阐释科学去发现的神秘之物。"优秀的作品总是"言虽尽，而意无穷"，因为内容的开放性而呈现"召唤结构"，等待着读者去丰富和补充。教师就要利用阅读期待激活学生的"期待视野"，拓展思维空间，唤醒学生的探究意向，伸展和延长阅读的长度，让阅读教学意味更深长、意境更悠远、效果更扎实。

张祖庆老师在《狼牙山五壮士》的教学结尾，相机揭示葛振林和宋学义两位英雄跳崖后被树枝挂住的故事，学生非常感兴趣，阅读期待被充分激活。张老师这时引导学生独立地思考：如果将来有可能重新编写教科书，《狼牙山五壮士》一文的结尾，该不该将两位战士幸存的事实和敌军向战士致敬的细节写进去？这样通过还原鲜活的历史事实，引发学生的多元思考，让阅读从课内走向课外，从书本走向生活，有效延伸了阅读的空间。

二、促进内化——挖掘阅读的深度

这里的深度有两方面：一方面是知识的深度，一方面是思想的深度。阅读过程中，学生因为知识经验的欠缺，对有些问题的理解浅尝辄止，缺乏深度和力度，如能巧妙地补充相关资源，就能让学生深化理解，内化文本的意义。如于永正老师教学《梅兰芳学艺》一文，在理解"大师"一词的意思时，就相机给学生介绍了梅兰芳的一些事情：1913 年日本发生了大地震，梅兰芳义演赈灾，把挣来的钱捐献给日本人抗震。1937 年日本侵略者占领上海后，梅兰芳蓄须明志，拒绝为日本人演出。梅兰芳是著名演员，演技非常高超，曾到美国、苏联、日本等国演出，轰动世界，受到高度评价。"这样的人才是大师!"这样挖掘"大师"的内涵，让学生对词语的意思理解更深刻，也对梅兰芳的人物形象把握更深切。

三、情感升华——体验阅读的温度

“夫缀文者情动而辞发，观文者披文以入情。”文学作品是有情感温度的，拓展内容必须和学生的情感体验相一致，学生的情感才能随着对文本的解读和感悟而被孕育和激发，学生才能触摸到作者情感的脉搏，实现情感的升华。张学青老师在教学《月光启蒙》时，就有一个拓展《月光母亲》的精彩片段：

师伴乐诵读，母亲苍老的形象与年轻时为“我”唱歌谣的画面同现：“我回老家去看她时，她安详地坐在藤椅里，依然那么慈祥、和蔼，但却不知我从哪里来，不知我来干什么，甚至不知道我是谁。不再谈她的往事，不再谈我的童年，只是对着我笑，笑得我泪流满面。”

在《母亲》的音乐中，全场宁静。学生和老师都沉浸在教学的意境中，陶醉在浓浓的情感体验中。

四、扩展整合——拓宽阅读的广度

将同一作者不同时期的作品融合成一个有机的整体，能大大拓宽阅读的广度，培养学生思维的广阔性，丰富学生阅读的个性体验，有利于学生更好地理解学习内容，体会作者的思想感情。特级教师吉春亚教学《秋夜将晓出篱门迎凉有感》，在基本理解诗歌后进行拓展朗读，全班同学满怀激情地朗读陆游的《关山月》《书愤》《十一月四日风雨大作》《示儿》等诗歌，诗人一生为恢复中原、统一祖国而奋斗的感人形象，以及将个人的生命和民族的前途融为一体的伟大爱国精神，让学生受到深深的震撼，提高了教学效果。

五、迁移创生——强化阅读的效度

语文教材只是个例子，要凭借这个例子举一反三，教师要用教材教，而不是教教材。阅读教学中，让学生根据所学内容从主题、写法等方面进行恰当的迁移延伸，就能创造和生发出新的阅读材料，进一步强化阅读教学的效度。如学习了《白杨》一文，为了强化学生对“借物喻人”这一写作方法的理解运用，教师给学生提供“果壳箱、蜡烛、粉笔、牵牛花、铺路石、垂柳、小草、竹子、梅花”一组词语，让学生想一想这些事物有什么特征，怎样和人的精神联系起来，然后让学生选择其中一个练习说话。每个学生都从不同的角度说出了自己的理解，绽放出创造性思维的火花。

六、链接重构——充实阅读的厚度

阅读是被引导的创造。阅读教学中，教师的视野不能只局限在课文里，教学的资源也不能只禁锢在课文里，资源的单一势必会带来理解的肤浅。教师要结合课文适当扩展、补充教学资源，或者链接与文本相关的阅读材料，或者通过师生创作产生新的阅读文本。教学时把这些阅读材料和课文内容链接重构，生成新的学习文本，交互阅读，相得益彰，实现课文内容的丰富与升级，充实阅读的厚度，

浙江省特级教师庞光辉执教《雨点儿》第一课时时，为了完成识字解词的目标，他先模仿课文的内容和形式，创作了《雪花儿》和《树叶儿》两篇短文，和原文构成了学习“共同体”。三篇文章同步学习，巧妙重构，交相辉映，学生在阅读的过程中快乐地识字学词，使阅读教学进入别有洞天的美妙境界。

第十五节　问题导学的理念

我们经常在课堂上看到这样的现象：教师接二连三地提问，学生安安静静地坐听。教学结束时教师问学生：“同学们还有什么问题吗?”学生异口同声地回答：“没有!”师生皆大欢喜，教学便宣告结束。难道是真的没有问题吗？还是学生不善于思考、不善于发现问题？还是我们的教学思想有问题？

再看看我们的家庭教育：中国的孩子放学回家以后，家长们问的第一句话，全国各地差不多都是一样的：“今天的作业做完了吗?”而在同样关心下一代教育的以色列，当孩子们放学回家后，家长们问的第一句话差不多也是相同的：“你今天在学校向老师提问题了吗?”如果学生得意地说：“我今天向老师提了一个问题，老师没有回答出来!”家长会像孩子一样喜形于色。可是，如果中国的孩子对家长说他提了一个问题把老师难住了，绝大多数家长会感到尴尬和为难，甚至会斥责孩子：“你逞什么能?”不同的问话，折射出的是教育观念的巨大落差。

1999 年 1 月 20 日，《中国教育报》有一篇题为《金牌选手为什么不会提问》的文章，说的是第 29 届国际中学物理奥林匹克竞赛，中国队 5 名参赛选手全部获得金牌，并且获得团体理论竞赛第一名。然而，在赛后举行的专家报告会上，外国选手纷纷提问，与大师们对话，唯独我们没有一个学生能提出问题，令世人疑惑与不解。这不能不引起我们的深思：我们的学生怎么了？我们的教育怎么了？美国教育家布鲁巴克认为，最精湛的教育艺术，遵循的最高准则，就是学生自己提出问题。我们鼓励过学生主动提问吗？我们给过学生质疑的权利吗？没有。我们教给学生的是现成的知识、考试的技巧和僵化的模式。久而久之，学生的思维被“五花大绑”，聪慧的心灵被压抑得“奄奄一息”，哪里还有自己的问题，只能等着教师的问题“轮番轰炸”。教育的最终归宿应是对人内在潜质的唤醒和开发，使每一个学生都能成为会思考、会发现、会创造的富有灵性的人，而不是知识的奴隶。

一、教学要让问题“回家”，前提是要给学生提问和创造的空间

自主提问的前提是实行教学民主，让学生敢问。教师要从权威性的讲坛上走下来，蹲下身子和学生平等地对话，给学生以充分的心理自由，把提问的权利还给学生。每天放学时或每节课下课时，我都提醒学生：今天你提问题了吗？你感觉到自己的进步了吗？让学生自觉养成提问的习惯。我还准备了一顶顶“高帽”给学生，提问最多的同学授予“问题状元”称号，提问最好的同学授予“问题博士”称号，提问最难的同学授予“问题专家”称号，提问最快的同学授予“问题勇士”称号。课堂上让学生无拘无束地问、随时随地地问，让他们尽情地敞开心扉、放飞思维。

二、教学要让问题“回家”，关键是创设质疑问难的情境，让学生想问

心灵的枷锁打开了，教师要注意创设问题情境，激发学生提问的兴趣。每节课我都在黑板的中央写上一个大大的“?”，给学生以鲜明的心理暗示。并且让每个人都准备好一个“问题卡”，有问题随时记在上面，每周的问题集中起来，装成一个“问题袋”，然后分小组交换“问题袋”，大家相互讨论、交流、评价，筛选出有价值、有意义的问题在全班交流。学生的思维被

激活了，各种各样的奇思妙想便喷涌而出，学习的积极性空前高涨。学生在质疑中感受到思维的价值，在释疑中体验到创造的快乐。

三、教学要让问题“回家”，重点是教给提问方法，让学生会问

“教会学生思考，这对学生来说，是一种最有价值的本钱。”教学生会提问，教师要在方法上给以适当的点拨、引导。可以提示学生根据学习内容抓住重点问，围绕难点问，紧扣疑点问，突出特点问，根据自己的兴趣问，从课内外结合的角度问，等等。要构建问题式的课堂教学结构，让学生从没有问题到有问题再到没有问题，最后再带着新的问题走出课堂。学生在问题情境的诱导下，自主发现问题、自主探究问题、自主解决问题，培养其独立思考、善于创造的能力。

袁振国先生在其《反思科学教育》一文中，有一段精辟的论述：“中国衡量教育成功的标准是将有问题的学生教育得没问题，而美国衡量教育成功的标准是将没问题的学生教育得有问题，所以中国学生进校时，身子像个问号，而毕业时像个句号。”“将有问题的学生教育得没问题”是以教师为主体、以知识为本位的灌输式教学，而“将没问题的学生教育得有问题”才是以学生为主体、以个性发展和能力培养为本位的创新型教学。

学问学问，贵在会问。巴尔扎克说：“打开一切科学的金钥匙都毫无异议是问号，我们大部分的伟大发现都应归功于逢事都问个‘为什么’。”我们的教学要从更新观念入手，从培养学生的问题意识着力，变教师问为学生问，让学生问学生答，使他们从小就敢问、想问、会问，在打开一扇扇“为什么”的窗口的过程中，去发现世界的精彩，感受创造的无穷快乐。也许，从这一个个“?”中，会走出爱因斯坦、爱迪生、牛顿……

教学，首先要让问题“回家”，让问题撑起孩子求知的大厦。

第二章 优化教法新探索：

教师内涵发展的“助推器”

教育不是机械地重复，而是生动地创造。语文教学不仅是一门科学，更是一门艺术。语文教师要想推开这扇艺术的大门，首先就要掌握语文教学的规律，探索教学的方法。人们常说，教无定法、贵在得法、重在用法，教师要目中有人、手中有法。正因为教无定法，才彰显出语文教学的复杂性、艺术性和创造性，才体现出教师驾驭教学方法的重要性。优化教学方法，创新教学模式，这是教师内涵发展的“助推器”。语文教师要善于学习、敏于思考、勤于实践、勇于创造，要能够大胆地摒弃僵化的教学模式，探索出更加鲜活灵动、更加切合实际的教学方法。教师要将自己丰富的文化知识、先进的教学理念、睿智的教育思想，积极地运用到教育教学实践之中，在创造性的教学实践中提高教学能力，锤炼教学艺术，升华教育智慧，从而形成独特的教育教学风格。

第一节　课堂调控的方法

叶澜教授曾说："课堂应是向未知方向挺进的旅程，随时都可能发现意外的通道和美丽的风景，而不是一切都必须遵循固定线路而没有激情的行程。"课堂教学是开放的、动态的过程，经常会出现一些偶然的、意外的突发事件，形成课堂教学的一个短暂的"缺口"，这无法避免。教师要艺术地处理这些突发事件，有效调控课堂教学，巧妙弥补这个教学"缺口"，发挥教师的教学机智和实践智慧。

一、尊重需求，突出发展性

"一切为了学生的发展"是新"课改"的重要理念，课堂教学中各种教学活动的实施都要以促进学生的发展为前提。面对课堂上出现的突发事件，无论是主观的还是客观的，是来自于教师的还是学生的，教师首先要站在关爱和尊重学生的角度来思考问题。处理问题的方式方法一定要契合学生的心理特点、尊重学生的心理需求、保护学生的人格和尊严，让处理问题的过程充满着浓浓的人文关怀和师生情谊，这是弥补课堂"缺口"的润滑剂。切不可片面地为了维护教师的形象而简单粗暴、鲁莽行事，从而伤害了学生的自信心和自尊心，影响了师生之间关系的和谐。

有这样一个精彩的教学案例：

新来的赵兰老师刚跨进教室，猛然发现黑板上画着一个戴眼镜、留双辫的人头像，下面写着"赵兰遗像"四个大字。赵老师面带笑颜对黑板上的画像观赏了一番，转脸审视全班，平静地说："画得很像我，字也写得端正，可是多写了一个字，谁能说多了个什么字？"此时，全班除王小虎垂头外，都注视着黑板。王小虎邻座刘俊用胳膊捅了小虎两下。

"刘俊，你能说吗？"赵老师看了一下座次表，点名提问。

"多……多了一个'遗'字。"刘俊站起来结巴了一下，大声回答。

"为什么呢？"赵老师微笑着，全班同学都看着赵老师，只有王小虎依然低着头。

赵兰老师转身擦黑板，接着写了两道昨天学过的问题，点名板演，其中有王小虎。王小虎面红耳赤，神情紧张，站在黑板前面只字未写。赵老师轻声地对他说："下去，看看别人是怎么做的。"

下课前，赵老师说："开学好几天了，班里的黑板报还是空空的，我提议刘俊和王小虎两个同学利用课余活动时间负责出起来。我特别希望王小虎能发挥自己在美术方面的特长，把这期板报办好。"

第二天，赵老师走进教室，看见班级黑板报已经图文并茂地呈现在眼前。王小虎走到赵老师眼前，递给她一张纸，一鞠躬，下去了。赵老师一看，纸上开头三个大字"检讨书"，随即将纸叠好，笑着说："王小虎是个好同学，知错就改，有决心，有行动，我们相信他会有更大的进步。"

赵老师在处理这起突发事件时，就注意充分尊重学生的心理需求，保护学生的自尊心，避免了师生矛盾激化和关系紧张。其实。学生在犯了错误以后也很后悔，他们渴望得到老师的宽容和原谅，希望有改过和弥补的机会。赵老师从学生发展的角度出发，没有训斥和体罚学生，而是利用暗示警醒学生，利用实践活动激励学生，促进学生自我反思、改正错误，达到"于无声处听惊雷"的心灵震撼。这样就让事件的处理变成学生提高思想认识、培养健全人格、锻炼实践能力的一个发展的过程。自我教育才是真教育，和谐发展才是真发展。

二、把握时机，突出实效性

面对课堂偶发事件，教师要审时度势，注意轻重缓急，准确把握时机和火候，做出恰当的处理。有些事件原因简单，影响面小，处理起来不需要花多少时间，教师就可以进行即时处理，让事情马上得到解决，取得立竿见影的效果，这叫"热处理"。比如，一次作文课上，一个学生身体不适，突然呕吐，我立即安排他的同桌送他到学校医务室检查身体，同时让另一名同学打扫地面，事情很快处理完毕，其他学生静静地写作文，教学秩序井然。

有些事情原因复杂，一时搞不清楚，处理起来需要很长时间，教师就可以先控制事态，稳定学生情绪，待课后解决，以免影响整体教学，这叫"冷处理"。比如，课堂上同桌的两个学生突然吵起来，双方情绪都比较激动，而且吵架的原因不清楚，各人都有自己的道理，这时就让他们俩先冷静下来，等待下课后调查清楚再处理。这样因人因事而异，长线短线结合，选择不同的处理时机，就能把事情处理得更圆满、更妥帖、更有说服力，突出了实效性。

三、讲究方法，突出灵活性

苏霍姆林斯基曾说过这样发人深省的话：“教育的技巧并不在于能预见到教学的所有细节，而在于根据当时的具体情况，巧妙地在学生不知不觉中做出相应的变动。”教学过程是一个随机的、生成的过程，教与学的互动与交流瞬息万变，错综复杂。面对意想不到的偶发事件，教师需要冷静沉着、随机应变、把握学情、因势利导，正确而迅速地作出判断并采取机智灵活的处理方法，变被动为主动，变消极为积极，化“干戈”为“玉帛”，化“腐朽”为“神奇”。

一位教师正在讲《游园不值》这首诗，“砰”的一声，一个迟到的学生推门而入，径直坐到自己的座位上。老师看了他一眼，接着就诗中一句发问：“大家想想，诗人去拜访朋友为什么‘小扣’柴扉，而不是‘猛扣’呢?”大家回答：“因为猛扣不礼貌。”老师接着说：“‘猛扣’尚且不礼貌，假如‘不扣’而‘砰’的一声推门而入呢？是不是更不礼貌?”同学们都笑了，迟到的同学不好意思地低下头。这位教师批评教育学生的方法就很巧妙，面对没有礼貌的学生，教师没有简单地批评、生硬地说教，也没有大声地训斥，而是巧妙地在讲述知识的过程中给以适当的提醒和点拨，化“有影”为“无形”，既深化了教学内容，又寓教育于教学过程中，它比直接的批评更深刻，更容易让人接受，达到“随风潜入夜，润物细无声”的效果。这是教师教学智慧的体现，也是教学艺术性的彰显。

四、注重形式，突出学科性

各个学科有自己的规律和任务，也都有自己处理问题的方式。在面对课堂突发事件时，教师要根据自己的学科特点，采取适合本学科特点的独特方式，让处理过程切合学科实际，为本学科教学服务，为学科教学增添活力和光彩，做到我的学科我做主，我的“缺口”开我自己的花。

正在上课时，突然下起大雪，窗外雪花纷纷扬扬，随风飘荡，有的雪片甚至飘到教室里，美丽极了。学生都很兴奋，注意力一下子被吸引到窗外的雪花上了。这时再按原来的设计进行教学肯定没有效果，教师就可以适时地调整教学计划，尽可能地满足学生的心理需求和兴趣爱好，开展与现场相关的教学活动。如果是语文课，可以让学生在观察的基础上回忆学过的内容，背一背带“雪”的成语、描写“雪”的古诗和精彩课文，然后写一则赏雪的心情日记。如果是美术课，就可以让学生先认真观察，然后动笔画一画雪花飞舞的样子，让美丽的雪花变成画本上的小精灵。如果是科学课，就可以让学生思考探究：雪花从哪儿来？它是怎样形成的？它有什么特点？收集资料写一篇研究小论文。不过，无论开展什么教育教学活动，都不能偏离本学科的教学航道，否则就背离了学科规律，种了别人的“田”，而荒了自己的“园”，得不偿失。

乌申斯基说：“不论教育者怎样地研究教育理论，如果他没有教育机智，他不可能成为一个优秀的教育实践者。”正是因为有各种各样的意外事件，才表现出课堂教学的丰富性和复杂性，体现出教师工作的艺术性和创造性。优秀教师总是能以爱心为前提，以学科为尺度，巧妙地抓住时机，灵动地引导生成，智慧地开发运用，使偶发事件成为宝贵的教学资源和难得的教育契机，在课堂的“缺口”处开出美丽的花朵，取得理想的教学效果。处理课堂中的突发事件是一门教学艺术，也是一种教学功底和机智，需要我们教师用心地感悟和沉淀，持久地修炼和生成。

第二节　词语内化的方法

词语教学是阅读教学最活跃的元素，也是语文教学的重要内容，学习语言首先要掌握词汇。著名语言学家张志公先生指出：“无论是阅读还是作文，首要的是字词。”但是，现在忽视词语教学，词语教学简单化、边缘化的现象比较普遍。学习词语不仅要掌握它的音、形、义，更要感受它的精、气、神，把词语内化到学生的精神世界中，这就要摆脱就词解词、单调查字典、机械背词典的僵化的教学状况，提高词语教学的艺术性、多样性和实效性。

一、擦亮“语境”——让词语的意义清晰起来

语境就是使用语言的环境，是言语活动的环境以及言语环境所创造的能够引发语言滋生复义的“语义场”，它对学习、理解和运用语言起着决定性

作用。刘勰在《文心雕龙·章句》中说："人之立言，因字而生句，积句而成章，积章而成篇。篇之彪炳，章无疵也；章之明靡，句无玷也；句之精英，字无妄也。"这从字、句、章、篇的相互关系来说明语境对话语意义的表达和理解的重要作用。

阅读教学是发生在特定语境下的，没有任何语言是脱离背景环境的。词语教学首先要理解词语的特定的意义，但是要实现对词语意义的准确把握，绝不能脱离具体的语言环境孤立地就词解词，而要让学生联系文章具体的语言环境，根据词语的上下文，结合课文的具体情节领悟词语的内涵。

如《再见了，亲人》一文中的"雪中送炭"这个成语，老师先让学生朗读课文第一段，然后设问："谁能联系上下文说说文中的'雪'指的是什么？"学生很快找出"雪"指战场上环境险恶、敌机封锁、供应困难，战士们空着肚子和敌人作战。"那志愿军空着肚子战斗最需要的是什么？"（食品）"那'炭'又指的是什么呢？"学生找出"炭"指大娘带着全村妇女冒着炮火，穿过硝烟，把打糕送到阵地上。"那么'雪中送炭'是什么意思？""比喻在别人急需要的时候及时给予帮助。"结合"雪中送炭"的语言环境，学生不需要查字典，就很容易理解词语的意思，而且这样的理解最直接、最恰当、最有效。《语文课程标准》指出："能联系上下文，理解词句意思，体会课文中关键词句在表达情意方面的作用。"任何语感都是在一定的语境中发生的，擦亮词语的语境，让词语的意义清晰地呈现出来，应该成为词语教学最常规、最有效的教学方式。

二、点燃"情境"——让词语的形象鲜活起来

苏联教育家赞科夫说，教学法必须触及学生的情感领域，触及学生的精神需要，才能发挥高度有效的功能。教师应通过语言、动作、实物、表演和多媒体等形式，营造气氛浓郁的学习情境，激发学生的学习兴趣，提升词语学习的直观性、形象性和情趣性，让词语的形象鲜活起来，使学生学得有情有趣、有滋有味、扎实高效。

著名特级教师斯霞教学"饱满"一词时，就巧妙地创设情境，她拿几粒长得丰满的种子，让学生仔细观察。有的学生说："豆粒长得多饱满。"有的学生说："菜子长得多饱满。"然后，她走出教室，突然又走进教室，面对学生，昂首挺胸，面带笑容，两眼炯炯有神，问："你们看，老师今天的精神怎么样？"学生一齐回答："老师精神很饱满！"斯霞笑了："说得很好！现在

让老师看一看，小朋友上课的精神是不是饱满？”学生听后，马上坐得端端正正，认真听讲。

没有获得感性的个体理解的词语是不可能被主体顺利调遣或正确使用的，词语只有与学生的情感领域建立起广泛而紧密的联系，才能成为学生心灵的财富。斯霞老师没有机械地讲解“饱满”的意思，而是通过创设相应的生活情境，赋予词语鲜明的形象和丰富的情感，这时候的词语就不是一个抽象的符号，而是一个立体可感、生动活泼的生命，成为学生精神的元素。

三、唤醒“意境”——让词语的神韵灵动起来

“作者胸有境，入境始于亲。”意境是指语言文字中呈现的那种情景交融、虚实相生、活跃着生命律动的韵味无穷的诗意空间，是足以使读者沉浸其中的想象世界。于漪曾说：“如果打开用汉字书写的一本书，那就好像进入了一个画廊，一幅幅画争先恐后地向你的感官申述它的喜怒哀乐。”一个个生动、形象、惟妙惟肖的词语的背后，都隐含着一幅幅具体、可感的画面。这些画面往往是作者对现实生活的细心观察、体验的结晶，是作者心中的思想、情感的自然流露。学生理解词语不仅要感知词语的表象，更要进入词语的内核，即唤醒词语悠远的意境。词语教学就是运用联想和想象，把语言文字还原成一幅幅鲜活的画面、一幕幕立体的场景，让学生置身其中、陶醉其中，通过想象感悟词语的神韵。

请看特级教师张祖庆执教《在大熊猫的故乡》时的教学片段：

师：课文中有很多词语非常美，我们来欣赏一下，请看屏幕——

（出示一组词语）

苍绿幽静　　鸟鸣声声

郁郁葱葱　　泉水清清

箭竹茂密　　流水涓涓

师：同学们，咱们中国的语言很美很美。有时候，一个词语就是一幅画。请你再去读读其中的某个词语，想象一下，你的脑子里出现了怎样的画面？

生：读着“苍绿幽静”，我好像来到了郁郁葱葱的原始森林，树枝相互遮掩，看不见天空，里边很静、很静，偶尔传来几声悦耳的鸟鸣声。

师：真美！来，把你的感觉读出来。

生：苍绿幽静。（读得抑扬顿挫，很有绿意浓浓的感觉）

生：我读“流水涓涓”，仿佛看到了清澈见底的流水。

生：我读着“鸟鸣声声”这个词语，仿佛看到了许多美丽的小鸟在树林里边飞边叫，周围满是清脆的鸟鸣。

生：老师，我来读“泉水清清”。我仿佛来到了清澈澄净的泉水边，里面有很多鱼儿在嬉戏玩耍，还可以望见溪底的沙石，树木的倒影在水中格外清晰。

师：好一面天然的镜子啊！你读得真美！

师：读着不同的词语，你的脑子里一定会出现不同的景象。孩子们，学词语就要学会联想，这样就能把词语学活了。

“一字未宜忽，语语悟其神。”要让词语的神韵灵动起来，就要善于展开联想与想象的翅膀，抓住词语的意象并反复揣摩和品味。这样才能“披文入境”，将语言中的声音、色彩、线条等还原为自己曾经有过的类似的情感体验和生活画面，并走进画面中去感受作者眼中的世界、心里的世界，从而洞见词语悠远的意境和深邃的意蕴。联想和想象便是“登堂入室”的一把钥匙，借助它，学生便可以充分调动自己美好的遐想和情思，思接千载，视通万里，再现和再造词语的意境，走入词语的天地。苏霍姆林斯基说过，要让词深入儿童的精神生活里去，使词在儿童的头脑和心灵里成为一种积极的力量，成为他们意识中带有深刻内涵的东西。这样的教学，词语被充分激活，完全与学生的精神融合了，便会在学生的心底活起来、动起来、美起来，在主体心灵中获得持久的生命活力。

四、浸润“化境”——让词语沉淀下来

学生学习词语，不能只停留在“识记”“理解”的层面，最终的归宿是指向于“言语表现”。缺乏表现力度的词语，是干瘪的抽象符号，是不能投入周转的。理解词义只是词语教学的基础，能够把词语真正固化到学生的认知结构和智慧体系中，化为学生的语文能力和人文素养，这才是词语教学的最高境界。“化境”就是根据教学的实际，让学生沉浸在整合化用的境界中，在实践中调动和发展语言，让词语在表现中焕发生命活力，臻于出神入化的精妙境界。这既是对语言的表现和发展，又是对思想的深化和提升。

请看特级教师薛法根《卧薪尝胆》词语教学片段：

师：老师有个建议，建议大家回家后自己查一下有关的历史书，或者请教家长。如果同学们采纳了老师的建议，我将感到非常高兴。在刚才的话

中，有个词语老师一连说了三次，你听出来了吗？

生：“建议”。

师：“建议”的“议”和“意见”的“意”一样吗？（板书：建议、意见）你看，“意见”是心里对别人有想法，所以是“心”字底；“建议”是把心里的话说出来了，所以有个“言”字旁。谁向老师提个建议？

（生面面相觑，没人回答）

师：（对一位学生）你对我有建议吗？

（生摇头）

师：（开玩笑地）不说，就是对我有意见；说了就是好建议。有没有？

生：我建议老师背挺直一点。（众大笑）

师：（与学生握手）谢谢你的建议，我一定接受，努力改正。

生：我建议老师要经常刷牙。

师：你是说我的牙齿很黄，是吗？我一定接受！

生：老师，我有个建议，建议你要注意休息。

师：你一连用了两个建议，一个作名词，一个作动词。很不错！

生：我建议薛老师能经常来我们学校上课，如果你能采纳我的建议，我们将非常荣幸。

师：我也感到很荣幸。你将“建议”放到了句尾。

师：课文要求我们用“请求”造句。你能将“请求”放到句子的不同位置造句吗？

生：我请求爸爸在我生日那天能带我去上海游玩。

生：我曾经请求爸爸给我买辆自行车，可是没有结果。

生：对我的请求，爸爸总是爱理不理，我感到很失望。

……

师：我发现当爸爸可真难！（众大笑）

生：我们请求薛老师不要走……

师：干什么？

生：一直给我们上课。

师：谢谢你们！其实你们的语文老师才是真正了不起的老师，你们的成长离不开她的关心，应该感谢你们的语文老师，对吗？

薛老师的教学独具匠心，他使词语感悟、情感体验和口语表达巧妙地融为一体，水乳交融、交相辉映。学生在创造性的理解中进行了词的训练，实现了情感的升华，对词语意蕴的内化和人物形象的把握也浑然天成。这些都静静地沉淀下来，“化”成学生生命的财富，体现了词语训练的整体性、实践性和艺术性，彰显了词语教学的魅力。

维果斯基说过：“词语只有在获得了感性的个人含义而不是单纯地作为概念存在的时候，它才能成为个体生命中一个生气勃勃的细胞。”语言有温度，字词知冷暖。词语不是无生命的僵硬符号，而是蕴含着独特性格的精灵。每个词语都是一个情感的世界，都是一个精神的家园。词语教学不能沦为阅读教学的点缀或者“边角料”，而要精心设计，重锤敲打，教出美妙的境界。语文教师就是要带领学生“沉入词语的感性世界”，使学生成为词语的“富翁”，让词语教学成为阅读创新的催化剂，成为阅读教学的风景线。

第三节　品味语言的方法

古人阅读重感悟、重积累，强调读书要“成诵精熟”“玩味通透”。这为我们今天的阅读教学提供了很好的经验。语文教材文质兼美、形象鲜明、词语丰富而优美。我们在教学中要善于引导学生捕捉、推敲、揣摩、品味、鉴赏那些经过作者精心锤炼的优美语言，深刻领略其情味，体会词语运用的精妙独到之处，让学生在细致的品味中入情、入境、入理，从而积极主动、兴趣盎然地从语言文字中披沙淘金、汲取营养、提高理解语言和运用语言的能力。

品味语言可以从以下几个方面入手：

一、“言近旨远”明其意

小学语文教材中的许多课文，语言准确、凝练，内涵丰富，常常是以浅近的词语表现意味深长的境界，可谓“言近而旨远”。教学中，要抓住这样的语言进行分析、比较，品味、理解其深刻的思想内蕴，使学生真正领略“片言可以明百意，坐驰可以役万里”的艺术魅力。

如《我的伯父鲁迅先生》中“四周围黑洞洞的，还不容易碰壁吗”，这句话看起来很浅显，其实含义深远，如果仅从字面理解那就太肤浅了。教学时我先介绍当时的时代背景，然后启发提问：“四周围黑洞洞暗指什么？（旧社会的黑暗）碰壁指的是什么？（鲁迅奋起斗争而遭到迫害）这句话说明了什么?”通过以上讨论，使学生深刻认识到鲁迅先生没有丝毫的奴颜媚骨，他为了人民的自由和幸福而不停地奋起斗争，虽屡遭迫害仍无所畏惧，保持革命的乐观主义态度，充分把握了鲁迅先生的性格特征。

再如《火烧云》中“天空的云从西边一直烧到东边，红彤彤的，好像天空着了火”，这一句为什么用“烧”而不用“红”？我让学生换词进行比较，最后使学生明白用“烧”的四个作用：(1) 给人以动态、变化的感觉；(2) 和下文“着了火”相照应；(3) 避免前后重复；(4) 点明课题。学生从这一个字的运用中，不仅感受到祖国语言文字的丰富多彩，也体会到作者遣词造句的匠心独运。

二、“语切意真”悟其情

刘勰说：“缀文者情动而辞发，观文者披文以入情。”文章本身就是感情勃发的产物、情感信息的载体。语文课的一个重要特征便是它的情感性。品味语言就是要抓住一些感情色彩较浓、其意含而不露的词句，引导学生传情朗读、以读激情、读中悟情，与作者的思想感情产生共鸣，感受到文章的韵味和情致，这样做不仅能够学习语言，而且能够陶冶情操、启迪心智。

如《我的油布伞》是一篇情真意切的好文章，主要写母亲为了给孩子买一把油布伞，每天熬夜织布的故事。文中三次写到母亲的“笑”，其中第三次是这样写的：“我偶一回头，望见了娘那带笑的黄油布似的脸，心里一酸，眼里涌出了泪水。”这段话语切情浓，寥寥几笔之中传递出浓郁的母子之爱。教学时我先让学生自由朗读，找出母亲的三“笑”，再通过品读感悟、师生讨论，理解每次“笑”的内涵；最后进行反复的传情朗读，使学生深刻体会到母亲生活的艰辛和她对儿女无私奉献的真挚情感。学生披文入情，他们的心与作者及文中人物的心紧紧地贴在一起，激发起深刻的情感体验。这样的教学融理解语言和情感熏陶于一体，真是一举多得。

三、“兴趣盎然”品其趣

英国哲学家休谟说：“趣味产生美与丑及善与恶的情感。”文章中许多鲜活有趣味的语言，或有耐人寻味的理趣，或有妙趣横生的情趣，或有诙谐幽默的语趣。抓住这样的语言进行品味，不仅有助于深刻理解课文，而且会给人以教益、启迪和联想，令人回味无穷。

如《可爱的草塘》中“棒打狍子瓢舀鱼，野鸡飞到饭锅里”，这句话生动形象，夸张地写出了北大荒的物产丰富。教学时教师先出示此句，让学生大体说说其意思，然后问：“你觉得这样的事情真实吗?”学生大都摇头，教师乘机引导：“请大家自由读 7～9 节，找出有关语句验证一下，看看课文是怎样写‘棒打狍子’的，‘瓢舀鱼’是怎么回事？野鸡飞到饭锅里又是什么样的情景?”学生朗读、思考、圈画、联想。教师再指名练读相关段落，同时出示投影片，诱导学生想象当时的情景，进入富有生活情趣的画面。这样，学生透过语言文字，眼前仿佛真的出现了北大荒春天小河里挨挨挤挤的小鱼，冬天草地上陷进雪坑里的狍子和因冻僵睁不开眼的野鸡，不仅真正领略到北大荒物产的丰富，也从字里行间感受到北大荒浓郁的生活乐趣。最后，再让学生说说这句话的真正含义，理解它在文中的作用。这样仔细品味，使学生品出了滋味、品出了文趣。

再如古诗《题西林壁》，既是一幅优美的风景画，又包含着深刻的道理。“不识庐山真面目，只缘身在此山中”这两句发人深省、耐人寻味。教师在指导学生理解诗意、咀嚼诗味的同时，更要让学生仔细品味蕴含诗中的“当局者迷、旁观者清”的人生哲理，使学生受到理趣的熏染和启迪。

四、“摇曳多姿”赏其形

语言的结构形式是语言义、情、趣的载体。由于不同内容的需要，语言的结构形式也灵活多样、各具形态，具有摇曳多姿的形式美。教学中，在品评鉴赏文意的基础上，还要让学生充分领略和把握语言的形式美，从而产生深刻的审美体验，提高欣赏美和创造美的能力。

如《桂林山水》一文，结构紧凑，词汇丰富，意境优美，极富诗情画意。尤其是文章修辞手法的运用颇具特色，文中多处采用比喻、排比、夸张、拟人、对比、对偶等修辞手法，淋漓尽致地描写了漓江水的静、清、绿，桂林山的奇、秀、险。教学中通过教师的点拨、学生的有感情朗读，学生好像徜徉在语言形象的园林之中，尽情地品味课文的修辞美，感受语言的艺术美。

总之，通过引导学生品味语言，品出语言的意境美、情感美、理性美、形式美，使他们熟练掌握阅读技巧、感悟内化、积淀语感，把课文的语言变成自己的语言，把作者的思想变成自己的思想，达到所谓“言皆出于吾之口”“意皆出于吾之心”的同化境界，这是阅读教学的核心内容。

第四节　掀起高潮的方法

创设课堂教学高潮，是指教师在课堂教学过程中，遵循教学规律和学生身心发展特点，通过艺术的教学手段，将教学的某一阶段推向高度发展的、富有创造性的教学活动，是学生情绪最兴奋、思维最活跃的高峰体验。苏联教育家苏霍姆林斯基说："如果教师不想办法使学生产生情绪高潮和智力振奋的内心状态，就急于传授知识，那么知识只能使人产生冷漠的态度，而使不动感情的脑力劳动带来疲劳。"课似看山不喜平，跌宕起伏方为真。平铺直叙、四平八稳、没有感情激荡、没有高潮迭起的课堂，学生的学习就兴趣索然、味同嚼蜡、事倍功半。教学中不断地掀起课堂高潮，有利于活跃课堂气氛，调动学生学习的积极性和主动性，提高课堂教学效率。那么，如何艺术地创设课堂教学高潮呢？让我们认真学习名师的课堂教学案例，因为他们的课堂教学高潮迭起、跌宕起伏、扣人心弦、异彩纷呈，能帮助我们找到掀起课堂教学高潮的最佳路径。

一、书声琅琅，以"读"掀起高潮

张田若先生说，阅读教学，第一是读，第二是读，第三还是读。朗读是阅读教学最重要的教学手段，也是最经常使用的教学方式。课堂上让学生充分地读，在读中整体感知，在读中有所感悟，在读中培养语感，在读中受到情感的熏陶。通过多种形式的朗读活动，让学生真正读出感情、读出味道、读出方法、读出见解、读出高潮。

请看著名特级教师于永正的《庐山的云雾》朗读教学片段：

师：同学们一二两段读得都很好，比我读得好。我在备课时感到最难读的是第三段。我一连读了七八遍都没读好，最后我又认真地读了三到五遍。我读了十来遍才读好的。同学们，你们觉得第三段难不难读？（生齐声：不难）唉，怪了，我怎么觉得难读？既然这样的话，我就请你们跟我比赛。敢吗？（生齐：敢）请你们先练习一下，然后和我比赛。

师：准备好了吗？（生齐：好了）谁愿意和我比一比？（学生都举了手）手举得高的，我不找，因为我知道你们都很厉害。我找一个手举得不高的。

（找一女同学）我想她不会比过我的。请大家当裁判。

（女学生读书，读得流利、有感情）

师：坏了，找错人了。（生笑）你叫什么名字？

生：朱丽丽。

师：不该找朱丽丽，该找朱丽。两个“丽”当然厉害。说真话，听了她的朗读，我不敢读了。

生：不要紧。

师：怎么不要紧？

生：你一定会读得很好，我支持你。

师：有你的支持，我什么都不怕。别说朱丽丽，就是朱丽丽丽……我也不怕。说是这么说，不过我还有点胆怯。这样吧，找个同学替我跟她比，谁愿意？（学生纷纷举手）

师：为了有把握，请大家再练一练。朱丽丽可非同一般。

（学生练得非常起劲。练后，请一女同学读）

师：你可要好好读，替我争光呀！

（女学生读得流利、有感情）

师：怎么样？比过她没有？（生齐：比过了）朱丽丽，你说比过你没有？

生：和我差不多。

师：差不多，就是说差一点，差得不太多，是吗？不过，也得谢谢你替我参加比赛。

生：谢谢你给了我一次参加比赛的机会。

师：真好，握握手。

在这个教学片段中，于老师先是创设了一个“师”和“生”朗读比赛的情境，然后巧妙地转变为“生”“生”朗读比赛，教师则在中间“添油加醋”“煽风点火”，使学生沉浸在朗读的美妙境界中，课堂教学掀起一个又一个高潮。从中我们可以看出，要使琅琅书声成为课堂美丽的风景线，教师首先是要创设一个愉悦的朗读情境，让学生沉浸其中、欲罢不能；其次是给予学生足够的时间，让学生充分地、自由地读；再次是要积极地鼓励、真诚地期待，让朗读变得有情有趣、有滋有味。这样的朗读没有指导的痕迹，而是学生积极的朗读追求，琅琅书声成为语文课堂最美的音符。

二、议论纷纷，以“辩”创造高潮

古人云：“一言之辩，重于九鼎之宝；三寸之舌，强于百万之师。”语文课堂上，围绕教学的重点和难点，适时地组织学生讨论和争辩、畅所欲言、各抒己见，不仅让学生明辨是非，深化对文本内涵的理解，而且有效地培养了学生的口语表达能力和思辨能力，创造了课堂教学的高潮。

请看孙双金老师《落花生》教学片段：

师：同学们，下面孙老师搞一个栏目——《实话实说》。怎么搞呢？首先要说真话、说实话，你说当代社会和未来社会你想做落花生这样的人，还是想做苹果、石榴这样的人？为什么？（学生讨论）

师：现在我来了解一下，想做苹果、石榴的举手。我们欢迎他们上台。下面我们进行正方与反方的辩论，做“花生”的为正方，“苹果、石榴”为反方。下面四人随意组合，讨论的时候既要热烈也要注意纪律，上面的同学发言，下面的要认真倾听、认真思考。

（下面是第三轮辩论部分学生的发言）

生：如果像花生那样默默无闻的话，就不会被人发现，永远成不了才。

生：如果社会上都是你们这种精明的人，而且只讲体面，没有真才实学，肯定会被社会所淘汰，因为没有真才实学。

生：当代社会上要凭实力做，像你们只想炫耀自己，那不是豆腐渣吗？

生：做人应该做一半“苹果人”，做一半“花生人”，既不会被淘汰，又会精明一些。

师：（赞赏地）通过辩论，思想发生变化，认识得到提高，还是有可能的。

这个教学片段进行的是口语表达训练，它之所以精彩，是因为教师采取创新的表达形式。教师改变了传统的教师问、学生答的说话方式，而是以辩论的方式激发起学生的表达兴趣。话越说越清，理越辩越明，学生在滔滔不绝、唇枪舌剑的辩论中走进文本，感悟到文本的深刻内涵，获得了鲜明的思想启迪。课堂上人人参与、个个活跃、思绪翩翩、议论纷纷、口若悬河，这是最动人的学习高潮，是学生最美的高峰体验。在以“辩”掀起课堂高潮时，教师要适当地给以点拨，让学生说得言之有物、言之有序、言之有理、言之有情，既注重说话训练的形式，又重视说话训练的质量，做到既议论纷纷，又精彩纷呈。

三、情思绵绵，以“情”激荡高潮

“感人心者，莫先乎情。”列宁说：“缺乏情感的认识便失去了认识的深人，人的思想只有被浓厚的情感渗透时，才能得到力量，引起积极的注意、记忆和思维。”语言是情感的载体，情感是语言的内蕴，阅读教学如果不能与情感的体验融为一体的话，这种阅读将会显得枯燥乏味。阅读课堂应该是一个浓浓的“情场”，情感是教学中的润滑剂、催化剂，它让学生、教师与文本之间产生高度的和谐共振。

特级教师窦桂梅执教的《难忘的一课》，就是这样一堂以“情”激荡高潮的课，请看课的教学尾声部分：

完成了对课文重点的研读后，在悠扬婉转的《思乡曲》中，师生共同深情朗诵台湾著名诗人余光中先生的《乡愁四韵》——

“小时候/乡愁是一张小小的邮票/我在这头/母亲在那头/长大后/乡愁是一张窄窄的船票/我在这头/大陆在那头/后来呀/乡愁是一方矮矮的坟墓/我在外头/母亲在里头/而现在/乡愁是一湾浅浅的海峡/我在这头/大陆在那头。”

师：看得出，此时此刻，同学们的心已经沸腾，还有什么话能足以表达我们那份心情呢？只有那一句——

生：（读）我是中国人，我爱中国！

师：放声朗诵，来表达你此时的心情吧！

师：下面，请大家拿起笔，再写一写这句话，并将这句话永远地镌刻在你心灵的深处。（师生共同写话，教师用红笔）

（生一个个凝神静气地、庄严地、神圣地、含着热泪写这句话）

师：想读就读吧！

生：我是中国人，我爱中国！

生：我是中国人，我爱中国！

师：语气虽然不同，但感受和认识是一样的深刻！

师：（激情地）同学们，通过这堂课，相信你一定记住了“我是中国人，我爱中国”这句话。世界上什么都可以选择，但唯独不能选择的是自己的母亲、自己的祖国。或许有一天，你身在国外，请你也别忘了今天的这堂课，更不能忘了这堂课里你记住的“我是中国人，我爱中国”。我们大家再读这句话吧！

生：（铿锵有力地）我是中国人，我爱中国！

师：读得太好了！同学们，咱们今天上的不是普通的语文课，而是一堂人生感悟课，因此，这也就称得上是——

生：难忘的一课！

（教师在课题后加上感叹号，在全场掌声中结束教学）

语文不是无情物。课堂上感染学生的是情，打动学生的是情，震撼学生的也是情。只有打开情感的闸门，真情才能在我们的课堂恣意流淌。阅读课堂要以“情”掀起高潮，教师首先要倾注真情、情意浓浓；其次是要充分挖掘语文教材的情感内涵，并充分发挥自身的人格魅力，以此去滋润、涵养、陶冶、提升学生的情感体验和人文素养，让学生实现语言和情感的同构共生、协同发展，带给师生同品共享的无尽愉悦和曼妙丰盈的心路历程。

四、笔尖沙沙，以“写”提升高潮

阅读是写作的基础，写作是阅读的归宿。张田若先生说：“阅读教学一定要把‘写’挤进去。不但要挤进去，而且要挤得巧。语文教学一定要解决写得少的问题，让‘写’占有一席之地。”阅读教学不能“君子动口不动手”，而要让学生适时地、巧妙地写起来，让智慧从学生的笔尖流淌出来，以“写”提升课堂高潮。

请看《詹天佑》练笔教学片段：

师：同学们，这两节课，詹天佑的事迹一次又一次深深地感动了今天的我们，我们可以推想，他的事迹肯定也感动了当时的中国，我们完全可以说詹天佑是当之无愧的感动中国的世纪人物。下面就让我们以自己的方式为他颁发特殊的大奖，为我们心目中的英雄——詹天佑写一段颁奖词，要写得朴实而真挚。

（学生在写颁奖词的时候，老师播放刘德华的《中国人》这首歌，以烘托气氛，调动情感）

师：（屏幕出示詹天佑的铜像）让我们庄重地站在詹天佑的铜像面前，以饱含深情的语调，宣读颁奖词。

生：那一刻，当我们乘火车去八达岭，看到詹天佑的铜像时，或许会感觉到他注视铁路的眼睛。他给了藐视中国的帝国主义者一个有力的回击，作为中华铁路第一人，作为中华铁路人的杰出代表，他的名字注定要被历史铭记。

师：了不起，一上来就是个专家级的！一流的颁奖词，超一流的朗读。

生：面对着高山深涧、悬崖峭壁，忍受着帝国主义的嘲笑，一位工程师完成了第一条完全由中国人设计和施工的铁路。他以超群的智慧想出了“两端凿井法”“中部凿井法”和“‘人’字型路线”，创造了铁路史上的奇迹。

他是我们中国的骄傲。

师：你的颁奖词真有特色，可以用四个字概括——“与时俱进”。

生：穿越一个世纪，见证沧桑百年，刻画历史巨变，一个生命竟如此坚强。他以顽强的毅力，给帝国主义者一个有力的回击；他以坚持不懈的精神，给祖国一份永久的光辉。他，就是詹天佑，一个爱国的工程师。他饱受外国人的讥笑，还担着（应改为“肩负”）修筑铁路的重任。可他不吭一声，默默工作，为中国赢得了久违的胜利。他的名字早已刻在我们心中，他是中国的豪杰（应为“骄傲”），他是中国胜利的希望！（掌声）

师：尽管开头套用了给巴金的颁奖词，但非常贴切，你的颁奖词也深深地打动了老师们。

生：不怕困难，也不怕嘲笑，毅然接受任务的詹天佑，他留下的伟大工程，使人们赞叹不已。他不分昼夜地工作，使多少人记忆犹新；他不顾环境这样恶劣，风沙这样猛吹，依然带着学生和工人做自己应该做的事情。他的事迹在历史中留下了灿烂、美好、辉煌的一页。他使多少人震撼，使多少人激动，使多少人自豪。他使中国永远骄傲，我们会永远记住他！（掌声）

师：这样完美的颁奖词，只有铁道部部长秘书才能写得出来！（笑）

生：是你，用生命捍卫了祖国的尊严；是你，用血汗冲刷（应为“洗刷”）了中国的屈辱；是你，面对艰险与嘲笑毅然接受了任务；是你，为祖国修筑了第一条中国人自己修筑的铁路。是你，詹天佑！窗户上，还映着你伏案审阅的身影，八达岭还留着你深深的脚印。你的光辉业绩给了帝国主义者一个有力的回击，你的努力圆了几代中国人的梦想。你的杰作将永远保存，你的精神将永远流传。深情地呼唤您——詹天佑！（掌声雷动）

师：（非常激动地）诗一样的语言，火一般的激情。写得太好了！加上一个题目——詹天佑，就是一首饱含激情的诗。詹天佑了不起，你也同样了不起！

……

师：同学们的颁奖词写得真是精彩，想读的都站起来！（学生全体起立）让我们面对着詹天佑的铜像，深情地为他颁奖！（学生有感情地读自己写的颁奖词）

在这个教学片段中，老师抓住学生与文本的情感共鸣点，适时地让学生练笔，把教学推向了高潮。学生激情澎湃地写作，妙语如珠地表达，课堂教学渐入佳境、精彩纷呈。

阅读教学加强写作训练，教师要注意“四适”：适时——抓住学生最想表达的时机，巧妙地切入写作；适当——抓住最合适的写作落脚点，让学生有话可说、有话想说；适境——创设浓郁的练笔情境，让学生笔尖沙沙、乐于表达且进行创造性的表达；适度——写作的难易程度、教师的点拨诱导都要恰到好处、水到渠成，没有雕琢的痕迹。

五、疑问串串，以“问”营造高潮

朱熹说：“读书无疑者须教有疑，有疑者却要无疑，到这里方是长进。”“疑”是思维的深入，“问”是学习的起点。有疑才有思，有思才有问，有问才有得。阅读教学中的“问”，一方面是指教师要善问、会问，通过艺术的提问来激发阅读兴趣，引发学生思考，提高学习效率。另一方面，教师要启发学生自主发现问题，自主提出问题，积极主动地质疑问难、释疑解惑，培养创造性思维的能力。

孙双金老师在教学《天游峰的扫路人》一文时，先让学生就题质疑，学生提出了一系列有价值的问题。在朗读感知课文后，又让学生根据课文内容提问题，学生又提出了很多问题。对于学生提出的若干问题，孙老师让学生帮助他出主意，想想怎样解决这些问题。学生通过讨论，提出了把问题进行归类，先解决重点问题，再顺便解决次要问题的策略。最后师生共同确定了三个重点问题：(1) 老人扫天游峰为什么不感到累？(2) 老人为什么不舍得离开？(3) 老人说“30 年后我照样请你喝茶”，老人真能活到这么大岁数吗？课堂教学在一串串问题的引领下层层推进、步步深入、渐入佳境，取得了理想的教学效果。

“疑，是发现智慧的引线；思，是获得打开知识大门的钥匙。”（华罗庚语）“提出一个问题往往比解决一个问题更重要。”孙老师变“教师提问”为“学生提问”，变“要我回答”为“自主释疑”，对学生的思维更具强化作用，潜移默化地将学生带入“愤”“悱”的心理状态中，引到“惊奇”和“疑问”中去，让学生自己去发现真理，从而发展学生的智力。学生因自主提问而睿智，课堂因自主探究而精彩。

我们透视名师课堂，感受名师魅力，分享名师智慧，领悟名师以“读”“辩”“情”“写”“问”创设课堂教学高潮的艺术，发现了创设课堂教学高潮的最佳路径。当然，掀起课堂教学高潮的方法还有很多，只要我们抓住理论学习和实践探索不放松，就能深刻把握语文课堂的本质，不断生成新的教学智慧，逐步走向阅读教学的理想境界。

第五节　教出韵味的方法

语文课要教出语文的韵味，凸显浓浓的“语文味”，就是要在语文教学过程中，通过情感激发、语言品味和语言运用等手段，让学生在提升阅读能力的过程中体验到一种令人陶醉的审美快感和独特韵味，这是语文教学的本质追求和独特境界。那么，语文课如何教出语文的韵味呢？

一、学会倾听，听出语文味

古希腊先哲苏格拉底说：“上天赐人以两耳两目，但只有一口，欲使其多闻多见而少言。”这句话形象而深刻地说明了“听”的重要性。倾听是一种习惯、一种能力、一种素质。让学生从小学会倾听，不仅对学生的语文学习有帮助，而且也将是学生走入社会的一种财富。

在语文课堂教学中，学生只有认真倾听老师的讲话，倾听同学的发言，才能积极有效地参与教学活动。教师要让学生懂得倾听的重要性，多创设倾听的氛围，培养学生乐于倾听、积极倾听的意识，培养学生耐心倾听、礼貌倾听、仔细倾听的习惯，培养学生边听边记、边听边想、边听边评的能力。语文课上训练学生用心倾听，不仅仅是让学生听明白话语表面的意思，还要用心感悟话里的深层意蕴，捕捉字里行间的生命情感和人生真谛。语文课因为有了倾听而更有韵味，更有文化的气息，更有生命的灵性。

二、注重口语，说出语文味

说话是语言最直接的表达方式，是语文教学中不可或缺的组成部分，口语表达能力的强弱在某种程度上反映了一个人基本素质的高低。长期以来，语文教学忽略了学生的口头表达能力，致使部分学生的口语表达能力差。“能说会道”“能言善辩”是现代人的重要素养，正如刘勰在《文心雕龙》中高度评价的那样：“一言之辩，重于九鼎之宝；三寸之舌，强于百万之师。”从中足以看出口语表达的重要作用。

语文教学要注重口语表达训练，就是在感悟文本的基础上，积极引发学生和学生、教师、文本之间多重的对话，巧妙地打开学生的“话匣子”，使“说”成为课堂教学一道亮丽的风景。说话能力培养是一个循序渐进的过程，教师要采取各种形式进行训练。一是要鼓励学生有说话的胆量和勇气，让学生敢说；二是要创设情境，激发学生说话的兴趣，让学生想说；三是要教给学生说话的方式方法，让学生会说；四是提供丰富多彩的说话内容，开展情趣盎然的活动，让学生能说；五是多元评价、表扬激励，让学生乐说。说得生动有趣，说得清楚明白，说得头头是道，说得激情澎湃，语文课因“说”而更加精彩，语文味因“说”而更加浓郁。

三、强化朗读，读出语文味

张田若先生说，阅读教学，第一是读，第二是读，第三还是读。美读就是表情朗读，是学生阅读感知的主要方式和获得审美享受的基本途径。叶圣陶先生说：“所谓美读，就是把作者的情感在读的时候传达出来，这无非如孟子所说的‘以意逆志’，设身处地，激昂处还他个激昂，委婉处还他个委婉。”正所谓：“读书切戒在慌忙，涵泳功夫兴味长。”朗读把无声的文字化为有声的语言，把抽象的文字符号还原成鲜活的画面和真情实感，它是语文教学最经常、最重要的训练方式，是提高学生阅读能力和语文素养的重要手段。

《语文课程标准》指出：“小学各个年级的阅读教学都要重视朗读。要让学生充分地读，在读中整体感知，在读中有所感悟，在读中培养语感，在读中受到情感的熏陶。”语文教学中如何加强美读训练呢？首先是拓展朗读的时空。课前让学生预习读，课中让学生充分读，课后让学生延伸读。其次是丰富朗读的形式。如集体读、个人读、小组读、分角色读、师生轮读等。再次是读出自己的感情。朗读不是简单地读出“声”，重要的是读出“情”，读出自己的独特感受，让朗读“火”起来。什么是朗读的“火”？俄国作家果戈理曾说：“像样地朗读一篇抒情作品……需要同诗人分享那充满他心灵的崇高的感受；需要用整个心灵去感受它的每一个词。这时在朗读者的声音里听得出一种真实的内心激动。”这种“整个心灵的感受”，这种“真实的内心激动”，就是朗读的“火”。指导学生朗读时就要善于点燃朗读的“火”，让朗读“火”起来，让童心“火”起来，让朗读成为一种精神享受，使琅琅书声成为语文课堂最美的旋律。

四、以写促化，写出语文味

阅读是写作的基础，写作是阅读的归宿。随文练笔是阅读教学中体现读写结合、长线短线并进、提高学生写作能力的重要途径。学生在学习一篇课文时，要借助文章的言语形式和内容进行巧妙的模仿迁移，内化吸收作者的写作方法，提高阅读和写作能力。特级教师于永正说过：“阅读教学中写的训练，不应游离于课文之外，要使它成为阅读教学中的一个有机组成部分。”

阅读教学中的写作训练，关键是选择好读写结合的落脚点。如文本空白点、情感汇聚点、思维疑惑点、认知冲突点、主题升华点、结构突出点、结尾延伸点。随文练笔在内容的选择上要突出针对性，在形式的设计上要体现灵活性，在时机的把握上要注意随机性，在评价的策略上要凸显赏识性，让写作因阅读而丰盈，让阅读因写作而精彩。

五、创造想象，思出语文味

现代接受理论认为，文学作品使用的语言是一种具有审美功能的表现性语言，有时根据表达的需要，在行文中有意留下一些意义空白，使之“句中无其辞，句外有其意”“不著一字，尽得风流”。这种“不确定”性，就是文本语言的空白点。这些空白不是作者行文的疏忽，而是不忍点破的韵外之致、只可意会的弦外之音、布局谋篇的匠心独运。入乎其内，徜徉其中，必然会别有洞天、豁然开朗。《语文课程标准》明确提出：“在发展语言能力的同时，发展思维能力，激发想象力和创造潜能。”引导学生进行想象训练，是培养学生创造性思维能力的一项重要内容。阅读教学要引导学生在文章的空白处展开合理而丰富的想象，“思接千载，视通万里”，品得个中妙谛，利用这些意味隽永的空白，引导学生打破思维定式进行拓展和延伸，以激发学生创造性的想象，提高其语言表达能力。让思维在想象中放飞，让情感在想象中流淌，让语文教学在想象中变得有滋有味。

六、咀嚼体会，品出语文味

有人说，语文的味道不是教出来的，而是“嚼”出来、“品”出来的。叶圣陶先生说：“我们读一篇东西，无论诗歌词曲，总要像吃东西一样，细细咀嚼……把它的滋味辨出来。”这个滋味就是“语文味”。语文学科的重点是对语言的揣摩、玩味与感悟，以及对语言背后价值取向的感知和人文精神的悦纳，从而领悟语言规律，获得言语智慧。在阅读教学中，我们要引导学生咀嚼、体会语言的精妙，提高语言的鉴赏能力，经常使用揣摩比较的方法，就是引导学生对文本中重点字、词、句，进行增一增、删一删、换一换、调一调、改一改等一番“咬文嚼字”的比较和咀嚼，让学生把握文章的思想感情，品味语言的内涵和情味。通过对文章语言进行品味与揣摩，在语言学习的实践中感受语言、积累语言、把握语言、培养语感，这对于提高学生的语文素养无疑是非常重要的。

七、传神表演，演出语文味

语文是一门“心灵的学科”，课堂应该成为学生内心体验的源泉，教学中要有情感生活，有心智的活动。小学生有很强的表演欲望，让学生模仿文中的角色进行传神的表演，不仅能激发学生的学习兴趣，也是加深对课文的感悟的有效形式。学生在表演的过程中，不仅要内化课文中规范的语言材料，还要灵活地调动已有的知识经验和语言储备，重构自己的语言“仓库”，让语言更有表现力，让表演更有感染力。

窦桂梅老师在教学《落叶》时，让学生通过表演来体验“爬、游、飞、坐、躲藏”几个动词的意思，让教学精彩纷呈：

师：这些小动物们，有的爬，有的游，有的飞，有的坐，有的躲，现在你们就是这群可爱的小动物。

师：你是谁？

生：小虫。

师：你是谁？

生：小蚂蚁。

……

师：现在我们就体验体验，现在你们就是可爱的小动物，我好喜欢你们这群可爱的小动物。注意了，一片叶子落下来，有的爬来……一个也没爬？

（生爬）

师：有的动作真美哪，那么爬呀爬呀，可以在过道，放松。

师：有的游来。

（生游）

师：重来，游得太快了。

师：小燕子飞下来了。

（生飞）

师：蚂蚁坐上去，坐在叶子上。

（生坐）

师：刚才我们是慢动作，现在快动作。游、飞、坐、爬！游、飞、坐、躲……

（生按老师的口令做着不同的动作）

师：我看见了，我看见了，我去抓你……哈哈，听好了，藏！

（生纷纷往桌子底下藏）

师：快出来吧，最后一个动作——坐！

师：我可明白了，你们哪，这些小动物可太了不起了，刚才你们做的躲和藏的动作一样的，看来躲和藏有时放在一起可以表示一个意思。现在我把藏换个动作。躲开！

（生躲开）

师：还想演吗？这样，我们挑几个扮演小动物。你可要用心体会，你就是它。

师：爬，游，飞，躲！躲开的躲，躲藏的躲。

（生演）

教师创设了快乐的表演情境，在开放的场景中，学生兴高采烈地徜徉在语言的园林之中，尽表演之愉悦，得语言之珠玑。其实，模仿表演的过程，很大程度上就是对语言的体验和发展的过程。苏霍姆林斯基说过："孩子只有生活在游戏、童话、音乐、幻想和创造的世界里，他的精神生活才充实，才有价值。"阅读教学中的传神表演，唤醒了儿童尘封的灵性，极大地发掘了学生的创造潜能，把抽象枯燥的文字变成立体动感的画面，让学生动起来，让课堂活起来，让教材美起来，让语文教学充满浓浓的语文色彩和旺盛的生命活力。

语文课程的人文性、学生认识的多元性、语文学习的实践性、语言文字的独特性，决定了语文教学的个性特征，决定了语文教学应该具有自己独特的品位。著名语文教育家张定远先生曾经说过："语文课要上出'语文味'，就必须在品析语言文字上下工夫。"又说："如何解决语文的人文性与工具性相统一的问题，归根结底要通过语言文字这个载体去实现。"只有激活"阅读力"的课堂，才能体验到浓浓的"语文味"；也只有在充满"语文味"的课堂，才能真正提升“阅读力”。语文教师要有强烈的语文意识，坚守语文的本色，夯实语文的本体，让语文课更语文一些，独具匠心地烹调出一道道地道纯正、风味独特的语文盛宴，让语文真正成为学生生命的营养和精神的元素。

第六节　口语表达的方法

叶圣陶先生曾给语文下过这样的定义：“什么叫语文？语文就是语言，就是平常说的话。嘴里说的话叫口头语言，写在纸面上的叫书面语言。‘语’就是口头语言，‘文’就是书面语言，把口头语言和书面语言连在一起，就是语文。”这就决定了说话教学是语文教学中不可或缺的组成部分。阅读教学不仅要培养学生“能读会写”，也要培养学生“能说会道”“能言善辩”。

《语文课程标准》指出：阅读教学是学生、教师、文本之间对话的过程……应让学生在主动积极的思维和情感活动中，加深理解和体验，有所感悟和思考，受到熏陶感染，获得思想启迪，享受审美乐趣。阅读教学中的口语表达训练就是在感悟文本的基础上，引发学生和学生、教师、文本之间进行多重积极的对话，以“感悟”激活“对话”，让“对话”促进“感悟”，巧妙地打开学生的“话匣子”，使口语表达成为课堂教学一道亮丽的风景。

一、释疑——说理解的话

疑问，是思维的源泉。从质疑到释疑，既是思维内化的思考过程，也是语言外化的表达过程。教师既要激发学生浓厚的思考兴趣，又要调动学生强烈的表达欲望，让学生积极主动地说出自己的理解，亮出自己的观点。

如在教学《狼和鹿》时，一学生忽然提问：“狼为什么多半吃的是病鹿呢?”这是学生思维的火花，也是口语训练的“导火索”，教师要敏锐地捕捉，灵活地将学生引入“悟说”状态。“是啊，你提的问题很有趣。狼为什么喜欢吃病鹿呢？难道病鹿的肉好吃？老师也没有想明白，你们是怎么想的?”教师诱惑性的引导一下子激起了学生的兴趣，真是“一问激起千层浪”，学生积极思考，踊跃发言，“话匣子”马上被打开。他们相互倾听、相互启发、相互补充、相互完善，很快明白了，因为病鹿容易捕捉；因为吃掉的是病鹿，才减少了传染病对健康鹿群的威胁。狼对鹿的“保护”作用显而易见，所以说狼是鹿的“功臣”。学生在疑问中进行理解，在理解中启发表达，在表达中促进感悟，说话和感悟达到了高度的和谐与统一。

二、表演——说积累的话

小学生有很强的表演欲望。阅读教学中，让学生模仿文中的角色进行表演，不仅是激发学生学习兴趣、加深他们感悟课文的有效形式，也是进行趣味说话的最佳途径。学生在表演的过程中，不仅要内化课文中规范的语言材料，还要灵活地调动已有的知识经验和语言储备，重构自己的语言“仓库”，让语言更有表现力，让表演更生动。

如教学《三袋麦子》，教师让学生戴上头饰，分角色表演土地爷爷、小猪、小猴和小牛。学生兴趣盎然，精彩地演绎着文中角色的形象。请看，“小猪”腆着大肚子，手舞足蹈，摇摇摆摆地上场了：“土地爷爷，太感谢你了，你真是个大好人啊！我最喜欢吃的就是馒头和烙饼了。平时整天吃些粗茶淡饭，我早就吃腻了，早就想换换口味了。明天，我就去把这袋麦子磨成面粉，做成各种各样好吃的食品，那一定是最美的佳肴了。”那个“小猪”边说还边舔着舌头，咂着嘴吧，惹得同学们哈哈大笑。学生把自己对课文的理解、平时生活经验的积蓄和日积月累的语言“存折”，都投注到入情入境的表演中。教师没有指导学生用什么词语、什么句式去练习说话，在开放的场景中，学生兴高采烈，尽表演之愉悦，得语言之珠玑。其实，模仿表演的过程，很大程度上就是语言的积累和发展的过程。

三、补白——说想象的话

补白，就是引导学生在文章的空白处进行合理而丰富的想象，激昂处还他个激昂，委婉处还他个委婉，品得个中妙谛，利用这些意味隽永的空白，引导学生打破思维定式进行拓展和延伸，以激发学生创造性的想象，提高语言表达能力。

如《荷花》的第四节最后两句是：“蜻蜓飞过来，告诉我清早飞行的快乐；小鱼在脚边游过，告诉我昨夜做的好梦……”文本的意境非常丰富，给人以无穷的遐想。“除了蜻蜓和小鱼，还有很多的好朋友也来问候我，你们看到了吗?”教师一句轻轻的点拨，学生想象的翅膀就翩翩地飞翔，语言的溪流也潺潺地流淌："小鸟在树上唱歌，向我展示它歌声的美妙。""白云飘过来，告诉我蓝天的辽阔。""小猫跑过来，告诉我昨夜捉老鼠的经过。""青蛙跳过来，告诉我游泳的快乐。""啄木鸟飞过来，向我讲述捉虫的快乐。""风儿吹过来，给我捎来夏天的温暖和快乐。"……同学们陶醉在想象和表达的美妙境界中，思如潮，语如珠。教师也情不自禁地接上一句："三（1）班的一群小朋友也高兴地跑过来，告诉我——"学生们齐声接着说出下半句："学习语文的快乐！"语文学习就是这样轻轻松松，说话训练就是这样快快乐乐。这仅仅是填补文本的空白吗？也是在填补学生精神的"空白"啊！

四、争辩——说发现的话

小学生争强好胜，喜欢表现自己的个性特征。抓住这一特点，教师可以根据教学的实际情况，精心设计一些带有思辨性的话题，巧妙地激发学生的认知冲突，适时地引发学生进行争辩，以形成思维的碰撞和语言的交锋。这样，学生会很快进入情绪亢奋、思维活跃和忘我表达的状态，变"要我说"为"我要说"，从而获得独特的语言表达的快乐和成功的满足。

如在教学《狼和鹿》时，在学生基本理解课文内容的基础上，教师适时地抛出话题："狼和鹿到底是敌人还是朋友呢？"学生先是一怔，马上争着发言，有的说是敌人，有的说是朋友，争得不可开交。教师看时机已到，随机按照观点的不同，把他们分成了两组。双方先在小组内充分讨论，找出有力的证据以说服对方，要争取有独特的发现和个性化的见解。在讨论成熟后，双方开始辩论，教师当辩论的"主持人"。坚持"敌人"的一方，以"狼捕杀鹿"为中心展开论述；坚持"朋友"的一方，以"狼保护鹿"为重点进行陈述，双方展开一场激烈的"唇枪舌剑"，课堂上是精彩纷呈、掌声不断。看火候差不多了，"主持人"适时地介入，进行点拨升华："你们双方说得都很精彩，也很有道理。狼和鹿既是敌人，又是朋友。他们双方既相互争斗，又相互依存，这是它们生存环境的特殊性所决定的，这也说明了保护生态平衡的重要性。只要我们能辩证地、联系地看问题，就会对狼和鹿之间的关系认识得更清楚、更深刻。"在这样的争辩中，学生的思想变得更加独特而深刻了，语言变得更加流畅而犀利了，心灵也变得更加充盈而丰富了。

五、置换——说创造的话

置换，就是以假想的形式，赋予学生新的角色和身份，让学生穿越时空的隧道，置身于特定的环境和场景中。通过转换角色，变换视角，走进文本并且超越文本，和作者交流，和文本对话，和世界交融，达到视界的敞亮、精神的解放和创造性的张扬。请看窦桂梅《圆明园的毁灭》教学片段：

师：现在，让我们假设一下历史，回到 144 年前做一次小小的体验。如果你是决定国家前途命运的一国之君——“皇帝”，如果你是辅佐皇帝参与国家管理的大臣，如果你是保卫国家领土的卫士，如果你是普普通通的生活在北京的老百姓……面对英法联军火烧圆明园的行径，你会怎么做？请自己选择一个角色静静想一想，一会儿请你实话实说。

生：我若是当时的皇帝，我会号召所有的百姓团结起来，即使用长矛、弓箭，也能对付洋枪洋炮。只要团结，就有希望。

师：虽然你的皇权掌握在慈禧手中，但你善于发动群众——了不起的皇帝。

生：假如我是皇帝，我不会建造圆明园。我会把所有的钱用作军费。当英法联军闯进圆明园时，我会派出军队与他们战斗。如果打不赢，我会与他们谈判。

生：如果我是朝中大臣，我会给皇帝建议，派人去留洋，学成归来后建造自己的枪炮。

生：如果我是北京城的一位老百姓，我会动员其他百姓团结起来与敌人抵抗。

生：如果我是士兵，我会和他们血战到底。即使我牺牲了，我的身体也要倒在圆明园里成为敌人的绊脚石。

进入角色是一种境界。学生在角色的召唤下，很快成为文中的“你、我、他”。学生进入了角色，他就会用角色去感受作品、感受生活、感受历史、感受人生。学生在演绎新角色的过程中，他们思接千载，视通万里，畅所欲言，妙语如珠，课堂的精彩扑面而来。情境的迁移，才让学生的感受如此深刻；角色的转换，才使学生的语言如此美妙；超越了文本的视野，才使学生的创新精神如此飞扬。

阅读教学中的“悟说”不是孤立进行的，它总是在特定的情境里，也总是伴随着疑问、兴趣、情感、想象等展开。释疑，以“问”引说；表演，以

"形"练说；补白，以"想"诱说；争辩，以"趣"导说；置换，以"情"促说。有了这些开启心灵的"金钥匙"，学生的表达欲望怎能不如涓涓溪流般潺潺流淌呢？

第七节 朗读指导的方法

朗读是阅读教学中最重要最经常的训练，是理解课文内容的重要途径。阅读教学要让学生正确流利而且有感情地朗读课文，在读中理解课文内容，获得审美体验和情感熏陶，朗读指导便成为语文教师重要的教学艺术。但是在具体的教学实践中，教师的朗读指导方法单调、机械、生硬，常见教师在分析、理解之后，提出要求"请同学们有感情地读读这部分"，或"把什么样的语气读出来"，诸如此类隔靴搔痒的朗读教学，导致朗读不能融"导""练"于一炉，不能揉理解、感悟于一体。教学看似热热闹闹，可读前没有清晰的要求，读中没有有效的指导，读后没有积极的评价，学生只是为读而读，没有用心，更没有用情去读，这样的朗读事倍功半。有的教师即使有指导却不得要领，只重声音形式，不重内心体验，只重表面的技巧，不重语言的内蕴，忽略了朗读表情达意的要义。

朗读训练的重点在于引导学生全身心投入、真情感参与。"在琅琅书声中，学生用心灵去拥抱语言，和作者心灵直接交流，在思维和情感强烈震颤中领会作者伟大的人格、深邃的思想和美好的情操。在琅琅书声中，学生不仅能感受和再现作品的情思美感，还能体验语言的节奏感和音韵感。"语文教师要改变朗读指导的理念，探索朗读指导的新方法，让书声成为精神律动的音符，让朗读成为生命绽放的奇葩。

一、以"爱"点燃，让学生敢读

语文课上，有的学生读不好书，不是因为不会读，而是因为胆量小不敢读，不敢在众人面前表现自己，担心自己读不好老师和同学会笑话自己。这就需要老师给予更多的关爱和呵护，让学生获得自信和勇气，敢于大胆地展示自己的朗读水平。

于永正老师教学《庐山的云雾》时，指导学生有感情地读第三段，要求读书的小手如林，一个腼腆的女孩子引起了于老师的关注：

师：（手拿话筒，兴致勃勃地）你想读吗？

生：（摇摇头，小声说道）我不想读。

师：（稍微一愣，躬着身子，微笑着）没把握？

生：（不好意思）不敢站。

师：（直起身子，微微吁了一口气）哦，那你就坐着读。（这时全班学生和听课教师都情不自禁地鼓起掌来）

师：让我们掌声再热烈些！（在大家的掌声中，小女孩坐在自己的座位上读完了这一段课文）

师：不简单，如果再流畅些就更好了。还想读好吗？

（小女孩自信地点点头。第二次读得比第一次流畅多了，只可惜读错一个字。于老师给予纠正后又让她读了一遍，这一遍读得流利、有感情。大家又一次热烈鼓掌）

师：（微笑着）现在你敢不敢读书了？

生：（自信地）敢！

师：（抚摸着小女孩的头，充满深情地对大家说）敢，就能把书读好；敢，就能把事情做好。相信你在大家的掌声中胆子越来越大，自信心越来越强，书越读越好。（听课大厅响起了经久不息的掌声）

面对胆怯腼腆、不敢读书的学生，于老师没有放弃，而是蹲下来和学生交谈，俯下身子倾听学生的心语。于老师热情地鼓励，真诚地启发，耐心地等待，以深沉的爱温暖着学生，以高尚的人格感化着学生，以诚挚的赞美激励着学生。这不仅是在指导学生读书，更是在培养学生成人，在学生自卑的心田里种上幸福自信的“庄稼”。“水尝无华，相荡乃成涟漪；石本无火，对击始发灵光。”课堂上，教师把学生看作心上的朋友，学生就将教师视为眼中的亲人。教师爱意绵绵，学生则情深义重。这样的课堂，哪有心声不能聆听？哪有心灵不能感受？哪有心火不能点燃？

二、以“情”点燃，让学生想读

情感是朗读的“导火索”。“课堂上感染学生的是情，打动学生的是情，震撼学生的也是情。”刘勰说：“夫缀文者情动而辞发，观文者披文以入情。”当教师和学生一起深入作品之中涵泳品味、受到感染的时候，当师生的思想感情与作品的思想内容融为一体，进而引发新的联想、迸发新的灵感、产生新的感悟的时候，语文课就会成为师生互动的学习过程、共度的情感历程、共创的人生体验。打开情感的闸门，真情才能在我们的课堂恣意流淌。

请看《圆明园的毁灭》教学片段：

师：读了这篇课文，你的心里是什么滋味？有什么感受？

生：我觉得很可惜，这么好的一座圆明园竟被英法联军给破坏了。

生：我认为，如果不是清政府腐败无能，那么圆明园也就不会被毁灭了。

生：我们曾为圆明园感到骄傲。后来圆明园被英法联军毁坏了，我心里感到愤愤不平。

师：哦，她的心里感到愤愤不平。还有不同的感受吗？心里是什么滋味？用一句话来回答。

生：我心里非常难过。

生：我心里非常愤怒。

师：（板书：难受、怒、恨、惜）现在请你再读课题。（生读）感情变了，表情也变了。大家心里很难受，又恨又怒，又感到很可惜，这就是同学们读了课文后的心情。读哪一段时你最恨、最怒、最难受？

（生说读第五自然段，于是教师提醒同学们把那种最难受、最可恨、最可气的感情读出来。生齐读）

师：我很注意看，很注意听了，同学们已经把可惜、难受、愤恨、愤怒的感情交织在一起了。再读一遍，把你的心情、你的感受写在脸上。

（两生有感情地朗读）

师：她表达的不仅是她个人的感情，而且是表达我们所有中国人的感情。哪位同学再来读？

（另一生更有感情地朗读）

师：这是对帝国主义强盗的控诉！大家齐读。

（生读。师板书：拿走、搬运、毁掉、放火）

师：这就是英法联军犯下的罪行。最可恨的是，他们为了毁灭罪证，最后放起火来，他们的罪证难道能让大火毁灭掉吗？

生：（齐）不能！

师：前面用了个“闯”字，活化出了英法联军的强盗行径。一可恨能拿走的拿走，二可恨拿不动的搬走，三可恨搬不走的就毁掉，最可恨的是最后还要放火烧掉，企图毁灭罪证。同学们，让我们再读一遍，读出中国人的恨！读——

（学生带感情地齐读）

教师引领学生在诵读中走进文本，在品味中体验情感。学生在有感情的朗读中，对课文产生了独特的感受、理解与体验。课文的语言材料、作者的情感体验，已渗透到学生的精神领域，积聚成情感的“核反应堆”，达到“登山则情满于山，观海则意溢于海”的喷发状态。这时，教师饱满的激情又推波助澜，使学生情感的火焰熊熊燃烧。学生的情感得到升华，自然爆发出一种创造性的激情与冲动，迫不及待地想用自己的声音和情感来表现课文的音韵美和意蕴美。这样无需进行朗读知识与技巧的指导，学生自己的朗读就能自然地打动自己，深深地感染别人。教师轻轻拨动学生情感的琴弦，以情育情、以情怡情、以声传情，用心灵感动心灵，用生命点燃生命，用灵魂塑造灵魂，整个课堂流淌在情感的涓涓小溪中。

三、以“趣”点燃，让学生乐读

语文教学不仅蕴藏着丰富的“情味”，而且充满着浓郁的“趣味”。如果说“情”是朗读的“导火索”，那么“趣”则是朗读的“催化剂”。指导学生朗读就是要激发起学生读书的兴趣，让学生乐在其中、美在其中。

孙建峰老师教学《凄美的放手》时，以充满趣味的引读将孩子引进一个有情有趣的世界：

师：看着我，拿起讲义，大家的眼睛依然明亮，明亮的眼睛读书应该字字入眼。看进眼，记心间，传情感。

生：自由读文章。

（师漫步在学生间，仔细观察学生的表情、动作，捕捉孩子们读书时的信息，并适时给予辅导）

师：同学们，把讲义放下来，把你的眼睛看过来，我身边这个小姑娘读书的时候，情感不仅表现在她的脸上，而且在她的小马尾辫上也有表现。大家看她读书，你看到了什么？

（该生读书，背对着大家）

师：我的心被深深地震撼了，你看到了什么？

生：我看到了她的马尾辫在有节奏地摆动着。

生：我看到了她的马尾辫在晃动，那是她专注读书的表现。

生：我看到她的情感流到了她的马尾辫上。

师：对啊！内心的情感不仅流露到她的脸上，也流到了她的马尾辫上。

“情感流到了马尾辫上。”多么细致的观察，多么生动的引导。教师没有生硬地指导、机械地说教，而是以游戏般的动作、儿童化的语言，诠释内心的体验，给学生以生动而深刻的心理暗示，使学生心领神会，在妙趣横生中产生理解和顿悟，进而领悟了朗读的要领，这时的朗读就成为一种乐趣。老师的朗读指导寓庄于谐、精彩纷呈、引而无声、导而无痕，学生在轻松愉悦中不知不觉就被领进朗读的乐园和学习的佳境。

四、以“法”点燃，让学生会读

“最有价值的知识是有关方法的知识。”怎样让学生在朗读中学会朗读方法和要领，这是朗读的最高境界。教师除了通过范读给学生直接介绍朗读要领外，也可以通过学生的朗读实践让学生领悟一些基本的朗读方法。

在教学《我爱故乡的杨梅》时，小荣同学声情并茂地朗读着：“细雨如丝，一棵棵杨梅树贪婪地吮吸着春天的甘露……端午节过后，杨梅树上挂满了果实。杨梅的形状、颜色和滋味，都非常惹人喜爱……没熟透的杨梅又酸又甜，熟透了就甜津津的，叫人越吃越爱吃……”同学们听得神情专注，仿佛被带进了静谧的果园，沉浸在诗情画意之中。“小建最投入。”小荣读完了，于永正老师扫视了一下全班同学，一字一顿，一本正经地说，“他在边看边听的过程中，使劲地咽过两次口水。”学生们先是一怔，但很快就回过神来发出一阵笑声。“课文描写的事情，肯定在他的脑海里变成了一幅幅鲜明生动的画面。我断定，他仿佛看到了那红得几乎发黑的杨梅，仿佛看到了作者大吃又酸又甜的杨梅果的情景，仿佛看到了那诱人的杨梅果正摇摇摆摆地朝他走来，于是才不由得流出了‘哈喇子’……”一阵更响的笑声过后，于老师郑重其事地接着说：“如果读文章能像小建那样，在脑子里‘过电影’，把文字还原成画面，那就不仅证明你读进去了，而且证明你读懂了。老实说，刚才我都淌口水了，只不过没让大家发现罢了。”学生们又笑了，在笑声中理解得更深刻了。

在学生朗读的过程中，于老师敏锐地观察，巧妙地抓住班上典型的个例，再结合自身的感受，对学生进行朗读方法的示范和点拨，并通过幽默风趣的语言，把“边读边想画面，边读边在头脑中‘过电影’”这一重要的读书方法很自然地植入学生的心田。看似突兀巧合、信手拈来，实则匠心独具、浑然天成。学生在实践中理解，在理解中实践，逐步把学到的读书方法内化为朗读能力，其乐无穷，受益终身。真是教艺高远，润物无声。

第八节　假想设疑的方法

假想设疑，即无中生有、虚中生实，根据虚设的文本信息、虚拟的现场情境进行设疑，诱导学生进行积极的思索和探究。这种提问方法有较强的开放性、情境性、新颖性、创生性和挑战性，有助于引发学生强烈的探索意识和表达欲望，培养学生的创新能力。

一、假想“入境”

“作者胸有境，入境始与亲。”假想设疑，可跨越时空，浓缩距离，将课文“还原”到一定的生活情境中，让学生置身于一定的语用状态中，产生如临其境、如闻其声、如见其人、如睹其物的心理体验，融入课文描绘的美妙境界。

如教学《特殊的葬礼》，在学生声情并茂地朗读后，对赛特凯达斯瀑布的消失产生无限感慨时，教师相机设疑：“如果你当时也是参观者中的一个人，就站在‘奄奄一息’的瀑布旁边，你会想些什么，说些什么?”学生的思绪一下子飞越万水千山，来到了庄严肃穆的“葬礼”现场，走进了文章渲染的情境中，与作者和游客一同伤心、一同哭泣、一同思索。

二、假想“入情”

假想设疑，能有效激活学生的情感因素，拨动学生沉睡的心弦，使学生的情感和文章的情感“零距离”接触，产生强烈的心灵共振和情感共鸣。

如学习《我的油布伞》一文，文中描写妈妈深夜织布的情景十分感人。教学中，在缠绵音乐的诱导下，在逼真图画的启发下，学生对母亲的感激之情在心中荡漾。这时，教师及时点拨：“假如你就是文中的小作者，面对着母亲疲惫的身影、熬红的眼睛，此刻你最想对她说些什么?”情感的闸门一旦打开，言辞便随真情自然流淌。“妈妈，您不要再熬夜了，俺不要伞了。您为了这个家已经操碎了心，您要是把身体累垮了，那我们该怎么办呢?”“妈妈，您是天底下最伟大的母亲。为了我的一个小小的愿望，您付出了这么多的心血，您的恩情我终生难忘。我一定要好好学习，以优异的成绩来报答您的养育之恩。”教学情为先，当孩子的心被浓浓的真情浸透时，学生和作者之间，真正是心与心接纳，情与情相融，思与思碰撞。心灵的净化、精神的培育、人格的提升尽在其中。

三、假想“入理”

假想设疑，可以化曲为直、变事为理，在运用语言的实践中让学生明辨是非、领悟事理，使课文深刻的内涵变为学生真实的思想、精神的财富。

如学完《落花生》一文，教师让学生谈谈自己的收获。学生都说落花生把果实埋入地里，默默无闻，无私奉献，值得我们学习。学生的答案无疑是正确的，这也是教材的价值取向。但为了引发学生的独特感受，培养学生的创新个性，教师有意进行反向启发：“如果让你来赞扬苹果、石榴、桃子，你会怎样说?”学生经过片刻的思考，有的说苹果、石榴、桃子勇于展示自己，善于推销自己，敢于证明自己，这样才能被社会所接受，这种精神是非常可贵的，在激烈复杂的社会竞争中，人更需要这种精神。学生的发言闪耀着理性的光芒、创造的火花。

再如教学《揠苗助长》，为了让学生真正掌握文章的寓意，有位教师采用假想设疑进行引导：

师：如果我们不是在课堂上，而是在老农的田地里，拔苗的老农就在你面前，你会对他说些什么呢?

生：老爷爷，你想让庄稼长快点，心情是可以理解的，但你的方法不对。你可以通过多施肥、勤除草等方法，让它长得快点。

生：老爷爷，任何事物都有它自身的规律性，庄稼的生长也有它的自身规律，违反了规律，不按规律办事，是弄巧成拙，要吃苦头的。

师：如果你就是拔苗助长的老爷爷，听了别人的劝告，你会怎么想，怎么说?

生：我真是急昏了头，怎么能不顾客观规律，想当然呢?

生：我真是太笨了，急于求成，自己害了自己。

生：我办了一件傻事，我真是太后悔了，我今后一定要按客观规律办事。

……

通过假想设疑，激活了学生的思维和生活经验，使学生在不知不觉间成为真理的发现者和拥有者。没有讲解，却让学生豁然开朗；没有训练，却使学生走进创造的殿堂。这不正是我们所企盼的境界吗？

四、假想“入神”

假想设疑可以使学生的身心处于高度活跃的状态，思接千载，视通万里，浮想联翩，进入美妙无比的幻想世界。学生从各种束缚、禁锢、定式和依附中超越出来，和作者及文中的人物一道神思飞扬，一道徜徉于形象的园林之中，一道翱翔在创造的天地之间。

我在教学《狐假虎威》时，通过假想设疑、激情引趣，使课堂教学高潮迭起、异彩纷呈。我先通过创设情境设疑：“有一天，在茂密的森林里，《狐假虎威》中的狐狸和《狐狸和乌鸦》中的狐狸相遇了，请你想象一下，他们会说些什么？”这个问题既有趣又有创造性，学生兴趣倍增，纷纷发言。“兄弟，这些天没见到你，又到哪儿找肉吃了？我真佩服你，能把人家口中的肉都骗到手。”“大哥，这算什么，那只乌鸦呆头呆脑的，还净爱听好话，它上当受骗，活该！”“大哥，还是你厉害，居然把一只大老虎哄得团团转。瞧你在百兽面前多神气，真让人羡慕！”“兄弟，我那也是没有办法，急中生智。谁知道那只老虎笨得像头猪似的，真是死脑筋，这么好对付。”“大哥，你那叫艺高人胆大。不过，人类都说我们狡猾。这能叫狡猾吗？这只能说明我们聪明。”“对，这叫智慧。现在这个年代，只有靠智慧才能生存下去。否则，像我们这些人，只有死路一条。”……正在同学们踊跃发言时，我又一次假想设疑：“正在这时，那只上当受骗的老虎和被骗走肉的乌鸦也正好经过这里，听到了它们的对话，这时又会出现什么样的情景？它们又会说些什么呢？”学生的情绪被推向了高潮，想象能力也被发挥到了极致。这一创造性的“超原型”的阅读实践，使单一的教材活了、僵化的思维活了、幽闭的精神活了。课堂教学融语言表达、思维训练、人文关怀于一体，让学生在假想的氛围中渐入佳境、立体感受、多重积累、获得独具个性的情感体验。

苏霍姆林斯基说过：“孩子只有生活在游戏、童话、音乐、幻想和创造的世界里，他的精神生活才充实，才有价值。”阅读教学中巧用假想设疑，能够唤醒儿童尘封的灵性，放飞学生幻想的翅膀，极大地发掘学生创造的潜能。

第九节　阅读感悟的方法

阅读教学要淡化讲解分析，强化读书感悟，通过感悟达到理解，通过感悟促进内化，这是阅读教学培养学生语感能力的重要途径。于永正老师说：“我们的语文教学最主要的不是‘知’的积累，而是‘感’的积淀；不是机械分割后的穷究，而是重在整体的体味和感悟。”感悟的过程可以使学习妙趣横生，感悟的结果可以使理解锦上添花。但是怎样感悟才能充满活力、卓有成效，这是我们语文教师要思考的重要问题。

一、美读——以“情”促悟

朗读是感悟的重要手段，尤其是有感情的美读。叶圣陶先生说：“设身处地，激昂处还他个激昂，委婉处还他个委婉……务期尽情地发挥作者当时的情感，美读得其法，不但了解作者当时说些什么，而且与作者的心灵相通。”学生在读中入境、读中生情、以情促悟，与作者及文中人物的感情完全融合在一起，达到整体地吸收和内化。如教学《二泉映月》时，通过教师的范读和学生反复有感情地诵读，使学生完全沉浸在课文渲染的情境和阿炳的情感世界之中，实现与作者的心灵对话和情感交融。

二、表演——以“趣”促悟

兴趣是认知发展的巨大动力。小学生喜欢表演，对表演有极大的兴趣。语文教学中适当地演一演，能激发起学生愉悦的学习心理，促进学生情感和智力的发展。

如学习《狐假虎威》后，让学生戴上头饰表演老虎、狐狸和各种小动物。当“小动物们”四散逃跑时，教师适时发问：“你们跑什么？你们究竟怕谁?”“小动物们”慌忙回答：“老虎来了，我们最怕的是老虎。”在惟妙惟肖的表演中，学生不仅掌握了故事情节，也巧妙地领悟了文章的深刻内涵。

三、图解——以“形”促悟

图解是帮助学生感悟和理解课文常用的方法。教学中，语言是通过词语和句子表现的，而图解是通过线条、图形和符号表现的，它直观形象、富有情境性。好的文章就是一幅优美的图画，抽象的文字符号表达出来的实际上是活生生的事物形象。教学过程中，教师引导学生从平面的文字中想象出立体的画面，再将头脑中形成的画面直观地再现出来，以“图”促解，以“形”促悟，既能加深学生对文章的理解，又能充分发挥学生的创造能力和审美能力。

于永正老师在教学《草》时，就成功地运用了画图的形式，收到了事半功倍之效。于老师先在黑板上画了一幅“草原图”，使学生理解了“离离原上草”；接着又画了小草一年四季的变化，使学生明白了“一岁一枯荣”；在讨论的基础上，于老师画出了地面下的草根，让学生悟出“野火烧不尽”；最后让学生自己画出“春风吹又生”。整个教学过程形象生动，具体可感，异彩纷呈。学生记忆的不仅是词意，还有形象可感的图画，两者匹配，作为“心理图示”永久地烙印在学生的脑海中。借助图解感悟，学生的形象思维和抽象思维相互激发，真是“一画胜千言”啊！

四、操作——以“做”促悟

苏霍姆林斯基说过：“儿童的智力发展体现在手指尖上。”动手操作，手脑并用，能使学生进一步掌握知识的发展过程，获得深刻的体验和感悟，既培养实际的动手操作能力，也培养思维能力。如《坐井观天》一文，青蛙说：“天不过井口那么大，还用飞那么远吗？”怎样让学生理解“天不过井口那么大”呢？教师发给每个学生一张纸，让他们把纸卷成圆筒状，然后透过圆纸筒看天花板，再说说平时看到的天花板与通过纸筒看到的天花板有什么不同，从而使学生真正感受到青蛙说的“天不过井口那么大”，也很容易地理解了课文的寓意。

五、发散——以“想”促悟

发散思维是学生创新能力的核心。结合课文内容，让学生大胆设想，充分发散，能使学生的感悟更深入、创造更有成效。如学习《狼和小羊》，文章最后说："狼向小羊扑去……"课文到此戛然而止，留下无穷的想象空间。教学时我让学生大胆推测，从不同的角度想象小羊和狼的最后命运。这一过程的设计符合儿童的心理特点，学生思维活跃，迸发出智慧的火花。有的说："狼没注意，一头栽到河里，被河水冲走了……"有的说："正巧有一个猎人经过，一枪把狼打死了。"有的说："小羊搬起身边的一块大石头，一下把狼砸死了。"尽管角度不同，形式各异，但学生的想象丰富而又合理，蕴含着丰富的人文精神和创新智慧，实现了从感悟走向创造。

第十节　阅读预测的方法

阅读理解在本质上是一个假设过程，高效率的阅读者更善于捕捉和利用文章的各种"线索"来对其意义和内容进行预测，提前在头脑中进行建构。阅读预测是一种推理性的认知技能，是指在阅读过程中，读者根据文章提供的各种线索（包括文字和非文字的），结合已有的认知结构和经验，对文章的主题内容、写作目的、写作方式等作出预先推断。法国著名作家萨特曾说："阅读时，你在预测，也在等待，你预测句子的末尾，预测下一个句子，预测下一页书。你等待它们来证明你的预测是否正确。"在阅读实践中，有的人能窥一斑而知全貌，事半而功倍，这就说明他有较强的阅读预测能力，所以阅读效率就高；而有的人虽读完全文却不知所云，事倍而功半，这与他没有阅读预测意识和能力有关系。要培养高效率、高层次的阅读者，就要培养学生的阅读预测能力。

在阅读教学中，可以抓住以下线索来培养学生的阅读预测能力。

一、紧扣课题预测

课题是文章的眼睛，是透视文章内容的一扇"窗户"。让学生紧扣课题去预测，学生就能初步感知课文的主要内容。如教学《董存瑞舍身炸暗堡》，教师可启发学生："从课题中你发现了什么?"让学生从课题中领悟到课文中的主要人物是"董存瑞"，主要事件是"炸暗堡"，人物的主要特点是"舍身"。这样，学生读完课题，文章的结构框架就已经在心中呈现出来，然后再进行阅读验证。

二、抓住中心句预测

中心句是全文的点睛之笔，是对课文内容的高度概括和提炼。抓住中心句，就等于抓住了全文的“纲”，“纲”举则“目”张，就起到了牵一发而动全身的作用。如教学《海底世界》，让学生抓住中心句“海底真是个景色奇异、物产丰富的世界”，就能预测出文章的主要内容是讲海底世界的“景色奇异”和“物产丰富”。

三、围绕过渡句预测

过渡句承上启下，是联结文章内容的桥梁和纽带。围绕过渡句上推下延、思前想后，就能直接推测出课文的主要内容。如《伟大的友谊》第四节：“在生活上，恩格斯热忱地帮助马克思，更重要的是在共产主义事业上，他们互相关心，互相帮助，亲密地合作。”让学生从理解这句话入手，就很容易看出课文前半部分是写恩格斯在生活上怎样帮助马克思，后半部分是写他们在共产主义事业上怎样亲密地合作。

四、联系已有经验预测

学生的已有知识和经验是阅读理解的重要因素。对新知识的理解和构建是建立在已有知识和经验的基础之上的。只有当读者已有的知识和经验与文章的信息发生相互作用时才能产生理解。预测可以激发和调动读者的已有知识，使新信息变得更容易吸收和内化。如学习《翠鸟》，教师有意调动学生的已有经验：“如果让你写翠鸟，你打算怎样写？”学生联系以往的经验，都说要先写翠鸟的外形，再写它的动作。教师再及时点拨：“请你猜一猜，本文的作者会怎样写翠鸟？”学生自然把自己的写作经验迁移过来，推测出课文也可能会从外形和动作两个方面来写翠鸟。预测完成后，他们会以急不可待的心情去阅读课文，以检验自己的预测是否正确。

五、观察插图预测

预测虽然有很强的逻辑性，但也有鲜明的形象性和直观性。插图是课文内容、意境、情感的综合体现。从图画中不仅可以推测出课文的主要内容，还可以感受人物的心理状态。如《做什么事最快乐》中有四幅图：（1）小青蛙瞪大眼睛、张大嘴巴，问正在给大树捉虫子的啄木鸟；（2）小青蛙问正在田野里耕地的老水牛；（3）小青蛙问正在花丛中采蜜的小蜜蜂；（4）青蛙妈妈笑着在教育自己的孩子。这四幅图是对课文内容的生动诠释，学生认真观察这几幅插图，课文内容就了然于心，从而达到观图而知义、循图以明象的效果。

六、根据课后问题预测

课后思考题都是编者精心设计的，有的揭示了课文的重点，有的提示了作者的写作思路，有的表现了文章的写作方法。这是理解课文的重要抓手，是打开课文内容的“金钥匙”。如《美丽的小兴安岭》的课后有这样的问题：“小兴安岭的岭、林、花分别有什么特点？作者是怎样把它写具体的？”在阅读课文前，让学生先读一读课后问题，学生就可以推测出课文的重点是写岭、林、花的特点，阅读课文时要搞清作者是怎样突出这些特点的。有了明确的阅读方向，学生在阅读时就会得心应手、左右逢源。

以上只是介绍了培养学生阅读预测能力的几种最基本的线索和方法，但预测的结果并不会完全一样，可能会有两种结果：一种是不出所料，这时阅读的过程大大缩短，学生的认知结构就得到了进一步的加强；另一种是差之甚远，这样学生就必须对自己的预测思路进行修正，对自己的认知结构进行必要的调整和补充。调整和补充的过程也是为下一次预测作好铺垫和准备。阅读预测的过程实质上就是这样一个同化和顺应的信息加工过程。

在阅读中善于假设和预见，学会审视和期待，不仅能大大缩短阅读过程，而且能切实提升阅读质量。这是语文教学的新召唤，是培养高效率、高层次读者的重要途径。

第十一节　个性体验的方法

“新课程”视野中的语文学习是学生的个性化行为，珍视学生在学习过程中的独特体验，不应以教师的分析来代替学生的阅读实践。“新课程”背景下的语文课程不只是“文本课程”，更是“体验课程”。阅读教学的本质特点就是让学生在体验中学习语文，在体验中发展素质，在体验中构建精神生命。语文课堂也只有在学生个性化的体验学习中，才能迸发出不可预约的精彩。

一、感情朗读，激发体验

感情朗读是一种融理解和表达于一体的极具个性化的心智活动，是学生通过语言文字走向作者、与作者对话交流、进行心灵碰撞的过程。在这过程中，一方面是课文中的丰富内涵对学生的熏陶感染，一方面是学生以自己的全部体验对课文做出多元反应。有感情地朗读课文，就是培养学生对语言材料的感受、体验、理解和品味的能力，是激发学生个性体验的过程。

著名特级教师支玉恒在教学《西门豹》时精心设计了五个富有个性的问题：(1) 读了这篇课文，你心里痛快不痛快？(2) 读了这篇课文，你心中佩服不佩服？(3) 读了这篇课文，你心中有没有愤恨？(4) 读了这篇课文，你心中有没有同情？(5) 课文中有没有什么使你觉得奇怪？请看学生的一段富有个性的精彩发言——

师：读了这篇课文，你有没有愤恨？

生：我有愤恨。那些坏人、巫婆和贪官们，为了骗钱，硬是把人家的女儿活生生地放到河里淹死，真是太坏了。

生：让我气愤的还有，漳河根本不会发大水，只会闹旱灾。可巫婆们却说不给河伯娶媳妇就发大水，老百姓迷信她，就给了她钱，巫婆说假话骗钱，她太狡猾、太可恨了！

生：巫婆是一个老太婆，她装神弄鬼。她自己也知道那些都是假的，她怕老百姓不拥护她，不信她说的河伯娶媳妇的事，她就勾结了官绅，把老百姓的钱骗到手，真狡猾。

生：老师，我更愤恨生活中的有些人。我在想，像西门豹这样的官多好，为老百姓办事，可现在有些当官的也像巫婆一样，老百姓办点事还得给他送礼送钱，我就气愤这个……

老师没有进行烦琐的分析和喋喋不休的讲解，而是从诱发学生的朗读感受入手，让学生充分地朗读课文，在朗读中理解，在体验中感悟，使学生的心灵更加丰盈、感受更加深刻、思想更加成熟，达到“其言皆若出于吾之口，其意皆若出于吾之心”的同化境界。学生的心灵一旦和文本融通，和作者产生思想共鸣，独特的情感体验便喷涌而出。

二、多感官参与，直接体验

体验式学习就是让学生直接接触语言材料，从自己的生活经验、内心需要出发，调动自己的各种感官，动眼、动口、动手、动心，凭借直觉，设身处地、入情入境地感受作品的内容和形式，仔细体味，深入揣摩，亲历阅读实践活动。

例如，一位农村教师在引导学生理解“粗糙”一词时就地取材，让学生先用手摸一摸课桌的表面，再摸一摸课桌的背面，比较一下感觉有什么不同。等学生说出自己的感觉后，教师进行小结：“课桌的表面给我们的感觉是‘光滑’，课桌的背面给我们的感觉就是‘粗糙’。”教师通过引导学生亲身体验，巧妙地帮助学生理解了“粗糙”这个词。

小学低年级语文教材中有一首题为“画”的诗：“远看山有色，近听水无声。春去花还在，人来鸟不惊。”教学时，著名特级教师李吉林在黑板上挂出一幅画有山、水、花、鸟的彩色图画，引导学生通过亲身体验来理解诗句。理解“远看山有色”时，教师让学生站到教室的后面，从远处看画中的山，体会一下能不能看到山的颜色；理解“近听水无声”时，教师让学生靠近画，侧耳细听画中的流水声，体会一下能不能听见流水的声音；理解“人来鸟不惊”时，教师让学生走近画，做赶鸟的手势，看看鸟儿会不会受惊飞走。这样让学生亲身体验，不仅能使学生直观地理解课文内容，而且能给学生留下深刻的印象。

三、角色创造，深化体验

为了缩小学生与课文、与文中人物之间的距离，促使学生真心地阅读和感受，可以让学生灵活扮演文中角色，在角色转换中，学生能获得新的体验，这时的知识学习不再仅仅属于认识、理性范畴，它已扩展到精神领域，从而使学习过程不仅是知识增长的过程，更是身心和人格健全发展的过程。

请看一位教师教学《掌声》的片段：

师：小英犹豫了一会儿，在大家的注视下，终于慢腾腾地站起来了，一摇一晃地走上了讲台。这是同学们从来没有看到过的事情，大家情不自禁地鼓起掌来。如果你就是小英的同学，你会一边鼓掌一边在心里对小英说什么呢？

生：小英，你终于鼓起了勇气，走上了讲台，太棒了！

生：小英，你其实很优秀，只要敢于面对现实，你一定会更加优秀。

生：小英，你是好样的，我们为你高兴。

生：小英，不要怕，没有人会看不起你的，我们都希望看到你更加自信的样子。

生：小英，我们相信你一定能讲好的。只要迈出了第一步，你会越来越好的。

……

师：同学们有很多话，只是没有说出来，而是通过热烈的掌声传达出来。同学们，掌声响起来！（师生鼓掌）听到同学们这样经久不息的掌声，小英很激动，她一定有很多话要说。如果你就是小英，你会对自己说什么？

生：我以前怎么这么自卑啊，同学们根本就不会嘲笑我，而是给我这么多的鼓励，我一定要讲好啊，不能让同学们失望。

生：我虽然腿有残疾，但是我并不比别人差。我不能辜负老师和同学们的希望，我一定要上去讲，而且要讲好。

……

师：当小英结束演讲的时候，班里又想起了经久不息的掌声。小英向大家深深地鞠了一躬，然后，在同学们的掌声中微笑着走下讲台。此时，你还是小英，你会对大家说什么呢？

生：谢谢大家！如果没有你们的掌声，我根本没有勇气站到讲台上讲故事。

生：因为有你们的鼓励，我才有信心和勇气上台演讲，我要真诚地感谢你们。

生：谢谢同学们，你们的掌声是我自信的源泉，你们的支持给了我力量和勇气。我以后一定要加倍努力，以优异的表现来回报大家对我的关心和帮助。

为了让学生走进文本、走近人物的内心世界，教师巧妙地让学生站在文中“同学们”和“小英”的位置上去感受和表达，使学生很快进入角色，深刻体验到“小英”的心理变化，领悟到掌声对“小英”精神世界的影响。学生一旦进入角色，就会通过角色去感受作品、感受生活、感受人生，不知不觉中就成了文中的角色，并且努力去同化角色。学生把自己的多元感受都投入角色的创造中，沉浸在角色创造的美妙境界中。这既是一次愉快的精神之旅，又是一次难忘的生命体验。

四、情境表演，彰显体验

语文教学中的情境表演，是对语言文字进行理解，并通过动作、神情、语言等来表现的一种活动。它形式自由，变抽象的文字为直观的形象，把枯燥的符号信息变化为鲜明的体态语言，能够激发学生的兴趣，加深学生对课文的领悟，为学生个性的施展提供了最佳的舞台。

请看《惊弓之鸟》教学片段：

师：同学们越读越有味儿，现在我们请两位同学上台表演给大家看，一个当更羸，一个当魏王，其他小朋友都当评委，看谁表演得好。

生：大王，我不用箭，只要拉一下弓，这只大雁就能掉下来。（双手合拳，单膝跪地行礼，然后指着天空说）

师：这位大臣真懂礼貌。

生：魏王看到大雁掉下来，大吃一惊，夸更羸有本事，应当捋一下胡子。

师：有道理！一捋胡子，就更有国王味了。请魏王加上这个动作来表演一下。

师：演活了！有味！——魏王，你听了更羸的解释后，会怎么想，怎么说？

生：啊，原来是这么回事！

师：更羸有什么本事？你作为国王，应该夸一夸你的大臣，想一想应该怎么夸他一下？

生：你真不愧是我国有名的射箭能手！

师：如何才能夸到点子上？其他同学可以帮一帮。

生：更赢，你真善于观察。

生：更赢，你不仅会观察，还会分析，真了不起！

生：更赢，你见多识广，是一个名副其实的射箭能手。

在读书感悟的基础上，老师把“讲台”变为“舞台”，把“文本”变成“剧本”，让学生进行个性化的表演，在表演中把握人物特点、理解文章主旨。在表演时，老师不失时机地点拨，循序渐进地启导，成为一个智慧的引领者和积极的促进者，使学生的表演渐入佳境，把魏王和更赢的动作与语言表演得活灵活现。这鲜活的表演背后，其实是学生的心灵活了、思维活了、体验活了、语言活了。学生不仅要用自己的眼睛看，还要用自己的耳朵听、用自己的嘴巴说、用自己的手操作，即用自己的身体去亲自经历，用心灵去亲自感悟。这不仅是理解知识的需要，更是激发学生生命活力、促进学生生命成长的需要。语文课堂就是要让学生在这充满灵性的感悟和充满激情的创造中，尽情地放飞心灵、彰显个性。

五、质疑探究，升华体验

有人说：“读者的知识经验扩充了，这是自我在量上的增加；读者的观点改变了，这是自我在本质上的提高；读者的思想情感升华了，这是自我在价值上的飞跃。”语文课的意义不仅仅在于教给学生某种知识和技能，更重要的是，通过一篇篇凝聚着作者灵感、激情和思想的文字，潜移默化地影响学生的情感、思维及表达方式，升华学生的人生体验，促使学生形成积极的价值观和人生观。

请看著名特级教师孙建峰执教的《最大的麦穗》教学片段：

师：有声的读书是一种交流，无声的读书是一种思考。下面请同学们默默地读课文，来质疑这位哲学大师，向苏格拉底挑战。

（生默默地读书思考）

生：我觉得自己探究更为重要，而苏格拉底却将结论告诉弟子们。美中不足！

生：我认为苏格拉底的教学并不是完美无缺的。他的弟子也试着摘了麦穗，但并不满意，便随手扔掉了。从“随手扔掉”可见他的弟子不够爱惜粮食，从而也可说明苏格拉底的教育有疏漏之处。

生：苏格拉底有点强人所难。

生：我不愿做苏格拉底的学生，因为那样有一种被“捉弄”的感觉。

生：我认为文中苏格拉底的第一句话是自相矛盾的。“你们去麦地里摘一个最大的麦穗，只许进，不许退……”所谓“最大的麦穗”，一定是有比较的，“只许进，不许退”就导致弟子们没有办法进行全方位的比较，那么，这个“最大的麦穗”是没有办法找到的。所以这种提法本身就是自相矛盾的。

……

师：今天，我们一同走进了《最大的麦穗》这座精神的殿堂，我们徜徉其间，流连忘返。不知不觉，我们变了，变得更加聪慧、更加自信。

孙老师让学生带着怀疑的目光、挑战的心态去研读文本、审视真理，去和2500年前的哲学大师苏格拉底进行思维的碰撞，对他提出质疑，甚至是批判，这是对思想的挑战和对精神的超越。学生在思考中探究，挑战的是自身的智慧；学生在探究中质疑，超越的是人生的勇气。从学生的个性发言中可以看出，学生已经在深入的思考中走近了文本，走近了苏格拉底，并且形成了心灵的对话和思维的交锋。心灵的枷锁打开了，思想的通道畅通无阻，独特的发现便随之而来。孙老师以敏锐的视角，不是机械地“教教材”，而是灵活地“用教材教”，引领学生进行超文本的创造性阅读，让学生享受到探究的快乐和超越的幸福，升华了学生独特的个性体验。更重要的是，在这一挑战性的学习过程中，学生真切地感受到发现就是这么轻轻松松，创新就是这么简简单单，幼小的心灵就在这美好的体验中快乐地成长着。对于文本知识的记忆，也许学生很快就会淡忘，但是一种情感的熏陶、一种思想的启蒙、一种习惯的养成、一种信念的获得，往往会影响人一辈子，成为学生永恒的精神财富。

我们深知：语文教学，不仅是学习语言的过程，更应成为人的精神之花自由绽放、个性体验灵活丰满、生命之树快乐生长的过程！

第十二节　丰富素材的方法

小学生习作的最大问题是无话可说、无事可写、无情可表、千人一面、千篇一律，根本原因就是缺乏习作素材。所谓习作素材，是指在生活实践中收集、积累起来的原始生活材料，它是未经加工改造的原型，是形成习作的基础。语文教师要努力帮助学生丰富和积累写作素材，拓展和畅通作文的

“绿色通道”，让“源头活水”似涓涓小溪潺潺地流淌，使学生有事可写、有话可说、有情可抒。

一、从日记中提炼

日记是人生的剪影，是对生活的“复制”和“保存”。我平时要求学生每天写一篇日记，随时记下自己的所见、所闻、所做、所感。如观察日记、生活日记、活动日记、循环日记等。日积月累，每个学生都写了几大本日记。日记的内容丰富多彩，成了写作的“资料库”“信息源”，写作就会“材”源滚滚。作文时遇到类似的题材，让学生从日记中提取出来，稍作加工提炼，就是一篇很好的作文。如有一次以“难忘的一天”为作文题，许多学生把六一儿童节、教师节、中秋节那天写的日记拿出来进行整理修改，作文质量都很高。

二、从生活中撷取

叶圣陶先生说：“生活犹如源泉，文章犹如溪水。泉源丰盛而不枯竭，溪水自然活泼地流淌不歇。”宋代诗人陆游说过：“汝果欲学诗，功夫在诗外。”指的就是写作之前必先下工夫体验生活、积累材料。生活是学生作文永不枯竭的源头，生活中的每一朵浪花，如果能撷取出来进行雕琢润色，那都将是一块美丽的珍珠翡翠，闪烁着五彩缤纷的耀眼光芒。我要求学生仔细留心生活，做生活的有心人，用眼睛摄下社会的五彩斑斓，用心灵感受生活的酸甜苦辣。作家刘厚明说：“写文章最要紧的是写自己的真情实感，离开亲身实践，就不可能有什么真情实感。从实践中获得‘第一手材料’，获得‘感同身受’的东西，是观察生活的第一要义。”我们要引领学生对生活中的事物多接触、多实践，亲自动手去做一做、试一试，用自己的心灵去体验生活，用自己的双手去创造生活。同时引导学生留意自己是怎么做的、怎么想的，进而把自己参与创造生活的喜怒哀乐作为习作的主要描写对象。只有这样，写作时才能呼之欲出、信手拈来。

三、从阅读中积累

学生通过阅读获得大量的知识信息，掌握生动的语言材料，这是作文的重要源泉。阅读是作文的基础，阅读积累越深厚，写作的根基就越牢固。古人云：“劳于读书，逸于作文。”只有在阅读上多下工夫，才能达到胸中有本、笔下生花，以阅读之“劳”换取写作之“逸”。要扩大学生的阅读面，使学生增加阅读量，就要引导学生充分利用学校的图书馆、班级的图书角、家庭的图书柜，和书交朋友，使读书成为学生学习生活的重要组成部分。在阅读中积累了丰厚的知识储备，写作时就能厚积薄发、得心应手、左右逢源。

四、从发现中捕捉

“发现”比“观察”更重要。作家尚爱兰回顾女儿蒋方舟的成长过程时说：“发现题材，是最最重要的写作才能。如果做不到这一点，那就等于文字的‘高位截瘫者’，他的文学生活不能自理，要靠别人才可以存活；等于是一个高度迟钝者，到处都是食品，根本就看不到哪一种是可以吃的，要别人指定了才知道吃。”这里强调的是“发现”，而非“观察”。因为“观察”只是用外在的物质的眼睛去扫描，而“发现”需要用内在的心灵的眼睛去感悟。一些看似平常的小事，如果引导学生深入挖掘、仔细审视，学生就能发现其中特殊的“闪光点”，捕捉到最佳的写作材料，写出新颖别致的文章来。如让学生观察清洁工打扫垃圾的场景，从清洁工挥洒的汗水、打扫后整洁的街道以及行人舒心的笑容中，使学生感受到清洁工美丽的心灵。心有所感，情有所动，学生写出了《城市美容师》《闪光的心灵》《扫帚，画笔》等许多优秀的作文。

五、从活动中升华

现代教育心理学认为，人的自主性、能动性、创造性以及人的认知、情感、意志和能力都在实践活动中汇合并得到表现。我经常组织学生开展丰富多彩的课外活动，如进行参观、访问、调查、游览，举行各种形式的竞赛活动，这些都是写作的好素材。学生在活动中增长了知识，开阔了视野，陶冶了情操，受到感染和启发。刘勰说：“夫缀文者情动而辞发。”只要教师巧妙引导，学生活动时的高昂兴趣就会升华成写作时的热烈情感，他们就会写出生动活泼的好文章。

六、从想象中创造

“新课标”指出，要鼓励学生写想象中的事物，激发他们展开想象和幻想，发挥自己的创造性。“想象力比知识更重要，因为知识是有限的，而想象是无限的，它可以概括世界上的一切。”（爱因斯坦语）教师经常提炼一些想象的支撑点，让学生尽情展开想象的翅膀，在头脑中形成新的内心视象，创作出不落俗套的佳作。如《假如我当市长》《奇妙的太空旅行》《狐狸和乌鸦新传》，这些“放胆文”使学生在创造性的想象活动中获得无比新鲜的感受，体验到作文的无穷快乐。

“问渠那得清如许，为有源头活水来。”“源头”的每一滴“活水”都可能是一篇优秀习作的萌芽。让学生做生活的有心人，把这一枝一叶、一点一滴，及时收集起来，并把它们真实记录和整理下来，储存在自己的知识结构中。经过日积月累，一枝一叶就会变成枝繁叶茂的森林；一点一滴就会变成浩瀚无边的海洋。这样，学生的视野就会不断开阔，作文的素材就会不断丰富，写作的能力就会不断提高。

第十三节　创新思维的方法

创新是教学改革的主旋律。语文教学不仅仅是培养学生理解和运用语言的能力，更重要的是对学生进行创新思维能力的训练，挖掘学生的创新潜能，培养学生的创新意识和创新能力。这对于提高学生素质、促进学生个性的和谐发展、为社会培养具有创新思维能力的一代新人无疑是十分重要的。

一、在大胆质疑中培养创新思维

学起于思，思源于疑。疑从问入手，学生的积极思维往往是从疑问开始的。爱因斯坦曾说：“提出一个问题比解决一个问题更重要。”疑问犹如一条富有磁力的引绳，能把思维逐渐引向深入，领进创造的佳境。教学中要鼓励学生大胆提问、主动质疑、激活思维，促使学生积极主动地探究。

如教学《恐龙》，在阅读课文前，让学生抓住课题推测文章内容并进行质疑："恐龙是什么样子？它生活在什么时代？它有什么特点？它怎样生活？"在阅读过程中，让学生抓住关键点提出深究性问题。如："同样是恐龙，为什么它们有的在天空飞，有的在水里游？梁龙和翼龙是恐龙的亲戚，它们是不是恐龙？"阅读结束后，让学生抓住疑点，提出探索性问题："恐龙后来为什么神秘地消失了，这究竟是什么原因呢？"这些问题步步深入、层层升华，学生的思维也在主动的探索过程中渐入佳境，闪现出创造的火花。

二、在诱导想象中培养创新思维

爱因斯坦说："想象力比知识更重要。知识是有限的，而想象是无限的，它能概括世界的一切，并且是知识进化的源泉。"想象，犹如智力的奇异翅膀，能让思想在未知的世界自由翱翔；它又像入云的阶梯，能让人们摘取高耸云端的智慧之果。想象是创造力的巅峰境界，是创造性思维的"制高点"。没有想象就没有创造，学生创造能力的提高很大程度上取决于想象能力的发展。

1. 抓住"空白"练想象。许多文章留下艺术的空白，这是想象训练的最佳切入点。如教《游园不值》，引导学生根据出墙的"一枝红杏"，想象园内万紫千红的春色。

2. 延伸结尾练想象。如教《穷人》，让学生以"拉开帐子以后……"为开头练习想象，对文章的结尾进行拓展和延续。

3. 紧扣主旨练想象。如教学《卖火柴的小女孩》，以《小女孩来到我们中间》为作文题，想象卖火柴的小姑娘来到中国以后的情形。

4. 借助插图练想象。如教《我的战友邱少云》，让学生仔细观察文中插图，从邱少云的外表想象他的内心活动。

5. 尝试写"放胆文"。让学生放飞想象的翅膀，进行奇思妙想，异想天开，尽情遨游在幻想的世界里。如想象"50年后的我""未来的学校""我在太空旅游"等。学生在丰富的幻想和描绘中感受到创造的欢乐和成功的喜悦。

三、在鼓励争辩中培养创新思维

教师经常提供一些有争议的话题，启发学生从不同的角度进行思考，发表独特见解，展开激烈争论。这是高密度、大容量、快节奏的说话和思维训练，是激活学生思维、培养学生创造能力的重要形式。教学中，教师要尽可能引发学生的认知冲突，激发起学生强烈的探索和竞争欲望，然后不失时机地引导他们争论。

如阅读《“精彩极了”和“糟糕透了”》，教者以“‘精彩极了’还是‘糟糕透了’”为辩题，让学生以课文为依据各抒己见，在课堂展开争辩。请看下面的片段：

甲方：我们觉得这首诗是“精彩极了”，要不然妈妈是不会那么赞扬，更不会那么高兴的。

乙方：我方认为这首诗是“糟糕透了”。因为爸爸是一家影片公司的重要人物，写过好多剧本。对诗的好与坏比妈妈更有判别能力。因此，我方认为爸爸的评价可信。

甲方：我们认为不能这样说。“我”是个七八岁的孩子，又是第一次写诗，写得再差也是精彩的。

乙方：怎么能说再差也是精彩的呢？正因为是七八岁的孩子写的，又是第一次写诗，肯定写不好，爸爸是实话实说，是“糟糕透了”。（掌声）

甲方：我方认为，评价孩子的诗，不能用成人的标准，应站在孩子的角度。这是孩子的第一首诗，应得到充分肯定，应该给他“精彩极了”的评价。

乙方：正因为是第一次写诗，就更要让他知道什么是诗。如果本来不像诗，还要大加赞扬，孩子就会飘飘然、翘尾巴，这对孩子的成长是不利的。（掌声）

甲方：对七八岁的孩子，考虑这么多，未免有些小题大做了吧。我们知道对孩子要以鼓励为主。

乙方：父亲对“我”最了解，很可能是怕“我”会翘尾巴，因此他要这样说。

甲方：如果父亲了解“我”，母亲不更了解“我”吗？她更知道“我”需要的是鼓励。

同学们争得面红耳赤，互不相让。这是思维的撞击、情感的喷发、信息的融汇，在辩论中萌发了多少创造性思维的幼芽！

四、在倡导求异中培养创新思维

求异思维是创造性思维的核心，它有助于推陈出新，产生大量新颖独特、别具一格的构想，是创造性思维的重要支撑点。教学中教师要热情鼓励学生大胆思考，打破盲目顺从、迷信书本和权威的被动局面，使学生的思维突破常规的禁锢，充分发散，求异求佳，向新颖性、独特性方面发展。

如教学《大森林的主人》时，教师引导："同学们，猎人真聪明，能想出这么多的办法克服困难。如果你是文中的猎人，你还能想出什么更好的办法在大森林里生存下去?"一石激起千层浪，同学们的思维迅速进入课文特定的情境之中，想出了许多新奇有趣的好办法。又如教《恐龙》，在讨论恐龙消失的原因时，学生认知的内驱力被充分调动起来，思维空间得到有效拓展，说出了许多独特的想法。有的说可能是一场毁灭性的大火把恐龙烧光了；有的说可能是地壳下沉，原来的陆地变成了海洋，恐龙被埋到海底去了；有的说可能是地球和其他行星相撞，发生了爆炸……同学们想法奇特，标新立异，每一种假设里都蕴含着智慧的光芒和创新的火花。

五、在强化实践中培养创新思维

"行动是教育的开始，创造是教育的完成。"（陶行知语）如果说问一问、想一想、说一说是创新思维的"芽"，那么亲自动手做一做则是创新思维的"花"。语文教学要改变传统的"君子动口不动手"的旧习惯，在学生动口、动眼、动脑的同时，尽可能创造学生动手实践的机会，让学生在摆摆、折折、叠叠、捏捏、做做等具体操作活动中启迪智慧，培养创造能力，达到眼手脑并用、教学做合一的理想境界。如教《乌鸦喝水》，让学生找来瓶子、水和沙子，演示乌鸦喝水的经过，体会乌鸦善于动脑的特点。教《捞铁牛》一文，让学生做关于水的浮力的实验。教学《石榴》，让学生回家也种一粒种子，仔细观察它发芽、长叶、开花的情形。在实践中学习和领悟，在操作中探究和创新，这是培养学生创造性思维的最有效途径。

第十四节　多元解读的方法

"新课程"强调尊重学生的多元解读，摒弃一元解读，体现了现代教学的价值观。《语文课程标准》指出："语文课程丰富的人文内涵对学生精神领域的影响是深广的，学生对语文材料的反应又往往是多元的。因此，应该重视语文的熏陶感染作用，注意教学内容的价值取向，同时也应尊重学生在学习过程中的独特体验。”阅读的过程就是一种再创造的过程，它带有强烈的个性特征。语文课堂教学要允许并鼓励学生根据各自个性和生活经验，对课文进行发自内心的、不同角度的理解和阐释，为学生个性发展搭建广阔的舞台，这应当成为语文教学设计的最重要选择，这是对学生精神生命的最好关怀。在阅读教学中，我们一方面要尊重学生富有个人感情色彩的表达，尊重学生对文本的独特感悟，允许学生从不同的角度来认识问题，采用不同的方式来表达自己的想法，用不同的知识与方法来解决问题，鼓励解决问题策略的多样化，以实现多元化、个性化的学习，同时也要注意谨防滑向“自由化”“盲目化”“随意化”的误区。

一、读出多元感受

朗读是一种融理解和表达于一体的极具个性化的心智活动。朗读中，一方面是课文的丰富内涵对学生的熏陶感染作用，另一方面是学生以自己的全部经验对课文做出多元反应。精彩的朗读，是学生对文本的叩问，对作者情感世界的触摸，是学生以有声的语言形式来表达自己内心独特的情感体验。“每一话语、每一语体、每一发音的背后，都蕴藏着言说者活生生的个性。”（巴赫金语）不同的人对同一文章的体会可能不同，朗读的方式也肯定是有差异的，关键是要让学生舒展心灵，有创造的自由，能将语言植入心中并唤起无穷的想象。请看著名特级教师靳家彦执教《董存瑞舍身炸暗堡》时引导学生朗读课题的教学片段：

师：谁来读课题？要突出英雄人物来，应该怎样读？

生：董存瑞舍身炸暗堡。（学生读时突出了“董存瑞”）

师：突出事件怎样读？

生：董存瑞舍身炸暗堡。（学生读时突出了“炸暗堡”）

师：突出人物的精神怎样读？

生：董存瑞舍身炸暗堡。（学生把“舍身”读得深沉饱满）

师：突出怀念、景仰、敬佩的心情怎样读？

（生缓慢、深情地朗读课题）

师：这就是品读，像喝茶一样，每个人有不同的感受，读书也是这样，每个人有不同的感受，有很多种不同的情感。你们四个人读出四种感受，全班 50 多人能读出 50 多种感受来，老师尊重你们每个人独特的情感体验。

指导学生多元朗读课文，就是要让他们用心灵去拥抱语言，达到“我心入文、文入我心、心通其情、意会其理”的美好境界，读出自己独特的体验，读出内心独特的感受，防止装腔作势、千人一调的机械朗读，让多样化的朗读催发个性的幼芽，让琅琅的书声成为精神律动的音符。

二、悟出多元见解

《语文课程标准》强调指出：“阅读是学生的个性化行为，不应以教师的分析来代替学生的阅读实践。要珍视学生独特的感受、体验和理解。”“要逐步培养学生探究性阅读和创造性阅读的能力，提倡多角度的、有创意的阅读……”在阅读教学中，就是要鼓励学生从各自独特的视角去感悟、去解读课文，以不同的方式构建自己心中的“哈姆雷特”。只有这样，学生才是一个真正的“读者”，他在阅读中才能真正体验到自己的精神劳动所带来的快乐，他才可能拥有真正属于自己的思想。

上海特级教师万永富教学《麻雀》一课时，十分艺术地处理好学生的主体地位和教师的主导作用之间的关系。

生：这只老麻雀一定是母的吗？会不会是公的？

生：我想，可能是爸爸，如果不是公的，它不会这样勇敢。

师：妈妈保护孩子就不会勇敢吗？

生：妈妈为了保护孩子是会拼命的！我看可能是麻雀妈妈。

师：我们幼小的时候，常常是妈妈带着还是爸爸带着？

生：我们小时候总是和妈妈在一起的，妈妈给我们喂奶，爸爸外出打工。我想麻雀也是一样的。

生：总是妈妈养护孩子，养护小麻雀的当然是麻雀妈妈。麻雀妈妈为了保护小麻雀，舍得拼命。这就是母爱的力量。

生：应该是麻雀妈妈。

师：同学们说得真好，联系生活把书读活了。看来应该是麻雀妈妈了。

学生的思考角度各不相同，理解也有所偏差，这都是孩子阅读这篇文章的独特感受，再现了学生的心灵世界，凸显了学生的个性品质。我们知道解读文本是学生的个人行为，每个学生都必然也有权利按照自己的思维方式去解读作品。教师不必用一种模式、一个标准来规范学生的认知，也不必对所有问题都“讲深讲透”来作“终极性”的分析定论。要尊重学生各自的鉴赏个性和鉴赏结果，鼓励学生对作品的再创造。阅读结果的多元化，正是体现了生命的自由，尊重了学生生命的独特存在。但是，多元感悟绝不能脱离文本内容无度拓展，背离文本价值而随意发挥，教师在学生的理解出现偏差时要积极介入、巧妙引导，发挥教师的主导作用。教育在这里已不仅仅是特殊的认知活动，更是学生用自己的眼睛去发现生活、用自己的心灵去感悟人生、用自己的头脑去分析世界的生动体现。

三、选择多元方式

《语文课程标准》指出："学生是语文学习的主人……要尊重学生的个体差异，鼓励学生选择适合自己的学习方式。"语文教学的核心是对潜能的开发、精神的唤醒，帮助学生建立起自己的精神家园。只有尊重学生学习的需要，把阅读的主动权交给学生，把选择学习方式的权利还给学生，满足学生自主探究的愿望，阅读中的认知、生理、情感等多种因素才能内化为学生精神的元素，学生蕴藏的创新潜能才能充分迸发出来，才能在自由创造的天地里纵横驰骋。

著名特级教师盛新凤在教学《秦始皇兵马俑》时，充分调动学生的积极性，挖掘学生的学习潜能。盛老师先问学生："你们长大了，谁想当军事家？谁想当文学家？谁想当播音员、导游？"等学生示意后，教师布置任务："想当军事家的画军阵图；想当文学家的研究作者的观察顺序、写作顺序；想当播音员的读出军阵的威武雄壮；想当导游的练说导游词。有共同愿望的同学可以合作学习。"学生热情高涨，学得非常投入，取得了理想的学习效果。

语文教育，实质上就是丰富人的精神体验、发展人的生命个性的教育。

第十五节　诵读积累的方法

记忆、背诵，这是学习语言的基本规律，也是大量积累语言材料的最有效的途径。著名教育家魏书生说："书背多了，语感也就增强了，说话、写文章都容易通顺。"背诵是一个良好的习惯，一旦养成这个习惯，将受益终身。背诵让每一天的生活都充实快乐，优美的文字不断地洗涤着你的心灵，不断地锻造着你的口才，不断地提升着你的自信，当然也不断地增加着你的语文能力。

小学语文教材特别重视背诵，很多课文都要求学生背诵。但怎样背诵才能取得事半功倍的效果呢？美国心理学家布鲁纳指出，学习的最好刺激乃是对所学知识的兴趣。一个人一旦对某一事情发生了浓厚的兴趣，他作出的努力会达到惊人的程度。心理学研究表明：要使背诵有效，必须具备一个重要的心理条件，那就是学生有背诵的兴趣。为了增强学生背诵的积极性和主动性，提高背诵的效率，教师必须设法诱发学生的背诵兴趣。

一、故事激趣

小学生最爱听故事，真实生动的故事会使他们受到极大的启发，产生浓厚的兴趣。如介绍鲁迅幼年读书时整本书地背诵，老作家巴金十二三岁时就能背出几本书等故事。让学生从名人成功的事例中感受到背诵的无穷魅力，从而激起“我也要背”的兴趣和信心。

二、示范激趣

榜样的力量是无穷的，身教胜于言教。凡是要求学生背诵的课文，教师自己也要会背，给学生以示范。教师的良好示范，对学生是一种激励、一种感染、一种启发，他们很自然地会产生一种跃跃欲试的冲动。一位语文教师每学完一篇新课文，都会留出几分钟的时间，在课堂上和同学们一起背诵。学生们一边听，一边眼盯着书本，手指着课文，看看老师有没有加字漏字。每当老师一口气、一字不漏地背出来，他们都会情不自禁地拍手称赞，对老师佩服得五体投地。教师的示范性背诵能给学生树立榜样，可以激发学生的背诵兴趣，促进学生积极认真地背诵，让学生觉得背诵是挺容易的事情，从而不再有畏惧感，背课文的信心就这样生成了。

三、朗读激趣

朗读是背诵的基础和前奏。教给学生朗读技巧，指导学生有感情地朗读，是提高学生背诵效率的关键。如教学《做什么事最快乐》一文，先让学生熟读全文，再研究如何读好文中人物的话。经过讨论，同学们认为，小青蛙的声音应该读得天真活泼、清脆甜润、速度稍快；水牛的声音应读得低沉、较慢；蜜蜂和啄木鸟的声音应读得高一点、细一点、快一点；青蛙妈妈的声音应读得温和、慈爱、低沉、缓慢。学生掌握读法后，让他们分角色反复朗读。学生朗读兴趣浓，背诵速度快。

四、竞赛激趣

小学生争强好胜，容易萌发竞赛心理。教学中若能引进竞争机制，适时、适当地组织一些背诵比赛，如同桌赛、小组赛、选拔赛、表演赛等，由教师和全班同学组成评委，按正确、流利、有感情三项标准进行评分，当场发给优胜者小小的奖品。学生在丰富多彩的竞赛活动中轻松地完成背诵任务，兴趣倍增，会更加喜读乐背。

五、以图激趣

小学语文教材里有大量生动活泼、精美有趣的插图。这些插图生动地体现了课文的优美意境，有助于激发想象、启发思维、理解课文内容，也为我们指导学生朗读、背诵提供了很好的凭借。如教学《雨点》一文，教师先指导学生朗读全文，然后出示挂图，逐一指点和描述雨点落进“池塘里”“小溪里”“江河里”“海洋里”的情态。随着教师的指导，学生对照图朗读，在形象、直观、优美的插图的帮助和启发下，仿佛看到了雨点在池塘里睡觉时的“酣态”、在小溪里散步时的“悠闲”、在江河里奔跑时的“快乐”、在海洋里跳跃时的“喜悦”。学生读得入情入境，很快就把全文背下来了。

六、以唱激趣

背诵和音乐结合能增强背诵的愉悦感，降低背诵的难度，提高背诵的效率。如《小小的船》《快乐的节日》这些课文本身就是歌曲。学习课文时，在理解的基础上教学生唱歌曲，开展歌咏比赛，让学生在演唱中激发兴趣、深化理解、升华情感，达到轻松背诵的目的。

七、表演激趣

小学生有浓烈的自我表演的欲望，教师要抓住一切有利时机，诱导他们进入角色，在表演中激情引趣、启迪思维、训练背诵技巧、提高背诵的实效。如教学《乌鸦喝水》一文，在学生理解课文内容后，教师拿出事先准备好的瓶子、水、石子等，让一名学生戴上乌鸦头饰上台表演乌鸦喝水的经过，同时播放课文录音，学生边听录音边看表演，然后再让学生边看表演边复述课文。这样，学生演得生动，学得有趣，在轻松愉悦的情境中熟练地背诵了全文。

八、成功激趣

成功是激发学生学习热情的“兴奋剂”。心理学研究表明，一个人只要体验到一次成功的喜悦，就会激发他一百次追求成功的欲望。因此，教师要注意把握学生成功的喜悦，把它转化成激发学生学习兴趣的动因。有些学生背诵水平高，可用录音机把他们背的课文录下来，经常在班里播放。有些学生背诵速度快，就让他们当“小先生”，给大家介绍快速记忆的经验。对待背诵有困难的学生，教师要设法帮助他们获得成功，可降低难度，采取各种激励措施，对他们在背诵上取得的点滴进步大加表扬，使他们也能体验到成功的欢乐，从而消除畏惧心理，逐渐对背诵产生兴趣。

兴趣是最好的老师。指导小学生背诵课文，要注意方法，讲求实效，让学生觉得背诵不是沉重的负担，而是轻松愉快的过程。

第三章 3 活化教例新设计：

教师内涵发展的“直通车”

要成为一个优秀的语文教师，仅有教学理念是不够的，还要具备较高的教学设计和评价能力，这是教师教学实践智慧的重要体现，也是教师内涵发展的“直通车”。在教学实践中，科学的教学设计是以文本为载体，从学生成长需要出发，对学习者、学习材料以及课堂涉及的学习资源作出充分而又灵活的规划，努力做到教学设计是为学生的发展设计、为语文课程的发展设计、为实现自己的专业成长设计。语文教师要虚心学习教育理论，潜心钻研教材教法，认真分析教情学情，精心设计教学流程，以新颖的教学设计、创造性的教学活动来吸引学生、成就学生、提升自我。语文教师要不断修炼学识修养，提升教学设计和教学评价的能力，教学设计做到精雕细琢、锐意改革、常教常新，让每一节课都精彩纷呈，成为师生生命中一段重要的经历。

第一节　情境型课堂教学案例设计及评析

案例内容：

《小镇的早晨》

教学理念：

“作者胸有境，入境始于亲。”语文教学要创设浓郁的情感氛围和学习环境，使教学在积极的情感和优化的环境中开展，让学习者的情感积极参与认知活动，以期激活学生的情境思维，从而使学生在情境思维中获得知识、提升能力、发展智力，实现愉快教学的目的。《小镇的早晨》是一篇文质兼美的写景散文。课文抓住小镇早晨的“恬静”“热闹”“紧张”三个方面的特点写出了它的美丽。文章词如玑、语如诗、景如画、情亦真，真是文中有“画”、“画”中有诗，是一篇实施情境教学和情感熏陶的好材料。为此，教师以“情”为核心，以“境”为线索组织教学，让学生在美妙的情境中学习体验、受到情感熏陶、获得思想启迪、享受审美乐趣、提高语文素养。

教学目标：

1. 正确、流利、有感情地朗读课文，背诵课文。

2. 学会本课生字新词，理解由生字组成的词语；学习由“分”到“总”的叙述方法。

3. 理解课文内容，凭借课文中具体的语言文字，感受小镇的意境美，增强热爱家乡的思想感情。

教学过程：

一、揭示课题，引入情境

师：同学们，有没有仔细观察过你们居住的小镇呢？置身于自己生活的小镇上，哪些生活情境给你印象最深？

生：我们的小镇很繁华，道路宽广，楼房林立，在这里生活，我感到很自豪。

生：我们的小镇很热闹，每天都是人来人往、热闹非凡，我感到很开心。

生：我们的小镇很干净，商店窗明几净，街道一尘不染，生活在这里很舒服。

生：我们的小镇很富裕，商品应有尽有，人们都过上了富裕的生活，我们生活在这里感到很幸福。

师：是啊，说起我们祖祖辈辈生活的小镇，同学们都是千言万语，有说不完的家乡情。今天我们就来学习一篇课文。（板书：小镇的早晨）看到这个题目，你能知道什么？你还想知道些什么？

生：我知道这篇课文是写家乡的小镇的。

生：我知道重点是写小镇早晨的景象的。

生：我想知道小镇的早晨是什么样的。

生：我想知道小镇的早晨有多美。

生：我想知道小镇的人们在早晨都干些什么。

评析：题目是文章的眼睛，也是课文情境的窗口，阅读教学要抓住题目进行揣摩，才能把学生引入课文的情境。让学生先联系家乡的小镇，畅谈对家乡小镇的认识和感受，丰富了学生的知识背景和生活储备，为学习课文作了情感铺垫。在读题时让学生先说已知、再说未知，这符合学生的认知结构和心理特点，不仅培养了学生的审题能力，而且激发了学生的阅读兴趣。

二、走进文本，再现情境

师：人们常说："诗中有画，画中有诗。"这篇课文犹如一首美丽的田园诗，字里行间蕴藏着几幅美丽动人的画，请同学们认真朗读课文，通过语言文字轻轻走进文中的世界，让那些美丽的情境在你的脑海里清晰地再现。

（学生按照自己喜欢的方式朗读课文）

师：刚才在读课文的时候，你的脑海中已经浮现出哪些美丽的画面？你能把这些画面读出来，并且给这些画面加上一个合适的小标题吗？

（生读第一节课文）

师：读这些文字，你的眼前出现了什么？

生：我的眼前出现了一幅"恬静的小镇"。

（生读第二节课文）

师：读着读着，你的眼前又出现了什么？

生：我的眼前出现了一幅"热闹的小镇"。

（生读第三节课文）

生：读这一节，我的眼前出现了一幅"紧张的小镇"。

（齐读第四节）

师：读完全文，你对小镇有着怎样的印象？

生：我觉得这是一个恬静、热闹又紧张的小镇。

师：同学们真会读书，边读书边思考，边读书边想象，不仅读懂了内容，还读出了文字中隐藏的画面，使小镇的早晨走进了我们的心中。

（板书：恬静　热闹　紧张）

评析：学生通过反复朗读课文，披文入境，走进了文本，融入了文章的意境之中，并通过联想，把语言文字所描述的情境加工成鲜明的内心视像，还原成栩栩如生的画面。这样以“画”促读、以“画”促悟，使文本内容内化在学生心里。

三、赏析文本，品味情境

师：同学们，刚才我们从文章中读出了三幅画，可是这些画在我们的心里还是模糊的、静止的。怎样让这些画面在我们的心中活起来、动起来呢？就请大家抓住文中的景物、人物朗读课文，让我们走进美丽的画面中，走进课文的情境中。

（学生默读课文，圈画出文中描写景物的词句）

师：同学们，老师读书有一个经验，那就是把自己放进文章中。读到文中的美丽景色，就想到自己正流连在这美景中；读到文章中的人物，就感觉正和他们一起在活动。把心融入文章中，你就进入了一种美妙的境界了。请同学们带着这样的感受读课文，看看有什么新的收获。

（学生入情入境地读书，陶醉在美妙的境界中）

师：我看到同学们读书很投入，你们的表情已经告诉我，你们已经深深地陶醉了，仿佛不是自己了。你是谁啊？你现在是在哪儿？

生：我是早起晨练的老人。

生：我是小船上划船的船老大。

生：我是早起卖农副产品的老乡。

生：我是在街上散步的游客。

生：我是去学校读书的学生。

生：我是去工厂上班的姑娘。

生：我是去湖上捕鱼的小伙子。

师：文中的景就是你们心中的景，你就是文中的人，你们已经和小镇融为一体了，快把你们对文章的理解表达出来，和大家分享吧。

生：我觉得这篇文章的结构特别好。前面三小节都是采用先总写再分写的方法，先概括小镇的特点，然后再具体描写。第四节总结全文，点明中心，课文条理很清晰。

师：你读书善于把握整体，读出了课文的结构美。

生：我觉得这篇文章的内容更美。先写小镇的恬静，突出小镇的景色美；再写小镇的热闹，突出小镇的物产美；最后写小镇的人物活动，突出人物美，真是景美、物美、人更美。

师：你有一双慧眼，能发现文章独特的美，你的心灵更美。

师：刚才两位同学都是从整体上读懂了课文，把握了课文的整体结构和主要内容。读书要披文入境，通过具体的语言文字走进文章的深处，才能有更多的发现。谁还有精彩的发现与大家分享？

生：“穿镇而过的小河犹如一条碧绿的玉带”写出了小镇的颜色美，也写出了小镇的形态美，给人以美的享受。

师：能说得具体点吗？

生：因为小河里的水是绿色的，小河两岸又都是绿树，所以说它是碧绿的，像玉带一样好看。“玉带”说明小镇是长长的，飘飘悠悠地伸向远方。

师：“一条碧绿的玉带”启迪了你的思维，引发了你无限的想象，你真的读进去了。

生：“河水清澈见底，河面波光粼粼。”我仿佛看到了水底嬉戏的小鱼，水面上自由自在游泳的鸭子。

生：“太阳从地平线上升起，把金色的光辉洒在小镇的楼房顶上、河边的绿树上……早起的老人正在沿河的树林里伴着朝阳晨练。”小镇的楼房和绿树沐浴在金色的阳光中，老人在悠闲地晨练，一动一静，动静结合，是多么的和谐啊！

师：是啊，这是一幅恬静得让人心醉的小镇美景图，请大家看着画面，轻轻地朗读课文第一节，让这些美景永远沉淀在你们的心田里。

（多媒体出示小镇的美景，学生边欣赏边诵读）

生：读第二节课文，我觉得可以用一个“多”来概括。

师：“多”表现在哪些方面？

生：小镇的人多、船多、农副产品多、做生意的小摊子多。

师：你的概括能力真强，把长文读短是很重要的基本功。你对哪些东西最感兴趣呢？

生：那些还带着晶莹露珠的蔬菜真新鲜啊，仿佛就在我们的面前，让我们流连忘返。

生：“盆里的鱼虾又蹦又跳，溅出许多水花；笼子里的鸡鸭时而伸长脖子叫着，时而望着往来的行人。”这些鱼虾和鸡鸭太可爱了，我真想上去摸摸它们。

生：粽子、豆浆、馄饨的香味真是太诱人了，小镇上的人真幸福啊，可以好好地享受这些美味佳肴。

师：你的想象真丰富，是不是口水都要流下来了？（众笑）

师：读第三节课文，你有什么感受？

生：我最大的感受就是“快”：生活的节奏快，人们的脚步快，各种声音快。

生：这是一种欢快活泼的生活氛围，说明小镇上人的生活是很充实的、快乐的。

师：是啊，小镇的今天是美丽的，小镇的明天一定更美好，让我们共同祝愿小镇的明天灿烂辉煌！

评析：让学生有感情地朗读课文，抓住关键的词句咀嚼品味、赏析升华，不仅使抽象的语言文字被唤醒和激活，学生脑海中的情境图画也被充分地放大和渲染，变得更加鲜活和灵动，学生完全沉浸在画面的美感之中，融入课文的情境之中。这时的阅读体现了“美在心中流淌，情在心中充盈”的美妙境界。

四、内化文本，融入情境

师：有声的读是一种充满激情的感悟，无声的画更是一种智慧的理解。想把这些美丽的画面永远地定格在你们的脑海中吗？

师：请同学们选择自己喜欢的一幅画面再次练习朗读，让这些画面在脑海中活起来。

（学生选择一个画面练习诵读）

师：拿出五彩的画笔，把你心中最喜欢的画面描绘出来吧。

（学生对照课文作画）

师：（指着学生画的“小河”）请你告诉大家“碧绿的玉带”在哪儿？

生：“碧绿的玉带”就是指画中穿镇而过的小河。

师：那为什么叫碧绿的玉带呢？

生：因为这条小河长长的，河水清澈透明，波光粼粼，绿得发亮，就像一条绿色的带子一样。

师：小桥为什么画得这么高啊？

生：因为桥下面是个高高的半月形桥洞，桥洞中还有小船驶过，所以小桥要画得高一些。

师：你读书真仔细，画得也很像。

师：晨练的老人怎么就画了一个啊？

生：树林里还有很多，因为树长得太茂盛了，所以看不到他们了。不过，从树林边的一个老人身上，我们就可以想象出树林里还有很多人。

师：你真聪明，不仅会观察，还会想象。

……

评析：语文课上，适当地让学生画一画，这是融观察、理解、表达、想象、动手于一体的创造性的语文实践活动。学生要想把图画得生动逼真，就得把课文读熟；要想把图画得活灵活现，就得把课文理解深透。画的过程，就是深化理解、积淀情感、融入情境、创造美感的过程，就是把枯燥的文字还原成鲜活的场景，使抽象的意义变成直观的形象。文字和图画相统一，心灵和美感零距离。真是心在文中飞，人在画中游。

五、拓展文本，创造情境

师：同学们，大家都非常喜欢这个小镇，那你能为这个小镇做点什么贡献呢？

生：我想为这个小镇做广告，让全国的人民都知道它，来这里旅游。

师：这个主意好，我代表小镇的人民先谢谢你。那你想设计什么样的广告语来为小镇做宣传呢？

生：走遍千山万水，还是小镇风光最美。

生：小镇山水甲天下，人人梦中向往它。

生：物美景美人更美，走进小镇心更美。

生：优美的环境、丰富的物产、人间的天堂。

师：听了你们的广告语，游人都动心了。但是耳听为虚，眼见为实，百闻不如一见。假如我现在就是远道而来的游客，你是小镇的居民，我想请你来给我当导游，你打算怎么向我介绍小镇呢？

（学生写导游的介绍词）

生：（扮演导游员）你好，远道而来的朋友！欢迎你来到小镇旅游。

师：你好，我是第一次来到小镇，请你给我介绍一下，小镇都有什么特点？

（师生合作表演，具体内容略）

评析：学习语言的最终目的在于运用语言。教师巧妙地拓展文本，创造活动情境，经过设计广告语、写导游词等形式，让学生对课文的语言进行恰如其分的加工、重组和编创，把课文的书面语言变成自己鲜活的口头语言，实现课内向课外的延伸、文本教材向社会生活的拓展、学科知识向实践能力的迁移。这样的情境，不仅提高了学生运用语言的能力，而且培养了学生的创新意识和创造个性。

第二节　探究型课堂教学案例设计及评析

案例内容：

《嫦娥奔月》

教学理念：

“新课程”强调自主、合作、探究的学习方式。《语文课程标准》指出：“学生是语文学习的主人。语文教学应激发学生的学习兴趣，注重培养学生自主学习的意识和习惯，为学生创设良好的自主学习情境，尊重学生的个体差异，鼓励学生选择适合自己的学习方式。”“阅读是学生的个性化行为，不应以教师的分析来代替学生的阅读实践。”但是，在现实的教学中，教师主宰教学的整个过程，学生仍然被教师的教学设计牵引着，亦步亦趋地完成教师教案中所规定的学习任务。教师要把教学目标转化为学生的学习目标，应注重学法指导，突出学生自学，重在培养学生的自主探究能力和创新意识，把学习的主动权交给学生，把“教案”变成“学案”，把“讲堂”变为“学堂”，把“教材”变成学生自学的“蓝本”，让学习成为学生“自己的事”，使学生真正成为探究的主体、学习的主人，从而在与教师、文本的多元对话中逐步形成独立的、创造性的阅读能力。

教学目标：

1. 正确、流利、有感情地朗读课文，复述课文。

2. 学会本课生字新词，理解由生字组成的词语。

3. 凭借具体的语言文字领略课文的意境美，感受嫦娥的善良和舍己为民的品质。

教学过程：

一、在交流中探究

1. 启发谈话：同学们，你们读过哪些神话故事？（让学生回顾述说）今天我们再来学习一个美丽的神话故事。（板书课题，读题）

2. 信息冲浪：通过课前收集，你找到哪些与课文有关的知识和信息？那就打开你的“百宝箱”，亮出你珍贵的宝物，让我们来个信息汇展和资料交流吧。

（师生一起交流后羿射日、嫦娥传说、中秋节的来历等资料）

3. 围绕课题质疑：从课题中，你最想知道什么？

（学生提出：嫦娥是什么人？她为什么要奔月？她是怎样奔月的？结果怎样？……）

评析：让学生回顾自己读过的神话故事，再交流课前收集到的相关资料和信息，然后围绕课题质疑，不仅大大丰富了学生已有的知识背景，让学生积累了足够的知识储备和学习资源，在大脑中构建起立体的信息网络，而且激发起学生主动探究的兴趣和欲望。

二、在感知中探究

1. 按照自己喜欢的方式自读课文，要求读正确、读通顺、读流利。

2. 选择自己喜欢的段落再读课文，要读出感情，读出自己的理解。

3. 检查读、展示读。

4. 讨论课始提出的问题。

评析：让学生选择自己喜欢的方式充分探究课文，选择自己喜欢的内容尽情地读课文。把读书的时间还给学生，把读书的方法教给学生，使学生在读中走进文本，在读中感悟课文内容，在读中增强情感体验。

三、在质疑中探究

1. 同学们，读书贵在思考，思考重在生疑。请大家潜下心来认真读课文，看谁有一双慧眼，能有新的发现，能提出有价值的新问题。

2. 默读思考，发现问题。提出的问题可以写在书上，也可以写在自己的“学案”上。

3. 交流所提问题。教师引导学生随机解决一些简单的问题，同时梳理、提炼出一些重点问题：

（1）后羿是怎样射日的？

（2）嫦娥是怎样与逢蒙周旋，最后吃下仙药飞向天空的？

（3）人们为什么非常怀念嫦娥？

（4）你觉得嫦娥、后羿、逢蒙分别是怎样的人？

评析：美国教育家布鲁巴克认为：“最精湛的教育艺术，要遵循的最高准则，就是学生自己提问题。”上述教学环节就是在学生充分自读的基础上，让学生带着发现的眼睛，静下心来阅读，潜下心来思考，真正地走进文本，主动地去产生疑问、提出问题。学而不思则罔，思而不学则殆。问题是探究的“助推器”，是理解的“催化剂”。学生有了问题，产生了认知冲突，这时的阅读探究是有效的；学生自己提出的问题，最契合他的思维和实际，因此他才可能乐此不疲地去想办法探究它，从而获得成功的快乐。

四、在品悟中探究

1. 你准备怎样解决刚才提出的问题？有什么好的方法？选择你喜欢的方式自主探究吧，可以把你对问题的理解写在文中的空白处。

2. 各小组合作研讨。

3. 师生合作品味重点句。

你认为哪些句子最值得研究？你是怎么理解的？师生合作研讨以下重点句子：

A.“后羿的妻子嫦娥，是个美丽善良的女子。她经常接济生活贫苦的乡亲，乡亲们都非常喜欢她。”

（通过练读，体会嫦娥的美丽善良，感受到乡亲们为什么这样怀念她）

B.“逢蒙手提宝剑，迫不及待地闯进嫦娥家里，威逼嫦娥把仙药交出来……嫦娥急步向前，取出仙药，一口吞了下去。”

（抓住关键词语品味，让学生感受到逢蒙的贪婪、狡诈、凶狠以及嫦娥的机智与勇敢）

C.“他焦急地冲出门外，只见皓月当空，圆圆的月亮上树影婆娑，一只玉兔在树下跳来跳去……怎么也追不上。”

（教师引导：从这段话里你体会到了什么？你想怎样读好它？）

评析：课文中的关键句子和重点段落，就像一个个“智慧的宫殿”，等待着学生去探索。教师鼓励学生根据自己的特点选择适合自己的学习方式，大胆地去尝试和探究，这是一次愉快的精神探险和智慧挑战。教师在关键处给予点拨和引导，使学生的学习循序渐进、步步深入，学生不仅深刻理解了课文的内涵，而且获得了独特的情感体验，体验到了探究的乐趣。

五、在实践中探究

1. 激情读：课文中有的情节活灵活现，有的意境如诗如画，有的细节真实感人，你能通过你美妙的声音，把你最美的感受传达出来吗？

2. 激趣演：你觉得文中哪些地方值得表演一下？和你的同伴自由表演一下。

3. 引导评：文中的嫦娥、后羿、逢蒙三个人中，你最喜欢谁？最佩服谁？最痛恨谁？为什么？

4. 想象写：嫦娥飞到月宫中后，后羿是怎样呼唤她的？他们两人是怎样对话的？请你发挥想象，写一个片段。

5. 激疑问：学完课文，你又产生了什么新问题？你还想知道些什么？提出来，我们课后再查资料研究讨论。

6. 练习讲：课后把这个故事讲给你的父母或者小伙伴听。

评析："语文是实践性很强的课程，应重视培养学生的语文实践能力，而培养这种能力的主要途径也是语文实践。"教师以"自助餐"的形式，设计了形式多样、内容丰富的语文实践活动，让学生根据自己的爱好，自己选择活动内容，自己选择活动伙伴，自主设计活动形式，在读一读、演一演、评一评、写一写、问一问、讲一讲等生动活泼的言语实践活动中，加强语言积累，积淀语感经验，提升语文素养，使语文课堂成为学生自主探究、自主创造、自主发展的大舞台。

第三节　表达型课堂教学案例设计及评析

案例内容：

《天游峰的扫路人》

教学理念：

语文教学的根本目的是培养学生的阅读能力和表达能力，而表达能力（尤其是写作能力）不仅仅局限于作文课，更应该有机地统一在阅读教学过程中。通过阅读教学，使学生认识语言现象，掌握语言表达规律，正确熟练地运用语言这个工具，提高语言表达能力，让学生能自由地、快乐地、充满创意地表达思想、展现自我，这才是阅读教学的最终归宿。本课的教学特色就是立足"表达本位"，从重"内化理解"转向重"外化表达"，变单一的"理解课文内容"为多种形式的"语言表达实践"，变"阅读核心"为"表达核心"，以"表达"为主导引领教学过程，以表达促进阅读，让学生在阅读中学会表达、在表达中进行创新，走实践型、素质化、创新型的阅读教学之路。

教学目标：

1. 能正确、流利、有感情地朗读课文。

2. 通过朗读感悟，理解句子所表达的思想感情。

3. 感受天游峰的险、高，感受扫路人自强不息的精神和自信、积极乐观的生活态度。

教学过程：

一、审读课题，揣测“表达指向”

1. 从题目看，这篇课文主要是写什么的？重点是写什么？为什么写扫路人？

2. 猜一猜作者可能会怎样去写？如果你是这篇文章的作者，你想怎样写？

3. 课文究竟是怎样写的呢？哪些是你已经想到的，哪些是你没有想到的？请大家自己读课文来寻找答案，验证你的预测是否正确。

评析：阅读理解在本质上是一个假设过程，阅读者要善于捕捉和利用文章的题目来对其意义和内容进行预测，提前在头脑中进行建构。如果能引导学生对课文的题目进行一番仔细的揣摩、品味、审视，从题目中推测作者可能会表达什么、怎样表达，揣测文本的表达指向，学生不仅能感知题目表面的意思，还能透视出题目里隐含的信息，从而激发学生的阅读兴趣，激活学生的期待视野。

二、初读感知，理解“表达什么”

1. 用自己喜欢的方式自由朗读课文，要把课文读正确、读流利。

2. 学生自由读课文。

3. 指名学生逐段朗读课文，结合正音理解关键词语的意思。

(1) 重点指导“颇”“削”“黝”“吁”等字的读音。

(2) 重点读好并理解“精瘦”“褪色”“瘦削”“面色黝黑”“炯炯有神”“朗声大笑”“豁然开朗”“气喘吁吁”“大汗淋漓”“望而却步”“半途而返”等词语。

4. 这篇课文表达了哪些内容？把你已经知道的和大家分享一下。

评析：让学生充分地朗读课文，通过语言文字披文入境，捕捉到课文想表达的主要信息，发现课文的原生态价值，感知课文的主要内容，理解文章主要是“表达什么”的，提炼出文本的主要内容。

三、精读赏析，体会“表达方法”

教师指导学生重点从以下三个方面体会文本的表达方法：

一是对言语的咀嚼与品味，即“品言”。抓住关键的词句进行咀嚼与品味，就能真切地感受到作者遣词造句的精妙和情感表达的深刻。在学习“天游峰”这部分内容时，就引导学生对“第一险峰”“像一根银丝从空中抛下来”“在云雾中飘飘悠悠，仿佛风一吹就能断掉似的”“层层叠叠”“气喘吁吁”“大汗淋漓”“望而却步”“半途而返”等关键词语进行反复品味，想象天游峰的高与险，感受“我”登上顶峰时的惊喜心情。

二是对章法的感悟与理解，即“悟法”。每篇文章都有自己独特的表现手法和表达方式，让学生通过阅读、感悟，理解这些表达方法，这些方法才能在写作中为我所用。作者章武为了表现扫路人的性格特点，运用了正面描写和侧面描写相结合的手法。要让学生领悟作者通过写天游峰的高与险及游人的种种表现来刻画扫路老人形象的侧面描写的写作方法。一方面抓住人物的外貌、神态、语言、动作进行描写，从正面突出人物特点；另一方面抓住天游峰的高和险、游客的表现，从侧面来展现扫路人的性格特征。

三是对结构的把握与概括，即“构段”。文本的语言和表现手法总是通过特定的段落结构呈现出来，这就是文章的结构特点。它是文章的“骨架”，是谋篇布局的手段，是运用材料反映中心思想的方法。学习一篇课文，教师要引导学生准确把握文章的结构，搞清楚作者是分几部分来叙述的，先写什么，再写什么，最后写什么。只有把握准文章的构段特点，才能感受到作者布局谋篇的恰当和得体。

评析：要理解文本是怎样表达的，就是要发现文本表达的“秘妙”。秘妙就是“人人心中有、个个笔下无”（王国维语）的言语个性、言语智慧和言语创造，就是文本的美之所在，就是隐藏在话语背后的思想价值。本案例中，教师引领学生反观文本语言，聚焦语言文字，赏析作者是通过怎样的语言文字和表现手法来准确地表达思想内容的，从具体的语言文字中发掘深刻内涵，以提高学生的语言修养和鉴赏能力，即体会文本是“怎样表达”的，从而实现文本的教学价值。

四、研读探究，领悟“表达意图”

引导学生以研究的视角反观课文，用心感悟。

在一般人的眼里，一位70多岁的老人本该颐养天年，而这位老人每天却要扫这1800多级石阶。这是一个怎样的老人？作者为什么要写这样一位扫路人？文章为什么能把人物写得这么生动形象、栩栩如生？有哪些好的写作方法和技巧值得我们学习和借鉴？围绕文章的主旨和写法去探究“为什么”，这既是对文本秘妙的深层叩问和洞见，也是对主体表达意识的唤醒和激活，为学生自主表达作好了铺垫。

评析：教学一篇课文必须要解决三个问题：表达了什么（内容）？怎样表达的（方法）？为什么这样表达（意图）？“表达了什么”，主要指对文本信息的呈现；“怎样表达的”，涉及表达方式和文章技法等；“为什么这样表达”涉及表达手段与表达内容、表达目的、表达效果之间的关系。学生只有细心研读和探究，睁开心灵的眼睛，以研究的视角反观文本，才能领悟作者真正的表达意图。

五、活读拓展，尝试“自我表达”

1. 活读拓展：让学生阅读几篇写人的文章，如《老人与海》《大森林的主人》《黄河的主人》等。主要目的是进一步拓展阅读与课文相关的文本材料，以深化理解，积累写作经验，掌握写作技巧。

2. 自我表达（以下三项可任选）

(1) 环境描写烘托人物特点。通过描写一段环境，从侧面烘托人物的心情和品质特点。

(2) 外貌（语言动作）描写表现人物精神。通过描写人物的外貌、动作、语言、神态，表现一个人的性格特点。

(3) 延伸结尾深化主题。老人说：“30 年后，我照样请您喝茶。”30 年后，老人会是什么样的？他们相遇后又会说些什么呢？请同学们展开想象，然后说一说，再写下来。

评析：完整的阅读教学过程，不能止步于理解、停留于吸收，还要强化运用，适时地进行外化和表达。叶圣陶先生说过：“语文教材无非是个例子，凭借这个例子，要使学生能够举一反三，练习阅读和作文的熟练技巧。”读写结合，学以致用，这是语文教学的重要规律。如果没有外化表达，阅读理解就失去了存在的意义。潘新和先生说，从阅读中发现“秘妙”容易些，只要读得多了，善于揣摩，并懂得特定文体、语境的奥秘，也就有可能寻觅出其中的“秘妙”。而要将阅读中寻获的“秘妙”转换到写作中是很困难的。正因为有难度，才体现出写作表达的创造性和重要性。本案例引导学生运用从课文中学到的写作方法，选择恰当的内容，及时进行迁移性写作训练，从赏析别人的表达奥妙到尝试自我表达、快乐表达、创意表达，完成由读到写的转化和升华，培养了学生运用语言的能力和创造精神。

第四节　审美型课堂教学案例设计及评析

案例内容：

《普罗米修斯盗火》

教学理念：

美育因其形象性、情感性、愉悦性而与语文教学密不可分。法国雕塑家罗丹说：“美是到处都有的。对于我们的眼睛，不是缺少美，而是缺少发现。”我们的语文教材浓缩了各种美文，古今中外的名篇荟萃，是艺术性、人文性、科学性的统一。它蕴藏着美的形象、美的景观、美的情感、美的风物、美的文采、美的结构、美的韵律，令人赏心悦目，具有独特的审美价值。语文教学艺术是科学性与审美性的统一。语文教师要善于营造审美氛围，引导学生在语言文字中发现美、感知美、欣赏美，就能让孩子们自觉汲取人类优秀文化的营养，培植起热爱祖国语言文字的情感，体验到审美的乐趣。

《普罗米修斯盗火》是根据古希腊神话故事改编的，它浓缩了《被缚的普罗米修斯》和《解放了的普罗米修斯》的主要情节，记叙了普罗米修斯为了解除人类的困苦，不惜触犯天规，勇敢地盗取天火，从而给人类带来光明和智慧，并与宙斯进行不屈不挠的斗争的故事，颂扬了普罗米修斯不畏强暴、为民造福、不惜牺牲一切的伟大精神。这篇神话故事情节跌宕起伏，生动而感人，结构清晰而明朗，语言准确而生动，人物个性栩栩如生，字里行间洋溢着鲜活的语言美、清晰的结构美和独特的个性美。教学这篇课文，不仅仅是让学生了解一个神话故事，更要让学生经历一次美的熏陶、心灵的洗礼、人格的塑造和提升。

教学设计：

一、把握“结构美”，理解物质的“火种”

这篇课文以“无火——盗火——受罚——获救”为主要线索，课文结构清晰，四部分内容浑然一体却又泾渭分明，虽长文短写，结构却一点也不松散。例如，第一部分和第二部分之间用“他看到人类生活在寒冷和黑暗中，决心为人类盗取天火”进行衔接，第二部分和第三部分之间用“主神宙斯站在奥林匹斯圣山上，发现人间烟火袅袅，立刻追查是谁盗走了天火”进行衔接等。教学时，让学生围绕课题中的关键词“盗火”循序渐进地朗读，很轻松地就能理解课文内容，把握文章结构。

普罗米修斯为什么要盗火？（让学生理解无火的时候人类的生活状况）普罗米修斯是怎样盗火的？（让学生理解普罗米修斯盗火的经过）普罗米修斯盗火以后的命运怎么样？（让学生理解普罗米修斯受罚和获救的经历）

评析：学生只有进入美的氛围，才能发现美、体验美。让学生披文入境，首先把握课文美的结构，同时感知课文主要内容，深刻认识到是普罗米修斯凭着自己的勇敢和智慧给人类带来了火种、送来了光明，为美的创造奠定基础。

二、还原“空白美”，激活语言的“火种”

《普罗米修斯盗火》在具体叙述过程中，为了表达的需要，作者有意识地留下一些空白，给学生留下了想象的空间。如在没有火的时候，人类只能生活在茹毛饮血的黑暗之中，段末的省略号省略了人类没有火种所受的更多苦难。又如普罗米修斯将天火带到人间后人们的反应，作者也没有写；天神宙斯是如何追查盗火者的、普罗米修斯被缚后的心理状态等同样没有写……这些空白的存在，为教学时对学生进行想象能力的培养提供了空间。还原“空白美”，就是引导学生在文章的这些空白处进行合理而丰富的的想象，激昂处还他个激昂，委婉处还他个委婉，引导学生进行拓展和延伸，以激活学生语言的“火种”，从而提高学生的语言表达能力，加深学生对课文的理解。

评析：叶圣陶先生说过：“文艺作品往往不是倾筐倒箧地说的，说出来的只是一部分罢了，还有一部分所谓言外之意、弦外之音，没有说出来，必须驱遣我们的想象才能领会它。”文学作品使用的语言是一种具有审美功能的表现性语言，作者有时根据表达的需要，在行文中有意留下一些艺术空白，使之“句中无其辞，句外有其意”。

三、感悟“个性美”，升华精神的“火种”

文章始终注意人物个性的描写，使普罗米修斯的勇敢、宙斯的狠毒、赫拉克勒斯的勇武生动鲜明，跃然纸上，给人留下深刻印象。教师要抓住关键词句，引领学生走进普罗米修斯的内心世界，感受普罗米修斯的情感领域和精神内涵。

如“他看到人类生活在寒冷和黑暗之中，决心为人们盗取天火”这句话中的“决心”一词，不仅说明普罗米修斯立志要解除人类无火的痛苦，还说明盗取天火并非简单的事，需要有克服苦难和面对天神宙斯严厉惩罚的勇气。普罗米修斯的决心从何处来？来自于他对人类的同情和热爱，来自于他勇敢和坚强的个性。

再如“沉重的铁链……悬崖绝壁”“烈日暴雨的折磨”“凶恶的鹫鹰……每天去啄食普罗米修斯的肝脏”等。这些词语描绘的壮美画面鲜明地彰显着人物的个性，深深地震撼着学生的心灵。教师可以在多媒体画面的帮助下，激情引导：“嗜血的饿鹰，啄食着他的肝脏；凛冽的寒风，削蚀着他的脸庞；沉重的铁链，噬咬着他的臂膀；无尽的刑期，滋养着他的苦难。”

当学生完全沉浸在课文的情境中和普罗米修斯进行心灵的对话时，教师继续追问：“你们读懂了普罗米修斯的举动、了解了他的内心吗？面对烈日暴雨的折磨，他为什么不屈服？面对鹫鹰的啄食，他为什么不后悔？是什么力量让他能忍受如此巨大的痛苦？普罗米修斯带给人类的仅仅是物质的火种吗?”在学生讨论交流的基础上，多媒体出示雪莱的诗，让学生诵读感悟：

高山险峻、铁链加身、烈日如火、暴雨如注……
但沉重的铁链只能锁住你的躯体，
却怎能锁住那颗坦荡无私的心！
难道仅仅是物质的火种吗?
不，你给予我们的
是生生不息的精神火种！
勇敢　坚强　博爱　无私
这就是你——普罗米修斯！

评析：情与景的交融、诗与文的结合、心与心的碰撞，使普罗米修斯的高大形象深深地植入学生的脑海，生生不息的精神火种也在学生的心间燃烧。审美性阅读教学的最终结果就是要让学生陶冶美的思想，升华美的情感，获得美的享受、美的启迪，开启美的智慧，收获美的人生。

第五节　感悟型课堂教学案例设计及评析

案例内容：

《推敲》(第二课时)

教学理念：

“新课程”背景下的语文教学倡导阅读感悟，淡化讲解分析。感悟是语文学习的一种具有普遍意义的心理意识活动，是学习者对语文材料的积极反应，通过感悟，联想、想象和理解得以进行。重感悟是根据汉语言文字的自身特点、汉民族的思维方式和审美习惯总结出来的一条学习汉语文的根本经验。什么是重感悟?用于永正老师的话来说，就是把学习的权利交给学生，学生在老师的指导下自己读书、自己去领会。它是对烦琐分析、先生讲学生听、一问到底的教学状态的否定。它的指导思想是尊重学生的主人公地位，尊重学习语文的规律。

教学目标：

1. 正确、流利、有感情地朗读课文，能复述故事的经过。

2. 了解故事的经过，理解“推敲”的含义，感悟贾岛做学问的认真态度和刻苦钻研的精神。

教学重点：

了解故事的经过，复述故事，理解“推敲”的含义，学习“推敲”的精神。

教学过程：

一、导读回顾，感悟课题

同学们，昨天我们初步学习了课文，认识了唐代著名的“苦吟诗人”贾岛，分享了他那脍炙人口的“推敲”的故事。贾岛给你留下了怎样的印象？

评析：回顾上一节课的学习内容，抓住课文的题目再次感悟，能有效唤醒旧知，激发感悟新知的兴趣。

二、细读领会，感悟材料

1. 谈话：请同学们慢慢地、仔细地朗读课文，试着完成以下三道填空题。

（投影出示填空练习：想一想，填一填）

（1）在一个（　　），贾岛去（　　），不巧（　　），他就（　　）。

（2）他对诗中（　　）犹豫不决，于是（　　），竟然（　　）。

（3）贾岛就和（　　）商量了起来，（　　）认为还是用（　　）好。

用“敲”的理由有三个：____________、____________、____________。

2. 师生合作完成填空练习。

（先指名三个学生说，再让一位学生连起来说）

评析：感悟当然要从“感”开始，首先要让学生直接接触认识对象，调动主体的全部感官，立体、全方位地感受语言材料的信息刺激，掌握课文的大意，获得教材的原生价值。理解是感悟的基础，一般说来，对阅读材料理解得越深刻，感悟也就越深刻。

三、品读内化，感悟意境

1. 导语：同学们，现在大家已经比较全面地了解了这个故事，那是不是我们这篇课文的学习到这儿就可以结束了？（那样只能是故事会，而不是语文课）那接下来我们应该做什么呢？（研究课文是怎样把这个故事写具体、写生动的。这就叫会学习，做学习的小主人）

是的，学习语文仅仅知道课文内容是远远不够的，还要知道这些内容是通过怎样的语言文字来表现的。我们要通过语言文字这道桥梁走进课文这座五彩缤纷的大花园。有什么办法可以使我们走进课文中呢？（读书）怎么读呢？老师告诉大家一个秘诀：用心地读，入情入境地读，把心真正放到课文中，把自己当成文中的人或景物。比如读到贾岛的时候，你要把自己当成贾岛；读到韩愈的时候，你要想我现在就是韩愈；读到课文中的美景时，你要想象自己就在那种美景中。这样不知不觉你就进入课文的情境中，你会有很多独特的感受。

2. 选择朗读。你觉得课文中哪个地方给你印象最深？请找出这些地方来美美地读一读，品味品味。

3. 交流汇报，重点段落提示。

(1) 欣赏第二小节

你想读哪一节？就让我们随着他的朗读一起来到那个月光皎洁的夜晚。指名读，提问：你现在到哪里？(长安城郊外李凝的家)(出示文字投影)请大家一边轻声地读，一边在脑海中想象那情景，想一想你看到了什么、听到了什么。(放轻音乐)

师：你看到什么？你又听到什么？给你什么感觉？(宁静优美)能把这种美妙的感觉读出来吗？(真是美得让人陶醉，美得让人流连忘返)

师：就是这种美好的情境激发了诗人的创作灵感，他即兴写了一首诗，(出示《题李凝幽居》)这首诗中有两句因为贾岛推敲的故事而被后人广为传诵。(生齐读两句)

师：贾岛访友不成，一点没有感到失望，因为他写出了美妙的诗文，真是不成中有成、不遇中有遇啊。

(2) 品味第三小节

学生读课文。大家看看贾岛是怎样推敲的？你读得很好，可惜我们没有看到贾岛吟哦的样子和推敲的动作，"吟哦"是什么意思？贾岛吟哦什么呢？怎样吟哦的呢？(投影出示文字和图)请大家对照文字和图片，想象一下贾岛当时的样子，一边读一边把当时的情景表演出来。(学生在座位上练习朗读和表演。再指名一生读，然后齐读。相机板书：一边……一边，不知不觉)

教师读最后一句："大街上的人看到这个样子，都感到十分好笑。"适时点拨：大街上的人都笑什么啊？他们不知道贾岛为什么这样做，你知道吗？(引导感悟)

(3) 读五至七节

师：贾岛在毛驴上比比划划，已经到了如醉如痴的程度，竟然连冲撞了韩愈的仪仗队都不知道。两个差人把贾岛带到韩愈面前。韩愈是怎么问的，贾岛是怎么回答的？他们又是怎样商量的呢？请大家默读五至七小节，边读边画出人物的对话。(注意省略的话语和间接表现的对话)

同桌学生分角色读对话，注意要求：只读人物的对话，叙述部分可以不读，其中第七小节有些对话没有直接写出来，而是用间接叙述的形式来说，请你把它们改成对话的形式来读。

同桌学生练习。

师生合作表演读。

师：贾岛骑在毛驴上比比划划，竟然闯进了仪仗队中，两个差人将贾岛带到韩愈面前。

扮演贾岛和韩愈的学生开始往下朗读。

指导朗读对话，教师点拨。问“韩愈”：他闯进了你的仪仗队中，你不生气吗？对“贾岛”说：你闯进韩大人的仪仗队，态度应该怎么样？贾岛说因为斟酌诗里的一个字眼才冲撞了仪仗队，韩大人没有话要问他吗？（你斟酌什么字眼啊?）贾岛只对韩愈说了这些话吗？还说了些什么？（可以再让一组学生练习说话）

（4）读第八节

齐读。刚才有人觉得贾岛好笑，现在还笑话他吗？那你能夸夸他吗？

师：是啊，贾岛的创作态度极为严谨，他字字斟酌、句句推敲，正因为这样，人们称他为“苦吟诗人”。读了他的一句话，你会对他的“苦吟”有更深的感受。（齐读：“二句三年得，一吟双泪流。知音如不赏，归卧故山秋。”）

评析：叶圣陶先生说过：“作者胸有境，入境始于亲。”对语言文字的感悟最重要的便是“披文入境”，进而便是“明象体情”。本案例抓住课文的关键词句，精心引导学生去朗读、咀嚼、品味、想象，激活学生自身的灵性，发掘学生自身的潜能，锻炼其敏锐的语感。

四、研读运用，感悟旨趣

1. 推敲王安石的诗句

师：贾岛经过反复推敲，写下了许多脍炙人口的好诗。其实，历史上像贾岛这样善于推敲的人还有很多，让我们再来感受一下著名诗人王安石的推敲艺术。(投影出示《泊船瓜洲》)

师：你们想想能换成什么字?

生：吹、过、到、来、至、染、临……

师：为什么用“绿”字？谁能结合刚才介绍的资料来说说?

生：如果用“过”，虽然能写出春风一掠而过的动态，但是不能表达出作者对故乡桃红柳绿的春色的思念之情，用“绿”更精妙一些。

生：“绿”写出了春风给江南带来了一片绿色，体现了蓬勃生机与活力。

生：春色绿得迷人，让人心旷神怡，更让人陶醉，因此诗人选用了“绿”字。

生：我还知道，“绿”字展现了江南生机勃勃、春意盎然的迷人景色。“明月何时照我还”，诗人急切的思乡之情可能跟江南美景有关吧！

师：是啊，一个“绿”字，描绘了眼前一片景，表达了心中无限情。一个“绿”字，更使王安石改字成为千古佳话。

2. 迁移练习

师：名人推敲的故事已成为过去，我们也来推敲推敲，做一个学习的有心人，好吗？

（投影出示）

春风吹绿了树梢，吹（　　）了小草，吹皱了河水，吹鼓了杏树的花苞。

你认为括号里填什么字最恰当？（绿、醒、俏……）

教师总结：每个人对语意的理解常常是不同的，所以不管你们用哪个词，只要它能表达出你们的真实感情，都是可以的。但是最重要的是我们经历了一个反复推敲的过程，我们也在反复的推敲中提高了遣词造句的能力，我们要在学习实践中理解“推敲”的故事，内化“推敲”的精神。

评析：系统观认为整体大于部分之和，人文精神、写作旨趣寓于文章的整体结构之中。因此，教学时不能仅把课文里的一些词语和难句或写作方法抽出来提问、讲解，而忽视学生对课文的整体品味，忽视学生的体验和感悟。在教学的最后环节适当地拓展研读，不仅能提升学生对语言文字的斟酌、推敲和运用能力，也能更好地促进学生内化文章的写作旨趣，加深了学生对人物形象的理解，提升了学生的人文内涵。

第六节　游戏型课堂教学案例设计及评析

案例内容：

“猜猜他（她）是谁”

教学理念：

《语文课程标准》指出：“写作教学应贴近学生的实际，让学生易于动笔、乐于表达……为学生自主写作提供有利条件和广阔空间，减少对学生写作的束缚，鼓励自由表达和有创意的表达。”新的作文教学理念从关注作文知识和写法技巧的传授，到关注习作者的生命状态和精神自由，追寻儿童五彩缤纷的精神世界，使学生在兴趣盎然中快乐地写作。

教学目标：

1. 读懂习作要求，初步领会写人物外貌的基本要领：抓住人物身材、长相、表情、穿戴等方面的特点，按一定顺序写。

2. 能按习作要求，仿照例文的写法，抓住主要特点说、写一个同学的外貌。

教学难点：

能恰当地写出人物的外貌特点。

教学过程：

师：同学们，你们喜欢猜谜语吗？（学生齐声回答“喜欢”，情绪高涨）老师今天带来几个关于动物的谜语，看谁猜得准。（教师板书：猜猜它是谁）

（投影出示三则谜语）

（1）年纪并不大，胡子一大把，不论遇见谁，总爱叫“妈妈”。

（2）粽子头，梅花脚，屁股挂把指挥刀，坐着反比站着高。

（3）名字叫作牛，不会拉犁头，说它力气小，背着房子走。

师：你们猜到了吗？谁来说答案？

（学生很快猜到了谜底：羊、狗、蜗牛）

师：其实，除了动物谜语外，还有人物谜语也很有趣。你们还想猜猜人物谜语吗？老师今天专门创作了一个“人物谜语”，这个谜底就是我们班的一个同学。请同学们认真阅读和观察，看谁有一双慧眼，能发现谜语中的是哪位同学，还要能说说你是根据什么发现的。

（教师把“猜猜它是谁”中的“它”换成“他”和“她”）

（投影出示教师为学生写的“人物谜语”——下水文）

“我们班有这样一个小男孩，个头不高。他的头很大，长方脸，胖胖的，白白的，像白面瓜一样。他很爱笑，一笑起来，腮帮上就露出两个小酒窝，眼睛就眯成一条缝，可爱极了，活像电视里的胖娃娃！他经常穿一身蓝色的衣服，褂子上还有一个个排列整齐的白色五角星，裤子上有好几条红杠条，走起路来蹦蹦跳跳的，神气极了！别看他年龄小，学习可认真了。课堂上最爱举手发言，老师一提出问题，他总是第一个举手。要是老师不点他起来回答，他就把小嘴撅得高高的。他的成绩很好，每次考试都在90分以上。在学校举行的作文比赛中，还获得三年级组二等奖呢！”

生：（纷纷举手）是徐佳佳！

师：你们是根据什么猜出是徐佳佳的？

生：我是根据他的身材、长相、服装和兴趣爱好猜出的。

师：同学们真聪明！根据人物的身材、长相、表情、穿戴还有爱好等特点，一下子就猜出来了。抓住这几个方面来写一个人就能把人给写活了，让人家一看就知道你写的是谁了。（板书：身材、长相、表情、穿戴、爱好）

师：现在，你们能学着老师出的“人物谜语”，自己也试着写一个“人物谜语”吗？要抓住人物的外貌特点去写，兴趣爱好可以适当写一点，让老师和同学一看就能猜出你写的是谁。你写的人要是一下就被猜出来了，说明你写得特别成功，你谜语中的人物就会成为你最好的朋友。大家想尝试一下吗？

（学生兴趣盎然地进行写作，教师巡视指导）

师：谁来宣读你写的人物谜语啊？同学们可要注意听啊，猜一猜他（她）是谁？

（学生朗读习作）

生：（争先恐后地）是张好！

师：你根据什么猜的？

生：因为他长得很瘦，小头、小脸，眼睛里闪烁着智慧的光芒，显得很精神。特别是他的下巴上有一颗黑痣，这是他最大的特点。再加上他喜欢打篮球，经常脸上挂着汗珠，这也是他的特点。

师：（对写作的同学）他猜对了吗？（对了）请被猜到的张好同学到前面来，大家看看他写得像吗？（学生异口同声地回答：像）

师：你们觉得还有什么地方没有写好，还需要补充的？

生：我觉得张好走路时喜欢一摇一晃的，他没有写出来。

生：我感觉他的嘴巴比一般人的要大，这一点也没写出来。

师：（对张好和写作者）你们觉得大家的意见对吗？如果按大家的意见再修改一下就更好了。现在你们已经成了一对好朋友了，你们高兴吗？想怎样表达一下喜悦的心情啊？

（两个好朋友拉着手，唱起了歌曲《找朋友》，还一边做动作。其他同学也高兴地一起唱了起来，手舞足蹈，教室里笑语飞扬，洋溢着欢快和谐的气氛）

师：请大家继续来朗读你写的“人物谜语”，让更多的好朋友从你的谜语中走出来，好吗？

（学生又快乐地沉浸在猜谜活动中，教师相机引导学生评议和修改）

师：同学们，这节课你有哪些收获？还有什么话想和大家说？

生：我觉得这节课很快乐，我们既学到了描写人物外貌的方法，又加深了和同学之间的友谊。

生：我觉得这样的活动很有趣，希望老师能经常开展这样的活动。

生：我觉得写作文原来也很简单的，就像做游戏一样，真不想下课啊。

……

评析：苏霍姆林斯基说过："孩子只有生活在游戏、童话、音乐、幻想和创造的世界里，他的精神生活才充实、才有价值。"这节课改变了传统的"教师预设写作程序——学生奉命作文"的做法，抓住学生爱猜谜、爱游戏的特点，从创设轻松愉悦的教学情境入手，让学生先猜动物谜语，接着猜"人物谜语"，再尝试写"人物谜语"，既激发了学生的习作兴趣，让学生轻松地进入习作情境，又让学生领悟了抓住外貌特点描写人物的方法，在兴趣盎然中提高了写作能力。教师创作的"人物谜语"下水文，在激趣的同时，又是学生模仿的样本和迁移的载体。在学生写一写、猜一猜、议一议、评一评、唱一唱、演一演的实践情境中，教师巧妙参与、相机诱导、灵活调控，让写作知识"随风潜入夜"，写作方法也"润物细无声"，使写作活动在诗化的情境中循序渐进、步步深入、渐入佳境。在快乐的游戏中，在童话般的境界里，学生没有了"写作文"的畏难情绪，没有了"怕作文"的恐惧心理，没有了"作文难写"的情感体验。有的只是浓厚的兴趣、创造的热情和个性的彰显。所以到了下课时，孩子们还在争先恐后地朗读自己的习作，沉浸在习作给他们带来的美妙享受中。这样的教学设计，摒弃成人化的眼光，淡化程式化的指导，摆脱心灵的束缚，让作文回归儿童生活，让作文充满童真童趣，让作文真正成为儿童表情达意、书写真"我"的生命乐章。

第七节　开放型课堂教学案例设计及评析

案例内容：

练习 6 "熟记成语"

教学理念：

"新课程"告诉我们，语文课程应该是开放而富有活力的，教学要注重从封闭性走向开放性，把素质教育与学生人文素质的提高有机融合起来。语文教学的开放性是指对文本开放、对教学时空开放、对学生生活实际开放、对教学评价开放等，关注每个学生的个性发展，面向学生的整个世界，让学生始终处于动态的而不是静止的、开放的而不是封闭的、主动的而不是被动的、多元的而不是单一的学习环境中，以适应开放性、创新性社会的发展要求。

苏教版小学语文教材为了扩大学生的语言积累、提高学生的语文素养，在每个单元的练习里都安排了“熟记成语”项目。

如第八册“练习6”中的一组成语：

湖光山色　　人间天堂

明月清风　　桂子飘香

水光接天　　相得益彰

江山如画　　鱼米之乡

这组成语的安排独具匠心，寥寥数字，为我们勾勒出一幅如诗如画的“江南秋夜图”。它既像一首精巧的抒情诗，又似一幅优美的风景画；既像一支婉转悠扬的江南民歌，更像一篇情辞俱佳的抒情散文。浓浓的诗情画意镶嵌其中，给人以无穷的想象空间和美的享受。

教学过程：

学生声情并茂地朗读着，激动兴奋的心情溢于言表。我想，如果再用“读、说、背”的方法教学，肯定不能满足同学们的愿望。于是，我决定改造一下自己的课堂，把学习的自主权交给学生。

师：这节课，老师想完全放手让同学们自己去学习这些成语，你们愿意吗？（学生的情绪马上高涨起来）你们喜欢这些成语吗？

生：（异口同声地回答）喜欢！

师：你们想通过什么形式把你对这些成语的理解和喜爱表现出来呢？你们个人的兴趣爱好和特长不同，选择的表现方式完全可以不一样，重要的是要有自己独特的创意。

生：我想像播音员一样把它读好。

生：我想把它写成一篇优美的散文。

生：我想把它画成一幅美丽的山水画，给课文画插图。

生：我想把它组合成一组对联。

生：我想把它编成一首动听的歌。

生：我想把它写成一段广告词。

师：同学们的想法都很巧妙，现在你们可以按照自己喜欢的方式去学习。想法一样的同学可以自由结合成学习小组，大家一起交流、共同学习，可以下位走动，可以自由说话，遇到什么疑难可以请老师帮助。

（学生按兴趣分组合作学习，气氛异常热烈）

师：现在可以把你们的学习成果展示出来吗？谁先来汇报？

生：我先来朗诵。（该生朗诵得抑扬顿挫、声情并茂，赢来阵阵掌声）

生：我画的是一幅画，题目是《江南秋夜图》，这里有青山、绿水、明月、桂树、清风，表现了江南秋夜的幽静和美丽。（学生边说边展示自己的绘画作品）

生：我把它编成两副对联。它们分别是：（1）湖光山色美堪称江山如画，鱼米之乡富恰似人间天堂。（2）明月与水光共接天，桂子随清风同飘香。

生：我把它写成一篇小散文，全文如下："我驾着飞船航行在祖国的蓝天。我飞呀飞呀，飞到了被称为鱼米之乡的江南。那里的湖光山色美不胜收，令人流连忘返。夜晚，碧波荡漾的太湖上，一轮明月悄悄升起，微风轻拂着树梢。月光照耀的湖面，水光接天，相得益彰，多么令人陶醉啊！这时我流连在岸边的桂树下，享受着明月清风，桂子飘香，我尽情地吸纳着，有一种心旷神怡的感觉。我不由得想起一首有名的诗句：'江南好，风景旧曾谙。日出江花红胜火，春来江水绿如蓝。能不忆江南？'江南物产丰富、江山如画，真是人间天堂啊！"

生：我写的是一句广告词："旅游胜地数江南，江山如画任你玩；鱼米之乡胜天堂，八方游客梦中想。"

生：我把它写成一首歌，是仿照《小草》的歌词和曲调来编写的，名字叫《江南》："湖光山色，人间天堂，祖国江南景色多么美好。明月清风，桂子飘香，你看祖国美景遍及天涯海角。秋风啊秋风你把我吹醉，明月啊明月你把我照耀。水光接天，相得益彰。江山如画，鱼米之乡。"

这位同学边读边唱，全班同学都情不自禁地跟着唱起来，我也赶紧找来《小草》的伴奏带，融入妙趣横生的演唱中。

评析：同学们兴奋的情绪感染着我，同学们创造的热情激励着我，使我体验到一种从未有的教育的幸福。孩子们的潜能原来如此巨大，语文课原来可以上得如此精彩，这对热心进行"新课程"改革的每一位语文教师不都是一个很好的启示吗？

（1）开放课堂，给学生自主选择的权利

《语文课程标准》指出，学生是语文学习的主人，是学习和发展的主体。要尊重学生的个体差异，鼓励学生选择适合自己的学习方式。开放语文课堂，把课堂学习的时空还给学生，让学生自主选择喜欢的学习方式，自主选择学习伙伴，自主设计学习过程，自主设计表现形式。学生挣脱了教师的“束缚”，便会产生强烈的学习内驱力。课堂的开放，给予学生的不仅仅是自主选择的权利，更重要的是学生的思维得到了解放，并被极大地激活，学习潜能并被极大地唤醒，得到充分的挖掘创造的热情便油然而生。

（2）放飞个性，给学生搭建展示的舞台

每个人都渴望成功，对于儿童来说，这种欲望更加强烈。开放的课堂，给学生施展才华、走向成功提供了最佳的舞台。在这样的课堂中，同学们以自己独特的个性尽情地设计自己，尽情地表现自己，美美地享受着创造的喜悦，体验着成功的乐趣。在这样的学习中，学生得到的不仅仅是知识的行囊，更重要的是人格的完善、个性的张扬，童心在快乐地成长。

第八节　情感型课堂教学案例设计及评析

案例内容：

《再见了，亲人》

教学理念：

“新课程”明确要求，语文教学要重视情感、态度、价值观的正确导向。情感是语文学习中理解和表达的心理基础，成功的语文教学离不开情感教育。语文教学是一门情感体验的艺术，它本身就是一门人文学科，教师要善于使学生在阅读过程中获得情感体验。教育家赞科夫说：“教学一旦触及学生的情感和意志领域，触及学生的精神需要，便能发挥其高度有效的作用。”教师应从语文学科的特点出发，把教学生正确理解、应用祖国的语言文字与进行情感教育统一起来，激发学生情感的浪花，让学生在主动积极的思维和情感活动中，加深理解和体验，有所感悟和思考，受到情感熏陶。

教学目标：

1. 知识与技能：学会本课生字新词，在理解课文内容的基础上，抓住重点词句，联系上下文理解词语的含义，有感情地朗读课文，背诵自己喜欢的段落。学习作者围绕中心选择典型材料进行表达的方法。

2. 过程与方法目标：在具体的阅读实践中，学习、体会结合上下文和时代背景来理解句子含义的方法；在理解典型事例对表现中心意义的基础上，体会写文章应该选取典型材料。

3. 情感态度与价值观目标：理解课文内容，了解作者是怎样表达思想感情的，体会中朝两国人民用鲜血凝成的伟大友谊，从中受到国际主义精神的教育。

教学过程：

一、整体入手，体会情感

1.（放《志愿军军歌》）同学们，你们听，这是《志愿军军歌》，1950 年 10 月 25 日，中国人民志愿军雄赳赳、气昂昂地跨过鸭绿江，与朝鲜人民并肩作战，共同抗击美国侵略者，在战斗中结下了深厚的友谊。1958 年 3 月 15 日那天，朝鲜人民去车站含泪送志愿军踏上回国的列车，志愿军也含泪告别，彼此的嘴里深情地说着：再见了，亲人。（板书课题）有感情地朗读课题，读出依依不舍的感情。

2. “亲人”在生活中一般指哪些人？通过预习你知道文中的亲人指谁？课文具体写了哪几位朝鲜亲人？

（板书：大娘　小金花　大嫂）

3. 她们和志愿军没有血缘关系，为什么彼此称为亲人？让我们带着这个问题来学习课文。

评析：通过《志愿军军歌》导入课文，在教学一开始就掀起学生情感的波澜，为教学铺垫了情感基调，做到“未成曲调先有情”，让学生沉浸在课文的情境中。

二、品词赏句，领悟情感

请同学们默读课文，找出认为他们是亲人的事例，抓住关键的词句仔细品味赏析，能用自己的话讲出来，你讲的要能打动别人、感动别人。

1. 大嫂挖野菜致残

（1）抓住“崎岖”一词体会大嫂的勇敢。

（2）抓重点句子：“您为我们付出这么高的代价，难道还不足以表达您对我们的深情厚谊？”体会大嫂对志愿军的感情。

2. 小金花救老王失去妈妈

（1）小金花听到妈妈牺牲了，把脚一跺，嘴角还抽动着，不光这样，还愤恨地说：“妈妈，这个仇我一定要报！”指导学生读好这句话，体会小金花的坚强。

（2）思考：小金花在妈妈死去的时候不哭，为什么志愿军离去的时候她要哭？（这里是用对比，理解她和志愿军同志的情是多么深！体会小金花和

妈妈就是我们的亲人）

3. 大娘救伤员失去小孙孙

抓住关键词“唯一”体会，现场采访，你是奶奶唯一的孙子吗？你奶奶爱你吗？可见中朝的友谊是比山还高、比海还深的。

4. 大娘送打糕昏倒

(1) 课文中把大娘“送打糕”比作什么？为什么这样比喻？你读懂了什么？从哪些词中读懂的？（大娘冒着生命危险送打糕，可见她对志愿军的深情厚谊，从“冒、穿”等词看出）

(2) 结合上下文理解“雪中送炭”。“雪中”指什么？“送炭”指什么？“雪中送炭”是什么意思？

5. 为什么朝鲜人民会把志愿军当作亲人？（多媒体出示志愿军在朝鲜战场的图片资料。同学们，有 14 万的英骨永远留在了朝鲜这块土地上）

师引读：在 1958 年 12 月 25 日，最后一批志愿军回国了。他们就站在站台上握着手说……（生：再见了，亲人）手拉着手说……（生：再见了，亲人）登上了火车，他们说……（生：再见了，亲人）火车马上就要开走了，他们说……（生：再见了，亲人）火车已经开走了，他们仍然呼喊着说……（众生：再见了，亲人）他们也把自己称为亲人。

评析：“缀文者情动而辞发，观文者披文以入情。”在学生的情感得到一定的激发后，教师要顺势将他们引入课文深层次的学习中，加强学生自主思维的动力，提高学生感悟语言文字的能力。情感是深深地渗透在文章中的每一个词语、每一个句子之中的。在品赏课文时，我们要抓住文中关键句，领悟文本的情感内涵和意蕴，让学生“披文入情”，体会文章的“味”，与作者产生感情共鸣。

三、角色体验，丰富情感

创设情境：现在你就是志愿军，你想和谁告别就和谁告别，可以选择一段话，也可以选择几句话。

1. （和小金花话别）师：哪位是小金花妈妈用生命救回的老王，请你来和小金花告别。

2. （和大嫂话别）哪位是吃过大嫂挖的野菜的志愿军战士，请你再来和大嫂话别。

3. （放课件：大娘照片）看，这就是当年《青年报》上登载的 75 岁的李大娘和战士张喜武挥泪告别的情景。回首往事，情更深，意更浓，谁想和大娘话别？

、师再次引读：所以，分别的时候，他们才这样难舍难分地倾诉——（生：再见了，亲人）登上了火车，他们仍然恋恋不舍地送别——（生：再见了，亲人）火车远去了，那声音仍在天空回荡——（生：再见了，亲人）

评析：所谓触景生情，人的情感总是在一定的情境中发生的。让学生站在志愿军的角色位置上，体验和朝鲜亲人之间的离情别意，创设了一个良好的情感氛围，让学生在饱含激情的状态下投入地学习。学生将“此情此景”变成“我情我景”，丰富了自己的情感世界，对课文的情感体验也更加深刻。

四、感情朗读，抒发情感

（出示课件：离别的画面）当离别的抽泣声与长鸣的汽笛声交织在一起时，当志愿军战士们从车窗伸出手、探出头跟朝鲜亲人再见时，想到再也见不到亲人熟悉的身影，再也听不到亲人亲切的叮咛，志愿军战士们再一次深情地呼喊着：“再见了，亲人！”

1. 学生轮读最后三个自然段，互换角色深情呼唤。

2. “我们的心永远在一起”表达了一种怎样的情感？（依依不舍、难分难舍、依依惜别……）

3. 火车越去越远，缓缓地驶向了远方，他们会一次又一次从心底里深情地呼唤着：“再见了，亲人！”（师生齐读最后三个自然段）

4. 历史的车轮走过，千言万语汇成一句话：“再见了，亲人！”“再见了”最终沉淀在我们心中的是两个字——亲人！

评析：朗读是表达情感的途径，情感表达是朗读的前提，因此说“三分诗，七分读”。文章所蕴含的感情，不是教师一厢情愿就能强加给学生的，只有让学生反复朗读，才能使其体会出文章所要表达的情感，并产生强烈的共鸣，内化成自己的情感。因此，课堂上老师要多一点感情激发，通过多种形式的有感情的反复朗读，才能让学生体会文章的意境美以及文章所要表达的情感，从而抒发自己内心的情感。

五、拓展延伸，升华情感

1. 链接生活，诱发情感共鸣

师：不仅仅是在战争年代，在和平时代，我们身边一样上演着一幕幕不是亲人胜似亲人的感人场景。

（课件出示：汶川地震中抗震救灾的感人画面，师配舒缓音乐深情叙述）

师：2008年的汶川，黑色的5月，地动天惊，草木悲泣，在生与死的瞬间，老师用鲜血淋漓的双手刨开废墟抢救学生，却顾不得近在咫尺的同样被埋的女儿；三军官兵勇闯“死亡之路”，传递生的希望；全球各地，不分国界，无数相识与不相识的人用双手相互温暖……他们不是亲人，胜似亲人！

2. 诵读诗歌，升华情感体验

师：时光荏苒，那场战争已经过去了半个多世纪，但是中朝人民用鲜血凝成的友谊却万古长青，让我们在这首诗歌中再次体会这种情感吧！（配乐，齐颂）

献给最可爱的人

那是一个非常久远的年代
有一天，战火烧到了鸭绿江边
年轻的志愿军拿起枪奔赴战场
只为朝鲜人民能有和平宁静的生活
炮火纷飞，让鲜血见证
共和国的丰碑咱们亲手建成
热泪流淌，任双手紧握
道出声声珍重，友谊地久天长
再见了，亲人
再见了，亲爱的土地
再见了，亲人
我们的心永远跟你们在一起

评析：通过链接生活实际和有感情地诵读诗歌，让学生的情感升华到一个新的阶段。在这情景交融的意境中，自然激起了学生强烈的情感共鸣，让学生沉浸在情感流淌的状态中，感受着文本的意蕴美和情感美，达到“物我两忘”的境界。浓浓情感是教师与学生心灵之间、学生与文本之间沟通的桥。唯有情感流淌，才有心灵对话，才有智慧飞扬，它将带给师生同品共享的无尽愉悦和曼妙丰盈的心理体验。

第九节　体验型课堂教学案例设计及评析

案例内容：

《蚂蚁和蝈蝈》

教学理念：

体验性学习是通过学生自身实践来认识周围事物的过程，它是优化语文教学的重要途径，它具有亲历性、内发性和实践性的特点。《语文课程标准》也强调要尊重学生在学习过程中的独特体验。小学生活泼好动，语文学习的材料形象生动。在学习过程中，教师要注意创设生动真实的情境，引导他们亲自实践、亲身体验，通过听、说、读、写、思、查、演等语文实践活动，在亲历活动中生成“真切体验”，产生个性化见解，使课堂洋溢着人文气息，提高语文教学效率。

教学目标：

1. 正确、流利、有感情地朗读课文，背诵课文。

2. 学会本课生字，认识一个偏旁，理解由生字组成的词语。

3. 理解课文内容，懂得只有辛勤劳动才能换来幸福生活的道理。

教学过程：

一、在观察中形成体验

1. 小朋友们，这节课我给你们带来几位新朋友。（多媒体课件出示蚂蚁和蝈蝈的图画）认识他们吗？喜欢他们吗？

2. 板书课题，朗读课题。

3. 大家再仔细观察它们的不同神态。你们有什么问题想问蚂蚁和蝈蝈吗？（让学生围绕课题踊跃提问）

评析：以图画导入，让学生在观察中形成初步体验，学生很快进入课文情境。学生向蚂蚁和蝈蝈发问，实际上是在叩问文本，推测课文的内容，产生期待视野，为阅读体验作好铺垫。

二、在朗读中加深体验

1. 引导自读

你们平时都有什么好的读书方法？就按你们最喜欢的方法自由去读吧。（学生认真地、反复地练读。教师巡视指导，及时纠正学生读错的地方，帮助学生把课文读通读顺）

2. 组织互读

你们都读得很流利了，下面就在小组内交流朗读的成果，你们轮流朗读，大家互相倾听、互相学习、互相评价、及时改进。看谁读得最通顺、最流畅。

3. 安排赛读

（1）指名读：每小组从其他组中随机抽一名同学比赛读。

（2）推荐读：每小组推荐一名读书最好的同学在全班比赛读，大家边欣赏边评议。

4. 诱导悟读

请同学们再读课文，边读边在头脑中想象画面，然后说说你想到了什么，已经知道了什么，还有什么不懂的提出来大家讨论交流。

（读完后让学生自由发表意见，谈感受、提疑问、释疑难）

评析：学生是学习的主人、阅读体验的主体。课堂上，把读书的时间还给学生，让他们充分地读；把读书的方法教给学生，让他们生动地读；把选择读书方式的权利还给学生，让他们自由地读。让琅琅的读书声成为课堂最美的音符，真正归还学生"读者"的地位，使学生在多层次、多样化的读书实践中，充分地感受课文的语言材料，深刻地体验文本内涵。

三、在言说中促进体验

在熟读感悟的基础上，教师引读课文第二、三自然段，同时出示两个说话题：

1. 夏天，蝈蝈看到蚂蚁搬粮食，累得满头大汗，都笑话他们。这时蝈蝈会怎样说？蚂蚁又会怎样回答？

2. 冬天，蚂蚁躺在温暖的洞里过冬，蝈蝈又冷又饿，这时他们又会想些什么、说些什么呢？

（学生想象练说，看谁说得既有创意又切合实际）

评析：教师抓住文中艺术的"空白"，巧妙地引导学生进行想象性的说话训练，这不仅有效地培养了学生创造性的想象能力，提供了一次难得的语言表达的机会，也大大丰富了课文内容，优化了学习资源。通过说话练习，搭起了学生与文中人物及作者平等对话和心灵沟通的桥梁，使学生不知不觉地融入文章的意境，走进文中人物的内心世界，进行富有灵性的解读和创造，从而深化了理解，获得了独特的情感体验。

四、在背诵中积累体验

1. 循序渐进地背

教师提示文中关键词语："夏天，一群蚂蚁——他们有的——有的——几只蝈蝈看到了，他们——有的——有的——冬天到了，西北风——蚂蚁——蝈蝈——"学生看词语、想课文，背起来轻松自如。

2. 入情入境地背

出示多媒体画面，播放轻音乐，使学生在画面的感染下，在音乐的启迪下，入情入境、兴趣盎然地背诵。

评析：背诵是积累内化的重要途径。课文中规范的、鲜活的书面语言，只有通过熟读成诵，才能积淀成熟练的语感经验，真正内化到学生的语言结构中，成为他们永恒的语言财富。学生通过多种形式的练习背诵，既是对知识的积累，也是对内心体验的积累。

五、在表演中升华体验

过渡：孩子们，蚂蚁和蝈蝈看你们学得这么好，想让你们和它们一起做游戏，你们愿意吗？

1. 小组表演。让学生自由选择角色，喜欢蚂蚁的就演蚂蚁，喜欢蝈蝈的就演蝈蝈，各人自找伙伴，自愿组合，在小组内自由表演。

2. 表演欣赏。推荐两组演得好的到台上表演，教师给他们戴上头饰，并提供简单的道具，表演后现场评出“最佳小演员”。在学生表演过程中，教师要做好组织者、引导者和参与者，要适时地介入，穿针引线，巧妙地点拨和诱导。如：“冬天这么冷，蝈蝈你哭什么？你想到了什么伤心事？”“看到蝈蝈哭了，蚂蚁你笑什么？”让学生在这生动有趣的问答中深刻领悟文中蕴含的道理，升华自己的情感体验。

评析：孩子本身就喜欢表演，具有表演的天性。让学生模仿文中可爱的“蚂蚁”和“蝈蝈”进行表演，产生身临其境的亲身体验，使抽象的文字活起来、静止的语言动起来、苍白的意境亮起来、学生灵动的个性飞起来，课堂成为表演的舞台、创造的舞台，这是语文课堂一道亮丽的风景。学生在表演的过程中，把作者的语言转换为自己的语言，又用自己的语言去演绎文本的语言，并通过声音、动作和表情传达给观众，让语言和形象同时走进观众的心中，这是符合儿童天性的体验性语文学习。

六、在创编中拓展体验

播放舒缓的音乐，教师轻轻地朗诵：转眼第二年的夏天又到了，蚂蚁和他们的邻居蝈蝈又聚到了一起。回想起去年冬天的经历，这时他们又会说些什么、做些什么？你们能模仿课文的样子，把这个故事接着往下编吗？

1. 学生自编童话。

2. 指名读自编的童话，师生评议。

教师总结：小朋友们，我们每个人都在追求自己的幸福，可幸福在哪里呢？它不在柳荫下，也不在温室里。它在辛勤的汗水中，它在艰苦的劳动里。让我们共同来唱一支歌，让歌声轻轻告诉你。

放音乐，师生共同唱歌曲《幸福在哪里》。

评析：编一编快乐的童话故事，唱一唱动听的儿童歌曲。故事中融进思考和创造，歌声里飞出个性和激情。“孩子只有生活在游戏、音乐、幻想和创造的世界里，他的精神生活才充实、才有价值。”语文学习就是要让孩子在动态的课堂里尽情地拓展体验，大胆地展示自己，尽情地放飞自己，健康快乐地成长。

第十节　自主型课堂教学案例设计及评析

案例内容：

《天游峰的扫路人》教学片段

教学理念：

“新课程”告诉我们，学生是学习的主人，是课堂教学的主体。语文教学中，教师要把学习的主动权交给学生，让学生积极地参与学习过程，自主学习，自主探究，自主发展，真正成为学习的主动创造者，在自主的心境下获取知识和发展能力。如何让学生自主学习，发挥学生的主体作用，从“学会”走向“会学”呢？特级教师孙双金在教学《天游峰的扫路人》一课时，彻底摒弃满堂灌、满堂问的教学方式，使课堂熠熠生辉、精彩纷呈，教师教得轻松而智慧，学生学得扎实而高效。

教学片段：

一、问题，让学生自己发现

师：读了题目，有什么想法？有什么问题？如果读了题目就有问题的同学，是聪明的，是会思考的。大家要说，说对了表扬，说错了也表扬，只要说就表扬。

生：扫路人是个年轻人还是老人？

师：你是班上最勇敢的学生。给他掌声！

生：天游峰在哪里？

生：写什么不好，为什么写天游峰的扫路人？

师：多好的问题呀，再说一遍。写到黑板上，后面写上你的名字。这是你自己发现的，是你的专利，这是你的知识产权，其他人不能侵占。

生：扫了几年路？扫路人多大了？扫路人叫什么名字？怎么扫？为什么到天游峰扫地？天游峰高不高？

师：同学们根据课题提了这么多问题，大家开始会思考了。带着这些问题读书，把书拿起来……

师：读了课文，有什么问题？比比谁提的问题最有水平。刚才老师想起了中国古人说的话："学贵有疑。小疑则小进，大疑则大进。"是什么意思?

生：学习贵在有疑问，有小的疑问就有小的进步，有大的问题就有大的进步。

师：学习最可贵的是发现问题，发现小问题就有小的进步，发现大问题就有大的进步。咱们看看谁有大进步。

师：老师真高兴，同学们提出了这么多问题，这堂课能发现一个问题比解决十个问题还有价值。这节课上出了多少思想家啊。

评析：古人云："学起于思，思源于疑。""小疑则小进，大疑则大进。"爱因斯坦说："学生提出一个问题，往往比解决一个问题更重要。"培养学生自主学习的意识，着力点就是"问题"。一堂有实效的语文课，并不是单纯看教师向学生传授了多少知识，而是要看教师围绕教学目标引导学生发现了多少个问题，自主解决了多少个"为什么"和"怎么样"。传统的语文课堂，都是教师提出问题，学生思考、回答问题，而学生自己则没有主动提出问题和解决问题的意识。孙老师的课堂让我们耳目一新，不是教师提问让学生回答，而是教师鼓励学生自主发现、自主质疑，努力提出自己的问题。让学生先围绕课题提问，初读课文后再根据内容提问。为了激发学生提问的兴趣，教师热情地鼓励："说对了表扬，说错了也表扬，只要说就表扬。"让学生想问敢问。只有学生自己发现的问题，才是最接近他们思维实际、最有效的问题。也只有启发了学生主动思考的教学，才是最有效的教学。

二、方法，让学生自主选择

师：上一堂课同学们提了这么多问题，真是仁者见人、智者见智，这一堂课怎么办呢？你们帮孙老师出出主意，谁来给我出个金点子？

生：围绕问题深入阅读课文。

师：这么多问题，一个一个来解决，时间来不及。

生：围绕几个重点问题。

师：来了！金点子来了！围绕几个重点的问题。抓重点，抓要点，你跟毛泽东一样，抓主要矛盾，解决次要矛盾。（众笑）这叫金点子。那么在这么多的问题中，谁是主要的，一下子还真不容易找。孙老师提示一下，我认为有这么几个问题是比较核心的问题，其他问题在学习过程中带过去，甚至有些问题在这里不能解决，可以把问题带到家庭中去，带到成长的过程中去。

评析：仅有自主学习的动机，没有自主学习的方法是远远不行的。对于学生提出的问题，教师没有置之不理，也没有武断地取舍，而是把球踢给学生，让学生想办法解决，学生的探究兴趣被再一次激发起来。波利亚指出：“学习任何知识的最佳途径是由自己去发现。因为这种发现理解最深，也最容易掌握其中的内在规律、性质和联系。”学生在帮助老师出主意、想金点子的过程中，思维逐渐深入，很快找到了最适合的学习方法。在学生自主选择学习方法后，教师及时和学生讨论，梳理出最关键的几个问题集中探究，其他问题顺带研究，这样在突出学生主体地位的同时，也恰当地发挥了教师的引导作用，避免了自主学习的自由化和盲目化。

三、效果，让学生自主评价

师：你读得真棒！握个手，孙老师要向你学习！我给你的评分是 120 分。现在孙老师读，你们给我评分。他的标准是 120 分，你给我打多少分？不要包庇我，50 分，60 分，照样打。

师：你给我打分，我很尊重你。但是你必须说出来扣分的理由，你不说出来，我不服！

生：你的注意力不集中！

师：我的注意力不集中？什么地方不集中？

生：眼睛看上面。

师：他以为看着书上读才集中！我有的时候看着上面读，仿佛我在看着天游峰。于是他给我扣了那么一点，我不服！我不服！

生：我也不同意杨潇枫的意见。孙老师这样读，才能够体现出他投入。

……

师：125 分？超过 5 分？为什么我比他高 5 分？请你说出理由。

生：因为这里读得比他好：“那层层叠叠的台阶，常常使游客们气喘吁吁，大汗淋漓，甚至望而却步，半途而废。”这里连接得很紧。

师：连接得很紧，真的有气喘吁吁的感觉。好！都是你们给我打的。我请当事人给我打分，我的竞争对手给我打。

生：（稍迟疑）说不出口。

师：实话实说！你说……

生：我觉得自己还是读得比你好。

师：好！他觉得自己比我好！自信！你什么地方比我好？

生：你已经教了这么长的时间，而且是特级教师，但是我现在只读了几遍啊！

师：掌声！（全场热烈鼓掌）这个讲出来，我服！第一，我年龄比你大；第二，课文我教的次数比你读的次数多；第三，你只读了几遍。我们的比赛不是公平的比赛，是不是啊？孙老师像你这么小的时候，读得比你差远了，你长我这么大时，肯定读得比我好！握个手！（师生紧紧握手）你肯定要超过孙老师的，你相信自己！

评析：传统的课堂教学，都是教师评价学生，教师是学生学习效果的评判者和主宰者，学生陷于被动学习的地位。孙老师改变传统的评价方式，主动和学生进行朗读比赛，而且让学生给自己的朗读打分，评价朗读的效果。教师以被评者的身份，接受学生的评头论足，营造了宽松、愉悦的学习氛围，激发了学生朗读的积极性。学生在评价老师朗读的过程中领悟了朗读的方法和技巧，提高了评价的能力。教师蹲下身子和学生平等对话，相互启发，相互促进，让学生以积极乐观的心态、自信愉悦的心情投入学习中。此刻，老师亦是学生，学生亦是老师，师中有生，生中有师，这是自主学习的美妙境界。

四、思想，让学生自我感悟

师：（充满激情地总结课文内容和中心）老人，一个普普通通的人，一个貌不惊人的扫路人，为什么给作者留下了这么深刻的印象呢？

师：老人看似普通，但他亲近自然、热爱工作、充满自信的精神，却深深留在作者心里。海明威有篇小说叫《老人与海》，本篇课文的题目可以改为《老人与山》。我们要走近自然，亲近自然。

师：最后，请每个小朋友写一句名言。写感受，写体会，写想法。要写得响当当，用一句话表述，最后写上自己的名字。

（生写。教师巡视，看写好的，或竖起大拇指，或点头微笑）

生：人的一生要充满笑声和快乐，这才是完美的一生。

生：大自然是心灵的老师，没有大自然，就没有生命存在。

生：世界上最伟大的是精神。

师：这句话虽然不长，但含义很深很深，我再读一遍。

生：人要相信自己，坚定的信心会使一个平凡的人变成名人。

师：建议大家写在书签上，或夹在书里，或者当作自己的座右铭，或者送给老师和同学。

评析：教学实践证明，阅读教学中要加强写的训练，读是写的基础，写是读的升华。孙老师让学生写一句名言抒发自己的感受，当作自己的座右铭，这既是对课文主旨的回归和对文本主题的提炼，也是学生思想的生成、认识的深化和情感的升华，同时也是一次恰如其分的写作练习。学生把自己的感悟和思想凝聚成意味深长的座右铭，扫路人豁达乐观的生活态度也蕴含其中，思想的教化、情感的熏陶、对生活中真善美的感知便水到渠成，渗透到学生的精神世界中。教师可以给学生灌输知识，但那样却不能让学生生成思想，只有学生自我感悟到的思想才能生根开花，成为学生的精神财富。苏霍姆林斯基指出："在人的心灵深处，都有一个根深蒂固的需要，就是希望自己是发现者、研究者，而在儿童的精神世界中，这种需求特别强烈。"孙老师始终把学生置于学习的主体地位，充分激活学生的主体意识，发掘学生的创新潜能，让学生真正成为学习的发现者、探究者、选择者、生成者，有效地发展了学生的自主学习能力和创新精神。把课堂还给学生，把学习的自主权交给学生，让学生在熠熠生辉的自主学习中创造自己的精彩，这是孙老师的课堂教学给我们最有益的启示。

第十一节　无痕型课堂教学案例设计及评析

案例内容：

《"你必须把这条鱼放掉！"》教学片段

教学理念：

吕叔湘说："语文教学一半是科学，一半是艺术。"有人说，刻意追求的艺术，不是艺术；刻意包装的艺术，不成艺术。大道至简，大爱无痕，大音希声。教学的最高境界是"以无法为有法，以无限为有限"。特级教师薛法根老师的课素来以清新自然、幽默风趣、智慧丰盈而著名。他的教学没有美轮美奂的装饰，没有精雕细琢的痕迹，在看似简单随意的教学中，却能让学生进入妙趣横生的学习情境，在春风化雨中享受学习的乐趣，真是风过无影、水逝无痕！美丽无处不在，精彩随时生成，恰如印度大诗人泰戈尔的一句诗："天空没有翅膀的痕迹，而我已飞过！"这就是"无痕"的教学，它是一种教学智慧、一种教学艺术、一种教学境界。

教学片段：

一、巧设"错误"，在无痕中擦亮发现的眼睛

师：看老师写课题。（板书："你把这条鱼放掉！"）齐读课题。

生：老师，你漏写了"必须"两个字。

师：（作奇怪而后无所谓状）啊？是吗？不就是两个字吗，意思不是一样的吗？都是把鱼放掉嘛！

生：（迫不及待状）不一样的！

师：哦？什么地方不一样啊？

生：有了“必须”是说一定要把鱼放掉，和没有“必须”不同的！

师：哦，对了。那我们把“必须”补上去一起读。齐读。

（学生自然而然就把“自己争取来”的“必须”读得特别响亮，语气也自然随之坚定起来）

师：这下对了吧？还有问题吗？

（有些学生说没问题了，老师示意再仔细看看题目。学生稍作观察后便举手）

生：你把感叹号写在引号的后面了，应该把它搬到引号里面。

师：为什么啊？

生：因为这是人物说的一句话，完整的话要有标点符号。

师：那引号表示什么呢？

生：用人物说的话来作为题目。

师：对，我们就应该这样仔细地读，对关键的词和标点符号要特别留心。我们一起把课题再读一下。

评析：英国心理学家贝恩布里奇说过：“错误人皆有之，作为教师不利用是不可原谅的，没有大量的错误作为台阶就不能攀登上正确结果的宝座。”薛老师在板书课题时采用“故意示错法”，好像在无意的疏忽中把课题写错了，这恰如擦亮学生眼睛的“火石”，让学生进入发现错误和纠正错误的学习情境中。教师通过创设“故意示错”途径，巧妙地设置了一个思维的“陷阱”，不仅有效地训练了学生的发现力、观察力和注意力，而且可培养学生认真细心学习的良好品质。学生纠错的过程，其实就是培养学生细心审题的过程，同时也为学生理解文章的内容作好铺垫。苏霍姆林斯基说：“任何一种教育现象，孩子在其中越少感觉到教育的意图，他的教育效果就越大。”薛老师不露声色的“出错”，让学生兴高采烈地成为学习的发现者和探究者，在探究、思考、辨析、比较和修正中获得更牢固的真知。

二、趣味评分，在无痕中领悟朗读的方法

在请了三名学生读钓鱼的经过这部分内容后，分别给学生打了 99 分（一处读错）、101 分（读错主动纠正）、150 分（被推荐的学生）。也许老师对学生的表现不是很满意，也许老师还有更好的方法……总之，一切都显得很随意，老师提出“听老师读，看老师可以得几分”的请求。

老师很认真地读完了这部分内容。

师：大家看看老师可以得几分？（有人提出149分，因为有一个地方读得不好）

生：老师我给你打149.5分。

师：为什么？

生：因为你读书有时慢有时快。

师：怎么有时快有时慢就不好呢？你凭什么给我打149.5分？我不服！（这时的老师顽皮得像个孩子，但又具有巨大的亲和力）

（一石激起千层浪，学生纷纷举手，有些学生的点评老不在点上，老师就故作生气状并大声说："我不服！"引导他们继续寻找让老师心服口服的分数和理由）

生：我觉得你可以得150分！

师：为什么？

生：因为你读表示一阵惊喜的"哇！"的时候，你真的很惊喜！

师：谢谢！你是了解我的！惊喜的地方就应该读出惊喜来。

生：老师，我给你打200分，因为你读书像讲故事！

师：谢谢你，还是你最知道我！读书就该像讲故事一样！

师：请同学们自己再练习读读，老师待会儿再请大家来读。

评析：朗读是理解课文的重要手段，如何指导学生感悟朗读的方法、有情有趣地读好课文，是语文教师所有教学方法中的"第一大法"。薛老师没有机械地指导朗读技巧，也没有僵化地教给朗读方法，而是通过生动有趣的评分方式进行朗读训练。老师给学生评分司空见惯，学生并不感兴趣。薛老师让学生给老师评分，把评价的主动权交给学生，而老师顽皮得像个孩子，对学生的评分多次表示："我不服！"这不仅营造了民主、轻松、快乐的学习氛围，激发了学生参与学习过程的热情，也是在培养学生对朗读的思考和感悟能力。老师的朗读对学生是一种直接的示范，学生的评价是对朗读方法的内省和领悟，老师对朗读的指导尽在不言中，真是耐人寻味、妙不可言。

三、角色体验，在无痕中内化文本的内涵

师：如果我是汤姆，我也舍不得把鱼放掉。下面让我们来演一演汤姆和爸爸的对话。这次，就让你们得点便宜，我演"儿子"，你们演"爸爸"（众笑）。先读读"爸爸"的话，谁先记住，谁就演"爸爸"。

（生积极朗读和背诵"爸爸"的话。师请出一名学生和自己对演）

师：你有信心说服我吗？把凳子搬上来。要注意，现在的汤姆和课文的不同。你要不要找一个参谋？为了显示你的高度，老师坐下来。（师拿出一

张纸当鱼，作势往上拖）

师：爸爸，好大的一条鲈鱼！

生：（迟疑片刻，马上反应过来）你必须把这条鱼放掉！

师：凭什么放掉！这可是我从未见过的大鲈鱼呀！

生：因为离钓鱼的时间还差 2 个小时。

师：不就是 2 个小时吗！又没人看到！这就是天知地知、你知我知。

生：没人看到也不行！我们一定要遵守规定！

师：规定，规定！规定是死的，人是活的！活人不要被尿憋死。（众笑）

生：你怎么能这样！如果大家都像你一样，那我们的社会不就乱套了吗？照这样发展下去，你将会受到法律的惩罚！

师：真的一定要放？

生：必须要放！

师：（作害怕状）爸爸，你的话是对的，我就听你的吧，把鲈鱼放了吧！

生：（摸摸老师的头）对了，这才是爸爸的好孩子。（众笑）

师：儿子说了那么多理由，爸爸为什么还要坚持让儿子放掉呢？让我们一起读读爸爸的话。

生：（齐读爸爸的话）不管有没有别人看见，我们都应该遵守规定。

师：喜欢这样的爸爸吗？为什么？

生：我喜欢这样的爸爸，他有爱心，教育我爱护野生动物，我在爸爸的影响下，也会成为一个有爱心的人。

生：我喜欢这样的爸爸，因为他无论在什么时候，都严格遵守规定。

……

评析：本文的教学重点和难点是使学生明白为什么必须放掉这条鱼，从而使学生知道人人都必须遵守社会公德。如何让文本的思想内化为学生道德的血液？薛老师独辟蹊径，巧妙地设置了一个分角色表演的环节。最妙的是薛老师让学生演“爸爸”，自己演“儿子”，表面上是让学生占了“便宜”，实际上是把学生置于“正强化”的风口浪尖上。因为“爸爸”的观点就是文章的主旨所在，学生要想演好“爸爸”，说服“儿子”，就必须牢记“爸爸”的语言，理解他的思想，懂得“爸爸”的心。这样的表演过程，不仅是口语表达能力的训练过程，更是文本内涵浸润和内化的过程。在这样正面的、积极的角色体验中，使学生潜移默化地受到正确价值观的熏陶和高尚的道德情操的洗礼，从而使教学达到“随风潜入夜，润物细无声”的效果。没有说理却水到渠成，没有教化却震撼心灵，这样的思想教育与语言训练和教学情境水乳交融，让学生受到美的感染和心灵的净化。

薛法根老师的课，简单中蕴含深刻，朴素中显露本色，淡雅中传递真情，表面上看信手拈来、朴实无华，实则匠心独运、浑然天成。吕叔湘说：“成功的教师之所以成功，是因为他把课教活了。”我欣赏薛老师“清简”的教学智慧，我赞叹薛老师“无痕”的教学艺术。我想，这一切都源于他丰厚的文化底蕴，源于他出色的创造才能，更源于他对教育事业和对学生深厚的爱。我们期待在“乱花渐欲迷人眼”的语文教育中，薛老师的“无痕”和“清简”犹如出污泥而不染的清荷，散发着自然清新的芳香，引领着语文教学回归自身的家园。

第十二节　实践型课堂教学案例设计及评析

案例内容：

“我和小草的约会”语文实践活动课

教学理念：

夸美纽斯说：“一切语文从实践去学习比用规则学习来得容易。”《语文课程标准》明确指出，语文是实践性很强的课程，应着重培养学生的语文实践能力，而培养这种能力的主要途径也应是语文实践。语文实践活动是语文教学的重要组成部分。让学生走进自然，走入生活，在广阔的社会生活里学语文、用语文，增长才智，这是语文教学的重要途径。

教学过程：

又要上语文实践课了，上什么内容呢？望着窗外生机盎然的大自然，尤其是小河边那一片绿茵茵的小草，我的眼睛一下子亮了起来，这不是最美的课堂、最好的资源吗？于是，一节以“我和小草的约会”为主题的语文实践活动课，带着春天的气息款款地走进我和孩子们的视野。那一个个精彩的场景犹如一个个美妙的画面，纷至沓来，深深地烙印在我们的心底。

片段一：我和小草说句悄悄话

走出教室，融入绚丽多姿的大自然，孩子们像出笼的小鸟，在绿油油的草地上尽情地玩耍。有的在互相嬉戏，有的在轻轻地抚摸小草，有的趴在地上和小草在窃窃私语。“老师，我们想和小草说句悄悄话。”学习委员小敏提出了一个很好的建议。“那就赶快说吧，小草正在侧耳倾听呢。”我的话音一落，几个快嘴的女同学就打开了话匣子：

“小草弟弟，好长时间不见了，这个寒冷的冬天你过得好吗？我真想去看看你，可你住在哪儿呢？你是在母亲的怀抱中悄悄地孕育着生机吗？”

“小草妹妹，你的绿裙子真美啊！是大地母亲的巧手为你裁剪出来，把你打扮得这么漂亮的吧？”

“小草，你把整个春天捧给我们，我们拿什么感谢你呢？”

“小草，那些男同学太顽皮，他们把你踩疼了吧？我真想知道，你的腰身那么纤细，怎么能承受住这么重的压力呢？”

孩子们的悄悄话在微风中轻轻摇曳，在草叶上缓缓飘荡，犹如一曲曲被绿色染透的交响乐。这是孩子们敞开心扉与大自然的心灵倾诉，那美妙的童真童趣在刹那间铸为永恒。

片段二：我给小草画张像

“孩子们，小草这么可爱，我们给它画张像，和它合个影，作为美好的纪念，好吗？”我笑盈盈地看着那一张张红扑扑的小脸蛋。“好，我们的画笔就是彩色照相机。”我的提议得到了同学们的热烈响应。他们纷纷拿出画笔，为小草“照相”。一时间，小河边、柳树下、草地上，随处都能看到他们专注的身影。春风柔柔地吹着，阳光暖暖地照着，河水哗哗地流着。孩子们笔下的小草一会儿就钻出了嫩绿的小脑袋，睁大眼睛看着这个陌生而又美丽的世界。小草中间，零星地开着几朵小花，正鼓着劲在吹喇叭呢。几只蜜蜂在草叶上快乐地跳舞。同学们为小草的“照片”起了好多富有诗意的名字，如“快乐的童年”“春的使者”“大自然的骄傲”“美的天使”“永远的绿色”等。有的同学在画的旁边写上描写小草的古诗：“离离原上草，一岁一枯荣。野火烧不尽，春风吹又生。”王小娟同学还在画的旁边自编了一首小诗：“有了你/大地不再荒芜/人类不再寂寞/你用生命装点世界/世界因你而更加精彩。”孩子们把美绘在画里，把情藏在心底，把快乐和幸福写在了脸上。

片段三：我给小草唱支歌

“我们给小草唱支歌吧，让小草也快乐快乐。”文娱委员李美又想出了新招。大家手拉着手，围成一圈，边跳边唱：“没有花香，没有树高，你是一棵无人知道的小草。从不寂寞，从不烦恼，你看我的伙伴遍及天涯海角……”“春天在哪里，春天在哪里，春天就在小草的绿叶里……”一首首春天的歌飘扬在蓝天白云之间，荡漾在孩子们的心田。

片段四：祝福小草！我们愿做一棵小草！

就在同学们陶醉在歌声的海洋中时，一个女同学突然大声地说：“我听到了小草拔节的声音，我感觉我也是一棵小草。”看着她沉醉的样子，同学们都若有所思，好像进入了绿草世界，在绿色的王国里遨游。我想，孩子们已经融入情景之中，是该放飞心灵、升华情感的时候了。

师：是啊，我们可以把小草拿在手里、画在纸上、唱在口中，但是最重要的是把小草的精神记在心中。我们要把祝福送给小草，做一个像小草一样的人！你们能谈谈自己的感受吗？

生：小草把根深深地扎到泥土里，用生命的绿色装点着大地。农民伯伯终年辛勤地耕耘在田野里，面朝黄土背朝天，任劳任怨，不就是小草的象征吗？

生：小草默默无闻，把自己的一生都毫无保留地献给了牛羊，献给了大自然。

师：我们的老师用自己的心血浇灌着祖国的花朵，居功至伟却从不骄傲，桃李芬芳却从不争春，无怨无悔地奉献着自己的青春，这不是小草精神的最好体现吗？

生：还有无数的建筑工人，他们头顶蓝天，脚踩大地，为祖国的建设作贡献。当一座座漂亮的大楼耸立起来后，他们却早已悄悄地远去。他们虽然不曾留下姓名，但是那默默奉献的精神不值得我们学习吗？

师：是啊，一棵小草虽然微不足道，却让我们悟出了人生的道理。同学们回去以后可以把自己的感受写成作文，我们办一期《祝福小草》的队报，让我们心灵的家园荡漾起醉人的绿意。

评析：一节普通的语文综合实践活动课，给我很深的感触。站在“课改”的大海边，我常常在想：我们语文教学的航船究竟应该沿着什么样的航线，驶往何方的港湾？过去，我们习惯于将学生关在狭小封闭的空间里，让他们一味地埋头苦读，在压抑窒息的氛围中机械地伏案苦练，教学严重地脱离了学生的生活世界，脱离了学生的实践领域。结果是埋没了天性，扼杀了个性，压抑了灵性，在应试教育的题海中制造了许多不谙世事的“小大人”，培养了一批会考试的“考生”，却耽误了一批缺乏创造的“学生”。正如著名教育专家鲁洁指出的那样：“应该承认，当前的教育从小学时期就开始使儿童脱离了丰富的、现实的、感性的生活，也可以说从这时候开始，儿童就失却了与世界全面的完整的联系，从而也使受教育者的人格遭到分裂，丰富本质遭到异化。在学校里，他像一个傀儡，像一个容器；到了家里，他像一个饭来张口、衣来伸手的小皇帝或小公主；到了社会，他面对各种生活情境，张皇失措，束手无策。这些被抹去了童年色彩，被弄得疲惫不堪、心力交痒，失却了生活情趣，泯灭了创造活力的孩子，难道美好的明天会向他们走来吗?”今天，我们再也不能拿着过去的“旧船票”，登上“新课程”改革的“航船”，去重复“昨天的故事”。

1. 语文课，请瞄准“语文实践”的航线

语文课程是母语教育课程，学习资源和实践机会无处不在、无时不有。语文学习不是告诉，不是教师给予，而是学生积极地实践、主动地内化、动态地生成、积极地建构的过程。学生在参与语文实践活动过程中，将听说读写、字词句篇、观察思考与表达等各项语文知识、语文能力有机地整合起来，并积淀下来，内化成语文素养。同时，通过主体的积极参与，唤起尘封的情感，获得独特的感受，张扬独特的个性。语文只有运用到学生的实践中，融汇到学生的血液里，才能真正成为学生永恒的精神财富。让学生在语文实践中放飞自己，在语文实践中快乐成长，这是语文教学最根本的途径。

2. 语文课，请驶进“社会生活”的港湾

古人云：“问渠那得清如许，为有源头活水来。”鲜活的生活世界是语文学习的源头活水，是语文教学永恒的港湾。绚丽多姿的自然生活、丰富多彩的社会生活、温馨浪漫的家庭生活，都是语文学习的宝贵资源。教师不能仅仅是已有课程资源的使用者，更应该是“新课程”资源的开发者和创造者。语文教学本来就是富有很强生命力的，它不应一味地被教材束缚，不应被限制在教室里，它应扬起生命的风帆，翱翔在生活的天地之间。打开语文课的天窗，让大自然的习习凉风缓缓地吹进教室，让大千世界的良辰美景款款地走进学生的视野，融入孩子的生命，成为他们的精神阳光，这是语文教学最美的境界。当年孔子在树荫下的杏坛上讲学，是多么美妙又令人向往！坐在大自然的怀抱中 ，手中的“圣贤书”也会幻作蓝天白云，化为诗情画意，在孩子的心中久久地荡漾。这就是大自然的魅力。它点燃人的灵性，激发人的活力。“新课程”理念下的语文课堂，应该沐浴在大自然明媚的阳光里，融化到多彩的社会生活中，让学生尽情地享受生活的恩赐。语文学习的外延和生活的外延相等，教师应让学生在社会实践中学会观察、学会倾听、学会感悟、学会创造，在广阔的生活天地中学语文、用语文。语文学习一旦走出封闭的死胡同，走进跳跃着生命浪花的生活港湾，必将拥有一片无比明媚的灿烂空间。

4 第四章 强化教学新反思：

教师内涵发展的“催化剂”

人的成长主要是精神和灵魂的发育、成熟和提升的过程。语文教师不一定要成为思想家，但是要成为思想者。勤于反思，善于反思，做反思型教师，这是语文教师内涵发展的“催化剂”。美国著名心理学家波斯纳说：“如果一个教师仅仅满足于获得的经验而不对经验进行深入的思考，那么，即使是有20年的教学经验，也是一年工作的20次重复，除非善于从经验反思中吸取教益，否则就不可能有什么改进，永远只能停留在一个新手型教师的水准上。”反思是教师内在的眼睛，只有反思才能透过纷繁复杂的教育现象抵达教育的本质。对于一个人，思想的高度就是生命的高度；对于一名教师，思想的深度就是成长的长度。每天晚上反思一下自己的教学工作，对自己的思想和灵魂进行一番拷问，这是促进教育反思的最有效途径，思想就是在这不断的拷问中生长着、丰盈着、激荡着。教学反思，不仅仅是“想”，更是一种教育的状态，就是不断调整、改进、提升自己教育品质的行为。每天想一想，心胸就会豁然开朗；每天想一想，精神就会潜滋暗长。

第一节　对话教学反思

《语文课程标准》指出，阅读教学是学生、教师、文本之间对话的过程，语文教学应在师生平等对话的过程中进行。真是“忽如一夜春风来，千树万树梨花开”，沉寂的课堂热闹起来，对话成了语文课堂最亮丽的风景。对话理念的引入，的确给语文课堂注入了生机和活力。但是，仔细审视当前的语文课堂，由于教师观念的偏差、认识的局限，导致对话教学中出现了很多虚浮和无效现象，对话教学缺失了真实的意义。因此，语文教师有必要对对话教学进行认真的反思和纠偏，构建积极有效的语文对话教学框架。

一、教师主宰的“假对话”

语文课堂本应是教师引发学生智慧火花和激发灵性的地方，是师生共享知识和智慧的殿堂。但是，“师道尊严”的传统观念，使教师成了课堂的主宰，学生成了课堂的陪衬，很多情况下是学生配合教师完成教学任务。在这种以教师为中心的课堂上，教师是对话情境的制造者、对话话题的发起者、对话过程的控制者、对话结果的裁定者。

下面是一位教师执教《快乐的小公鸡》的一个片段：

师：小公鸡遇到了一个什么问题？

生：怎样才能快乐。

师：小公鸡的问题解决了吗？

生：解决了。

师：他是怎样解决的呢？

生：他去问别人，问了老牛、青蛙、小蜜蜂……

师：他们都是怎么跟小公鸡说的呢？（学生分别把老牛、青蛙、小蜜蜂等说的话读了一遍）

师：你觉得这是一只怎样的小公鸡？

生：他爱动脑筋，他有了问题就去问别人。

生：是一只很虚心的小公鸡，最后接受了爸爸的意见，帮人们做事了。

师：小朋友们觉得怎样才能快乐呢？（很多孩子谈了自己的看法）

在这个片段中，教师虽然在形式上给予学生自由言说的机会，但是整个对话过程都被牢牢地限定在教师预设的框框中。教师不是对话的“首席”，而是最高“首脑”；不是“主导”，而是“主宰”。虽然课堂有问有答，但是在话语霸权之下，不过是教师牵着学生的鼻子走，学生的回答一步一步地接近教师预先设计好的答案，教学完全封闭在教师设计的框架之中，成为掩人耳目的“对话圈套”。这属于语文教学本性的心灵对话严重缺失，学生在这样严密控制的对话中，失去主体的个性、情感和思想，陷于精神上的单一与苍白。这样的课堂对话所表现出来的，不是学生学习、感悟和建构知识的过程，而是学生被老师强势牵引着的模式化的表演罢了，是语文课堂的虚假饰物和华丽包装，是装腔作势的“假对话”。

二、脱离文本的“空对话”

文本是学生的第一认识对象和对话伙伴，是师生课堂对话的直接凭借和依据。很多教师为了体现自主学习的效果，在学生对话过程中不作为，变“首席”为“缺席”，变“引领”为“隐退”，任由学生天马行空地随意发挥、漫无边际地自说自话，置文本于不顾，严重偏离了文本的价值取向。

请看《槐乡五月》的教学片段：

师：同学们，请你仔细读一读课文，找出你最欣赏的句子，读给大家听。（生自由读、画）

生：在洋槐开花的季节，只要哪位小朋友走进槐乡，他呀，准会被香气熏醉了，傻乎乎地卧在槐树下不想回家了。

师：同学们，他为什么不想回家？

生：他被香气熏醉了。

师：说得非常好，让我们来表演一下被槐花熏醉的场面，好不好？

生：（齐）好。

师：（拿来槐树模型）同学们，这是槐乡的一棵槐树，谁来站在它底下被“熏醉”一下？

一生站在“槐树”旁，望着“槐花”，闭上眼睛。

一生来到槐树底下，使劲地嗅了嗅，然后摇晃着倒在了地上。

大家哄堂大笑。

学生还没有走进文本的意境，就让学生进行表演，对话的效果可想而知。这种脱离文本视野、漠视文本意蕴的对话，是一种没有灵魂和质的“空对话”。这样，在对话的过程中没有意义的生成，对话只能成为空洞无物、毫无意义的语言形式。这样的对话越多，距离教学目标就越远；对话的氛围越热烈，学生思想的天空就越模糊。久而久之，学生会变得心浮气躁、急功近利、哗众取宠，迷失了精神的方向。

三、漠视差异的“偏对话”

对话教学的第一要义应该是民主和平等，要求教师蹲下身子与学生进行最自然、最真诚的交流，真正走进他们的情感世界和精神领域，倾听他们心灵拔节的声音，欣赏他们蓬勃向上、笑容灿烂的样子，分享他们成长途中五彩斑斓、妙趣横生的故事……遗憾的是，我们发现很多的语文课上，少数能说会道的尖子学生垄断了话语权和表达权，他们频频地发言，屡屡地表演，俨然是对话的“贵族”。而其他学生则很少有自由表达的机会，至于少数学困生，更是与对话无缘。在小组谈论时，他们眼巴巴地看着组长滔滔不绝地分析；在大组交流时，他们傻乎乎地看着“精英”们口若悬河地汇报，对话主体严重缺失，对话机会严重失衡。学习生活中的“偏对话”，使他们越发心灵封闭、心思枯竭、自卑脆弱，最终沦为对话的“奴隶”。由于性格特点、知识水平、生活经验、理解方式的不同，学生在表达的方式和方法上存在着很大的差异。教师不能漠视差异，而应把它开发成可以利用的教学资源。教师要尊重儿童的差异，赋予每个学生自由表达的权利。

在一次观摩课中，一位中年女教师借班上课，在师生的对话中有这样一个片段：

师：刚才很多同学都举手发言了，但是还有一部分人没有发言的机会，下面这个问题我想找这堂课还没有发言的同学起来说。

（教师扫视了一下，目光落在教室最后一个正在玩文具盒的小男孩身上）

师：（轻轻地走到男孩身边）请你站起来回答这个问题，好吗？

生：我不会说。

（这时班里其他同学都笑起来，告诉上课老师这个同学什么都不会，平时老师从不让他发言）

师：孩子，你不是不会，只是平时锻炼的机会太少了，如果你能注意听讲，认真思考，大胆地展示自己，你也会和其他人一样棒的，老师也会特别关注你的。

（这个学生有点自信地抬起头）

师：你大胆地发言，说错了不要紧，老师最喜欢发言错了的同学，说明你的想法很特别啊。

（生回答问题）

师：（充满激情地）你说得还是不错的！以后只要你敢说，你慢慢就会说了；只要你想说，你很快就能说了。老师相信你的潜力。

这位老师以敏锐的目光，关注到了班级里学习上的弱势群体，及时地把真诚的关心和热情的鼓励送给孩子，让他精神上受到了极大的鼓舞，能大胆地和教师进行对话和交流。尊重差异，关注差异，在差异性的对话中让学生敢于表达、乐于表达，这是对话教学的本质。

四、琐碎问答的“浅对话”

由于理解的偏差，有些教师把对话简单地理解为“谈话”和“说话”，把语文课上成“问答课”，在课堂上的表现就是教师提出问题、学生回答问题。

如《荷花》教学片段：

师：请同学们读一读课文，说说你仿佛看到了什么？又有什么想法？

生：荷叶又大又圆，绿油油的，很美。

生：荷花也很美，有粉红色的，有白的。

生：荷花有的刚展开，有的全开了，有的还没有开。

生：我觉得露出嫩黄色的小莲蓬这种形态的荷花很漂亮。

……

师：除了美和漂亮外，你们没有别的感受了吗？

（生表情一片茫然）

教师把教学内容设计成一个个琐碎的问题，也不管这些问题有没有思考的价值，有没有提问的必要，教学全部围绕问题展开，教学的推进过程就是问答的延续过程。问题回答完了，对话也就随着教学任务的完成而宣告结束。这样的对话缺少思维的交锋、思想的碰撞，没有精神的交流、视界的融合，缺乏自我反思和相互唤醒，仅仅停留在形式上的问与答、理解上的“浅表层”，其实是变异了的“独白”，是近乎无效的“浅对话”，因为“它讨论的结果不是发展学生的智慧，而是让学生弱智”。（李海林《语文教育的自我

放逐》)

语文教育中的“对话”，是指教育者和受教育者在相互尊重、信任、平等的基础上，以语言等符号为中介进行的精神上的双向交流、沟通和理解，是心灵和心灵的对话。“教学原本就是形形色色的对话，拥有对话的性格，这就是对话原理。”（钟启泉《基础教育课程改革纲要解读》）在教学对话中，师生之间、生生之间通过语言载体相互倾听、相互接纳、相互启发、相互评价、相互欣赏，走进彼此的精神世界，实现精神的相遇、思想的相通、智慧的相生和生命的相融，并通过不断的反思和强化，拓展知识领域，提升人文素养。雅斯贝尔斯也说过：“对话便是真理的敞亮和思想本身的实现。对话以人及环境为内容，在对话中，可以发现所思之物的逻辑存在的意义。”对话教学并不是从形式上撕掉灌输式教学的面纱就能发生，只有充分认识到对话教学的实质，掌握对话教学的实施策略，对话教学才能从无效走向有效，从肤浅走向深刻，从茫然走向本真，从僵化走向灵性。

第二节　课堂策略反思

当前，“新课程”改革正如火如荼地进行。这是一场从教育观念、教学行为、教学评价、学习方式等方面进行全方位变革的教育革命。新旧思想的碰撞，传统理念和现代理念的融合，习惯方式和新型方式的交替，成为语文课程改革的亮丽风景线。但是，由于对新理念理解的偏差、新方式操作的失衡，很多教师在课堂教学策略实施过程中产生了许多困惑，出现了许多认识和实践的误区，要引起语文教师深层的思考。

一、“带着问题读”与“读出问题”：教学观念的不同碰撞

《普罗米修斯盗火》教学片段

在理解课文内容时，教师出示思考题：（1）普罗米修斯为什么要盗火？（2）普罗米修斯是怎样盗火的？（3）普罗米修斯是一个怎样的神？

教师要求学生带着这些问题仔细阅读课文，边读边想，然后交流各自对问题的理解情况。问题解决完了，教学任务也就基本上完成了。

应该说，这是我们多年以来最常用的引导学生理解课文的方式。“带着

问题读”，从现象上看，读书目的明确，层次清楚，学生学习的积极性被问题激发了，思维的深刻性被问题激活了，学生的主体性得到尊重了，但是，事实上却影响了学生思维能力的发展和创新能力的形成，这是因为：（1）影响了学生主体性的发挥。教师以问题为“绳索”牵引着学生，学生完全按照教师的要求读书，按照指定的问题思考，亦步亦趋地寻找答案，没有一点自主发挥的空间，从发问、读书、思考、回答、得出结论，每一个环节都在教师的严密控制之中。教师是学习的控制者、主宰者，学生成了学习的执行者、接受者，主体精神受到严重的压抑。（2）影响了学生思维的发展。“带着问题读”，所“带”的问题是教师给的，而不是学生在阅读过程中自主生成的，并不一定契合学生的思维实际。这个问题像一张无形的网，将学生的思维牢牢地罩在里面，使学生不能越雷池半步，严重制约了学生思维的发散和创造性，不利于学生认知水平的提高和思维方式的创新。（3）影响了学生阅读能力的形成。学生长期带着教师提供的问题读书，按问题寻找答案，阅读成了一个按部就班的固定模式。我们不敢想象，一旦离开教师的问题，学生还会有自己的问题吗？还会自己阅读吗？这样教学的后果只能导致学生越来越不会读书，不喜欢读书。

阅读教学要还学生的“读者”地位，让学生爱读书、想读书、会读书，必须由“带着问题读”向“读出问题”转变，让学生在自主的阅读中主动地发现问题、提出问题、分析问题、解决问题，形成新的阅读能力。“读出问题”，这个“问题”是在阅读过程中学生的个体知识与教材中的新知识发生的碰撞，是学生质疑问难、独立思考的灵光闪现，是学生创新意识的萌芽。有人说，中国的教师是把有问题的学生教育得没有问题，美国的教师是把没有问题的学生教育得有问题。从有问题到没有问题，这是灌输知识，封闭了心灵；从没有问题到有问题，这是启迪智慧，唤醒了潜能。教育要开启学生的智慧，最重要的是让学生学会思考和质疑。“读出问题”，才是真正有智慧的阅读，是阅读教学应有的价值追求。

二、“过程”与“方法”：教学策略的不同选择

《庐山的云雾》教学片段

师：请同学们自学课文，提出不懂的问题。

生：老师，我不知道“瞬息万变”是什么意思。

师：这是个新词语，你提得很好。哪个同学知道？谁来帮助他？

生：“瞬息万变”就是形容变化快。

生：“瞬息万变”就是形容变化的内容很多。

生：“瞬息万变”是指在短时间内有很多变化。

师：你们说得真好，看来你们都已经理解了。你现在懂了吗？（面向那个提问的同学）

（生似懂非懂）

随着“课改”的深入，语文学习的过程和方法越来越受到教师的重视，传统教学中只重结果而轻视过程和方法的现象已不多见。但是很多教师只注重让学生参与学习的过程，对学生学习的方法却很少顾及。

本案例中，面对学生的疑问，教师没有直接地讲解和告诉，而是让学生进行讨论和交流，最后得出问题的答案。从表面看，教师重视了引导，关注了学习过程，但仔细审视一下就可发现，在这一“过程”中，教师并没有引导学生呈现学习的方法，揭示获取知识的策略，而是让少数学习尖子充当教师的“传声筒”和“代言人”，把教师讲解转变为学生讲解，把教师传授转变为学生传授，看似凸显了主体、关注了过程，其实是一种变相的知识“灌输”，大多数学生经历的是一种缺失“自我真实活动”的虚假过程。我们可以想象一下，那个提问的学生真的懂了吗？如果说懂了的话，也是其他学生“告诉”的结果（教师摆脱了“告诉”之嫌）。如果在学生回答出问题之后，教师能及时追问“你是通过什么方法学会的”，让学生回顾学习过程、反思学习方法，再让其他学生也用这些方法去进行尝试，进而也在亲历实践中掌握了这些学习方法，那么教学就会进入多么美好的境界啊。世界上最重要的知识是有关方法的知识，我们不能把所有的知识都教给学生，但是我们可以把获取知识的方法教给学生。学生掌握了学习方法，才会受益终身。“学会”是结果，“会学”才是过程和方法。所以，我们在选择学习策略时，仅仅让学生参与学习过程还远远不够，还要让他们掌握探究的方法。这样，他们才会在自主学习的路上越走越好，越走越远。

三、“多元生成”与“价值引领”：教学理想的不同追求

《狐假虎威》教学片段

在分析完课文后，老师让学生进行想象性的说话训练：如果乌鸦和狐狸再次见面，它们之间将发生怎样的故事？

很多同学编的故事都在意料之中，老师不置可否。但是有一个学生的故

事标新立异，他说：“狐狸一见到乌鸦，就开始痛哭流涕地为自己的行为忏悔。狐狸说得太动情了，乌鸦被深深感动，不由得哭出了声音，这一哭可不要紧，乌鸦衔在嘴里的肉又掉了下去，狡猾的狐狸立刻跑过去，一下子咬住了那块肉。”老师很高兴，认为这个故事编得不错。但是想不到，又有人接着故事往下编：“狐狸刚把肉叼到嘴里，乌鸦就在树上大笑起来。乌鸦说：‘哼，臭狐狸，不要高兴得太早了，实话告诉你吧，我在肉里已经投了毒，这下你死定了！’狐狸一听，吓得赶忙将嘴里的肉吐了出来。乌鸦立刻从树上冲下来衔起那块肉，得意地飞走了。”老师认为这个故事很精彩，这个孩子有着强烈的创新精神。

《语文课程标准》指出，语文课程丰富的人文内涵对学生精神领域的影响是深广的，学生对语文材料的反应又往往是多元的，因此应该重视语文的熏陶感染作用，注意教学内容的价值取向，同时也应尊重学生在学习过程中的独特体验。我们在用“新课程”理念指导教学实践时，往往会患上“理念眩晕症”。在鼓励学生多元理解、个性感悟时，常常不自觉地丢失了教师应有的主导作用和价值引领。本案例中，孩子的故事固然是精彩的，但是那个设计“投毒陷阱”的孩子却让我内心平添了一份忧虑。这不由得使我想起了马加爵，想起那些令人震惊的学生悲剧。一个从小就能伶牙俐齿地诓骗“狐狸”，能随机生成“圈套”的孩子，怎能不让人对这种过早拥有的“聪明”心生忧惧呢？有位教育家说：“我们想要一个怎样的明天，就看我们今天有着一些怎样的孩子。”孩子美好，世界的明天就美好；孩子有趣，世界的明天就有趣。其实，一颗善良纯洁的童心的价值，远远超过一个精彩答案的价值，比一个危险的“创意”更珍贵。教育是塑造“人”的事业，是培养一个个合格的、正直的、大写的“人”。长期以来，我们太关注在教学中培养孩子的机敏度与警觉度，却忽略了对孩子心灵的纯洁度与光亮度的观照。没有正确价值观、人生观引领的“独创”，往往比平庸的“愚见”更可怕。语文教学不仅仅是建构知识的过程，更是建构情感、态度、价值观的过程，是美化学生精神家园的过程。

阅读理解需要个性化的感悟和动态的生成，但更需要正确价值观的引领和人性的熏染，不能为了盲目地追求“个性”而完全脱离了“共性”视野的观照，甚至走向了反面。我们期待符合理想信念的“独出心裁”，关注富于审美的“别具一格”，企盼那份多元生成的“奇思妙想”里，跳动着一颗颗具有真、善、美的心，这才是语文教育理想的本真追求。

四、“人文的感悟”与“语文的感悟”：教学目标的不同定位

《九寨沟》教学案例

有一位老师在教学《九寨沟》时，当学生大体了解课文内容后，教师问：“想要深入了解九寨沟，可以用什么方法?”学生说出了读课文、查阅课外书、上网、看影碟等方法。教师再问：“你们现在最想干什么?”“看影碟!”学生异口同声。于是老师放影碟。学生看完后，接着用了25分钟交流课前从书上、网络上查到的文字、图片资料，内容有风土人情、地形地貌，甚至连旅行路线也介绍进了课堂，还评选出多名“信息之星”。终于读书了，读到第三节，教师播放多媒体课件，让学生给画面配音，学生不是读快就是读慢，直到第6个同学才读得不快不慢，教室里响起了热烈的掌声……

我们都知道，工具性与人文性的统一是语文课程的基本特点，它们互为表里、相辅相成。工具性是人文性的基础，是人文性的载体，人文性是工具性的“精、气、神”之所在。但是由于缺失对言语形式和言语内容、语文和人文关系的正确认识，目前的语文教学在走出“工具性泛化”的泥潭后，又走进了“人文性泛化”的误区。所以上海师大的吴中豪教授撰文指出：“目前不少语文教师把研究重点聚焦在文本内容理解上，强化了‘人文的感悟’，淡化了‘语文的感悟’，于是又出现了忽略语言学习的倾向。”

案例中，这位教师努力突破传统的教学模式，加大人文感悟的力度，但没有意识到语文课的人文教育只能通过对文本言语形式的感悟来实现，而把注意力过多地凝聚在文本的言语内容上，甚至越过言语形式直接进入言语内容。教学设计只是围绕对学生的人文关怀来组织和展开，在人文的感悟中转圈圈，却没有直面负载人文内涵的鲜活的语言文字。对学生的人文关怀不是在语文工具价值的实现过程中自然而然地体现出来的，而是脱离了文本的虚幻的“娱乐活动”。这样在强化人文感悟的同时，却远离了语文课程的本质特征，成了“没有语文的语文课”，这是对语文课的放逐和异化。

语文课的本质特点是引导学生学习祖国的语言文字。语言是最重要的文化载体，是人类文化的重要组成部分。“一个民族总是把自己全部的精神生活的痕迹都珍藏在民族的语言里。”（乌申斯基语）其实，语言已经远远超出了作为工具的价值和意义，而成为人的精神活动、心灵活动，语言学习过程同时是人的精神、人的意识被唤醒的过程，所以，语文教学要回归学科本位，回归感性的言语形式，在培育人文精神的同时，千万不要忘记它的

"源"在语文，它的"根"是语言。海德格尔说过，语言是人存在的精神家园，人存在于语言之中。要用语文的方式教语文，按照语文的规律学语文，语文课要上出语文味、语文性、语文气，上出语文的本色。试想，如果这位教师能够从语言入手，师生共同直接地与文本反复对话，在感悟、体验、探究、积累、运用语言的过程中，让学生真切地感受到文学作品的魅力，人文性在语文教学中的体现就显得自然而然。这样，学生不仅得"意"，而且也得"言"，"意"丰"言"活，工具性没有"没落"，人文性也得到了彰显，这才是我们语文教学目标的准确定位。

第三节　有效教学反思

有效教学是指教师遵循教学规律和教学原则，以尽可能少的时间、精力和物力投入，获得尽可能好的教学效果，从而实现预定的教学目标，满足社会和个人的教育价值需求。有效教学首先是教师教学行为要有效，然后学生才能学得有效。教师课堂教学行为是在一定教学理念、结构和组织氛围等综合因素作用下所表现的组织、言行等行为方式，具有目的性、序列性、个体性等特点。教师的课堂教学行为受教学目标、教学管理规范和学生学习状态的制约，具有一定的连续性、周期性和个性色彩。在课堂教学这个系统中，教师行为是学生行为的先导，影响着师生对教育资源的利用，而教师教学行为的最终目的应该是引导学生学习，落脚点在于让学生学会学习。不同的教学理念支配着不同的教学行为，而不同的教学行为则会产生迥异的教学效果。

请看这样一个教学案例：

对于课文《我的伯父鲁迅先生》中"饱经风霜"一词，下面两位教师有不同的教法：

教法一：

（请学生课前查字典，理解"饱经风霜"的意思）

师：什么是"饱经风霜"？

生：形容经历了很多困苦和磨难。

师：车夫的脸为什么会"饱经风霜"？

教法二：

师：请大家把眼睛闭上，回忆在生活中看到过的“饱经风霜”的脸，回忆起来的话，请举手。

师：谁能用自己的话来形容一下车夫的这张脸。

生：额头布满皱纹。

生：眼睛深深地陷了进去。

生：颧骨高高地突了出来，脸蜡黄蜡黄的，嘴唇干裂，露出一道一道的血口子。

生：头发枯黄枯黄的。

师：从这张脸上你还能不能看出别的什么来？

生：这位车夫家里穷，吃了上顿没下顿。

生：他身体不好，体弱多病，拉车的活对他来说很累很累。

师：是啊！同学们，就是这样一位车夫，光着脚在寒冷的大街上拉车，玻璃深深地扎进了他的脚底，地上流了一大摊血。他想站起来，可是脚底剧痛，他只能蹲在地上呻吟。假如你看到了，你会怎么做？

（学生纷纷说出自己的想法）

师：同学们都有一颗善良的心，我们来看看鲁迅是怎么做的……

这两种教法截然不同，教后的跟踪监测结果也呈现出明显的不同。教师出示油画《父亲》后，分别让两个班的学生填写“（　　）的父亲”，结果是令人吃惊的：教法一中的学生，能填写“饱经风霜”的仅占19%，他们虽然能正确地说出词语的意思，但不能正确使用；教法二中的学生能填写的则占了94%，对于“饱经风霜”，学生尽管不一定能背出字面的解释，但却能灵活自如地运用。

教学的最终结果，不是看教师“教”了多少，而是看学生“学”了多少，看其掌握运用得如何；不是看教师讲解得怎么样，而是看学生感受得怎么样，看其能否有所发现、有所创造。“教”必须致力于“导”，促进于“学”，教是为了不需要教，讲是为了不需要讲。从以上案例可以看出，将相同的教学内容向相同年段的学生进行教学，其效果之所以大相径庭，是因为用了不同的教学结构和教学行为方式。由此可见，课堂上发生的教学低效问题，大多数不是学生引起的，而是教师引起的，是由于教师不适当的教学行为造成的。

尽管“新课程”改革进展得如火如荼，很多教师的教学理念得到了提升，教学方式有了改变，但是“穿新鞋走老路”的现象还是很多，很多教师还是拿着过去的那张“旧船票”，乐此不疲地“重复着昨天的故事”，很多的课堂还是“涛声依旧”。要真正提高教学的有效性，必须从改善教师的课堂教学行为入手。

一、整合目标，提高达成教学目标的有效性

《语文课程标准》要求“知识与能力”“过程与方法”“情感态度与价值观”三维目标的有机结合。教学的意义不仅仅是让学生获取有关的知识，更重要的是要提高学生的学习能力，培养学生积极向上的情感态度和价值观。比如“饱经风霜”的教学案例，教法一就只注重了知识的传递，让学生记住词典里的解释，就算完成了教学任务。这其实只是简单的“告诉”，并不能让学生内化为自己的知识财富。教法二则是在联系学生已有生活经验的基础上，借助联想和想象，唤起学生的生活积累和认知表象，让词语的丰富内涵变成鲜明的形象、动感的画面，立体地植入学生的心田，成为学生精神的财富。这样的教学，既有知识的理解，又有实践的运用；既有过程的探究，又有方法的引导；既有智慧的启迪，又有情感的熏陶。教学目标既全面又深刻，提高了目标达成的有效性。

二、优化结构，彰显教师课堂教学行为的有效性

改善课堂教学行为必须以改革课堂教学结构为前提。课堂教学结构是架设在教学理念和教学行为之间的桥梁，任何课堂结构都是教育思想、教学原则、教学手段等要素的综合体现。改革教学结构，就得转变教学观念，建构起促进生命发展的教育理念；优化教学结构，必然推动教学方法、教学手段等课堂教学诸要素的变革，进而优化教学行为。

以往的教学结构是单一的，只有信息的单向性传输；教学方式是静态化的，教师的教学行为主要是通过讲解和传授，把教学内容呈现、传递给学生，学生的主要任务就是静静地接受、慢慢地吸收。这样的教学，学生难以获得和谐的发展。教师要从学生生命发展的高度，优化选择和组合课堂教学模式，灵活运用适合学生学习的教学方法，通过多种方法的组合、多种形式的并用，合理安排立体化、动态型、复合式的教学结构，以课堂教学结构的优化来促进课堂教学行为的优化，实现课堂教学效益的提升。

三、激活主体，突出学生主动参与的有效性

在传统的教学中，教师是知识的权威和学习的主宰，学生主体意识缺乏，存在着学习行为被动化的问题，对自己的学习行为缺少自主控制，学习材料靠学校来提供，学习目标靠老师来确定，学习任务靠老师来安排，学习行为靠老师来督促，学习过程靠老师来调控，学习结果靠老师来评价。在这样的学习中，学生成了课堂的傀儡、知识的奴隶，课堂教学有效性的缺失也就不可避免。

陶行知认为，先生的责任不在教，而在教学生学，教的法子必须根据学的法子。要提高学生参与的有效性，重要的是要把课堂交给学生，把学习的主动权还给学生，把学习的方法教给学生，确立“以学生为中心”的观念，充分尊重学生的主体地位，让学生真正成为学习的主人。要激活学生的主体意识，激发学生积极参与学习活动，激励学生主动体验成功的乐趣。要力争书让学生自己读、问题让学生自己提、答案让学生自己找、道理让学生自己悟，达到内容鲜活化、过程活动化、感悟探索化、交流活动化、思维多样化、体验有效化，从多个层面激发学生主动参与学习全过程。教师要珍视学生的独特体验和感受，鼓励学生的独立思考和睿智探索，赏识学生的发现和创造。教师要积极转换角色，努力使自己成为学生学习的指导者、促进者和合作者。

第四节　尊重主体反思

“新课程”催生出很多新的教学理念，但是“尊重主体发展的需要”应该是所有理念中最基本、最核心的内容。学生是语文学习的主人，是发展和创造的主体，只有尊重和相信学生，才能发展和塑造学生。但是，传统的教学观念、根深蒂固的教学方式使很多教师在有意无意之间成了学生问题的发布者、知识的裁决者、兴趣的主宰者、情感的代言人，牢牢地控制着课堂的主动权，仍然是课堂上的霸权主义者。“新课程”告诉我们：给孩子一些权利，让他们自己去选择；给孩子一些机会，让他们自己去体验；给孩子一些问题，让他们自己去感悟；给孩子一些条件，让他们自己

去锻炼；给孩子一片空间，让他们自己去创造。尊重学生学习的需要，不是说在口中的虚无缥缈的教学理念，而应该是落实在每个教学环节的实实在在的教学行为。

一、尊重学生的疑问

《狼和鹿》教学片段

教师正在津津有味地讲着狼和鹿之间的关系：“狼吃掉一些鹿，使森林中的鹿群不会发展得太快太多，森林就不会被鹿群糟蹋得这样惨；同时狼吃掉的多半是病鹿，这反过来帮了鹿的忙，解除了传染病对鹿群的威胁。”这时一个学生突然插嘴：“狼为什么喜欢吃病鹿呢?”或许是没有思想准备吧，教师白了那个学生一眼：“就你话多，认真听讲没人会把你当哑巴。”那个学生讪讪地低下了头，再也没有了学习的兴趣。

学起于思，思源于疑。学生的积极思维往往是从发现问题开始、以解决问题告终的。发现问题往往比解决问题更重要。阅读是读者对文本的叩问、质询、充实、延伸和完善。学生在阅读中产生了疑问，形成了认知冲突，这是思维的火花，这是创新的萌芽，也是教学的最佳时机。教师应该小心翼翼地加以呵护，在尊重学生的质疑权，热情鼓励学生善于思考、勇于提问的基础上，积极引导学生自主探究，把学生强烈的求知欲望升华为充满激情的探究心向。其实，质疑的过程就是思维不断深入的过程，而释疑的过程就是创新火花精彩绽放的过程。缺乏质疑的教学是贫瘠的，没有启发的教学是浅薄的，失去解惑的教学是幼稚的。上例中，面对学生可贵的探索精神，教师没有进行恰当的指导，而是粗暴地压制、简单地回避，不仅大大挫伤了学生质疑问难的积极性，也失去了一次难得的探究机会。美国教育家布鲁巴克认为，最精湛的教育艺术，遵循的最高准则，就是学生自己提出问题。尊重学生的问题意识，鼓励学生的质疑精神，这不应是一句空话，而应该落实在具体的教学过程中。

二、尊重学生的思想

《坐井观天》教学片段

有位老师让学生根据《坐井观天》的课文内容展开想象，以“青蛙跳出井口”为题，进行说话训练。学生们一个接一个地讲着，内容大都是“外面的世界真精彩”。可是，有一位学生却说：“青蛙从井里跳出来，到外面看了看，觉得还是井里好，又跳回井里。”话音刚落，同学们便报以大笑，老师也随口笑道：“我看你也是一只青蛙，坐井观天。”但是，课后老师批阅作文时，发现这位同学在文中写道：“青蛙跳出井后，它来到一条河边，想喝水。突然，听到旁边一只老青蛙的警告：‘不要喝，水里有毒！’紧接着，又听到老青蛙被人用钢叉刺死的惨叫声……”老师的心被震撼了：让青蛙跳回井里又有什么不好？可自己作为老师却没有给他一个发表观点的机会。于是，这位老师提笔在作文本上写道：“对不起，老师是一只青蛙。”

学生是活生生的有头脑、有思想的人，他们总是以自己已有的认知经验和思维方式来观察事物、认识世界。阅读是学生的个性化行为，作为阅读的主体，学生更是以敏锐的眼光、独特的视角去感受作品、解读文本、丰富自己的思想宝库。学生在主动阅读的过程中，读出自己的见解，收获自己的思想，对文本内容做出多元反应。教师要勇于放弃原先预设的标准答案，蹲下身子和学生相互交流，相互切磋，引导学生敞亮心灵、放飞思想，以平等的心态与学生进行心灵的对话；要珍视儿童独特的思考成果，尊重他们对课文内容个性化的理解，尽可能保留其“合理的偏见”。“你们可以把你们的爱给予孩子，却无法把你们的思想给予孩子，因为孩子有他自己的思想。”（纪伯伦语）教学中，当学生的观点和教师的标准答案出现了偏差，很多教师习惯于以自己的解读代替学生的解读，以自己的思想代替学生的思想。从“跳回井里的青蛙”可以看出这个孩子的目光是多么敏锐，内心世界是多么丰富多彩，思想观点是多么别具一格。课堂活动是师生共同建构精神生活的活动。正如苏霍姆林斯基所说：“要以人对人的方式对待孩子，要善于发现他心中能响应我们召唤的那一隅。”如果一个语文教师能使学生的精神世界变得如此丰富多彩，那么，这个语文老师本身也是一个精神生活很丰富的人。语文教学不是给予和告诉，而是尊重和唤醒。阅读中“读者的知识经验扩充了，这是自我在量上的增加；读者的观点改变了，这是自我在本质上的提高；读者的思想情感升华了，这是自我在价值上的飞跃”。（曾祥芹、韩雪屏《阅读学原理》）教师不能用一个模式、一个标准来限制学生的阅读行为，扼杀学生的创新思维，只有允许学生的“出错”，宽容学生的“出格”，鼓励学生的“出新”，才能换来学生的“出彩”，这也是对学生最好的人文关怀。

三、尊重学生的选择

《三袋麦子》教学片段

在教学结尾，教师安排几个学生表演小猪、小牛、小猴如何处理一袋麦子。教师指定一个胖胖的女生扮演小猪，可是那个女生不愿意扮演小猪，要求扮演小猴。教师不耐烦了："不要争了，就你来演小猪最像、最合适。"那个女生眼里含着泪花，极不高兴地应付着表演。

"新课程"倡导教师要多放手，把更多的权利还给学生。尤其是给学生更多自主选择的机会，让学生选择感兴趣的内容自主探究，选择喜爱的角色模拟表演，选择要好的伙伴合作研讨，选择擅长的方式实践创造。教师要理解学生的喜怒哀乐，尊重学生的兴趣爱好，赋予学生自主选择的权利。案例中，学生不愿意扮演小猪的角色，这说明她的角色意识很强，兴趣指向性很明确。教师这时不能强行命令，而应该因势利导："你为什么不喜欢小猪呢?能说说你的理由吗?""你要是能把不喜欢的角色表演好，那就更能展现你表演的天赋了，你愿意试一试吗?"这样，不仅尊重了学生的个人意愿，加深了学生对文章的理解，也有效地促进了学生兴趣和情感的转移，收到了化腐朽为神奇的效果。学生由不愿意到愿意，由不喜欢到喜欢，这不仅是选择方式的转变，更是情感、态度、价值观的提升。很多时候，你尊重了学生的一个合理的需求，学生会还你一个意外的惊喜。

四、尊重学生的情感

《悲壮的一幕》教学片段

在指导学生朗读科马洛夫与亲人诀别的话时，教师要求学生读出科马洛夫对亲人的眷恋、对祖国的热爱和对科学的献身精神，几个学生都没有把握好情感基调，没有读到位。教师很不满意，就让学生仔细听自己是怎么读的。教师激情澎湃地示范着朗读，范读完之后，要求学生学着老师的样子再练习朗读。于是，学生一字一句地模仿着老师的腔调，开始读起来。

阅读教学不仅是建构知识的过程，同时也是建构情感、态度、价值观的过程。学生在阅读中的情感，不是无源之水，不是空穴来风，也不是教师赐予的，而是学生在与文本"零距离"的亲密接触中，在对语言文字进行真情实感的品味中，产生了心灵的"超级震撼"。在阅读中，由于年龄特点、认知水平、兴趣爱好等原因，学生和学生之间、学生和教师之间对文章中人物的命运、对作者情感的体验有着很大的差异性。案例中，学生没有读出科马洛夫的复杂情感，说明他们和文中人物还有一定的距离，没有形成强烈的思想共鸣，情感体验不够深刻。没有“入乎其内”，何来“出乎其外”？教师让学生模仿自己的语气练习朗读，进行移情训练，期望达到情感“克隆”的目的，其实这是以教师之情统领学生之情，以教师的解读代替学生的感悟，以教师的态度代替学生的个性化体验。难道我们期望教育的森林里就只有一种鸟的叫声吗？难道我们希望看到学生精神的花园里只有一种色彩吗？这充其量只能是教师心中的“情”，而非学生心中的“情”；是教师眼中的“科马洛夫”，而非学生眼中的“科马洛夫”。在教师喧嚣情感的掩盖下，学生得到的只是无血无肉的情感的“空壳”、苍白乏味的语言的“标本”，学生成了教师情感的“传声筒”，教师成了学生情感的“代言人”。知识是显性的，可以通过外部的灌输来操练；而情感是隐性的，只能通过内部的熏陶感染。只有学生通过自读自悟获得的刻骨铭心的情感，才能在学生的心灵中永恒地积淀下来，成为学生宝贵的精神财富。教师要发自内心地、真诚地尊重学生的情感体验，不要把自己的情感强加给学生，成为情感的霸权主义者，那是一种裹着“糖衣片”的“精神侵略”。

第五节　语文性质反思

语文课程的性质是工具性和人文性，语文课程的特点是工具性和人文性的统一，语文教学应该是在工具性和人文性的“共同体”中孕育成长。可是，我们的语文教师在处理二者之间的关系时总是顾此失彼，难以兼容并蓄。在语文教学的快车上，工具性和人文性这对孪生兄弟总是在偶一回头时擦肩而过，难怪崔峦先生说：“语文课程，贵在工具性与人文性的统一，难也难在工具性与人文性的统一。”

请看这样两个教学案例：

案例一

《北大荒的秋天》第四自然段的教学环节：

1. 默读课文，思考：这一节一共有几句话？是围绕哪一句话写的？第一句话与下面的几句话是什么关系？

2. “热闹非凡”是什么意思？课文从哪几个方面写出了原野的热闹非凡？

3. 大豆、高粱和榛树叶子分别有什么特点？作者是用什么修辞手法把它们写具体的？

4. 自由朗读课文，读出它们的特点。然后仿照课文的样子，用拟人、比喻的修辞手法各造一个句子。

案例二

《特殊的葬礼》教学环节设计：

1. 朗读课文，思考：赛特凯达斯瀑布给你留下什么印象？说说你的感受。

2. 保护环境有什么重要性？请你结合实际说说，我们应该怎样保护环境，保护我们生存的地球？

3. 请你设计几条保护环境的广告词，然后进行“环保广告”的交流和评比。

以上两个案例在工具性和人文性的整合上都存在着明显的失衡和偏差。案例一中，教学过程始终是围绕着教学内容的理解和语言文字的训练进行的，教师关注的是字词、写作方法、修辞知识的讲解，重视的是学生获得必要的阅读方法和阅读能力。于是，教师手拿“解剖刀”精细地肢解着“美丽的童话”，文质兼美的教材文本被割裂成支离破碎的“文字标本”，再通过“训练”的手段灌输给学生。鲜活的语文教学变成了机械、单调、枯燥的语言文字训练。语文学习没有了灵魂，缺失了情趣，丧失了美感。这样在学生的脑海中就只留下一些“言语”的痕迹，而没有受到应有的人文关怀。像这种一味追求工具性的语文教学，长此以往会使学生的心灵世界变得苍白，精神家园变得荒芜。

案例二中，教师过于关注学生的情感体验和精神成长，忽视了对文本内容的感悟，淡化了对文本语言的理解、积累和运用。在彰显人文性的同时，不慎“将孩子和洗澡水一起泼掉”，必然会造成工具性和人文性的两败俱伤。语文课没有了“语文”的影子，语文学习便成了空穴来风。这种脱离文本、舍弃语言文字的人文关怀，对提高学生的语文素养有什么用呢？人文性应该是在语文的工具价值实现过程中自然而然地流淌出来的，而不是刻意追求的。

我们知道，工具性是语文课程的根本属性，是语文课程区别于其他课程的本质特征。人文性是语文课程的重要属性，是语文课程的精神内涵。它们是与生俱来、你中有我、我中有你、息息相关、相辅相成的。没有了工具性，便没有必要设立语文课，人文性也无从谈起；缺失了人文性，语文课便失去了灵魂、情感和韵味。恰当的做法应该是在指导学生正确理解和运用祖国语言文字的过程中，在使学生培养语感、积累语言、提高语文素养的同时，自然而然地陶冶审美情操，吸收人文内涵，培育人文精神，给学生打下一个精神的底子。这让我想到了德国一位学者说过的一句精辟比喻：将 15 克盐放在你的面前，无论如何你难以下咽，但当将这些盐放入一碗美味可口的汤中，你早就在享用佳肴时将 15 克盐全部吸收了。工具性之于人文性，犹如汤之于盐。盐需溶入汤中，才能被吸收；人文性需溶入工具性，才能焕发生命的活力，才能让学生在掌握语文这个工具的同时，受到情感的熏陶和价值的引领。

请看特级教师薛法根在教学《“你必须把这条鱼放掉!”》的教学片段：

师：儿子说了那么多理由，爸爸为什么还要坚持让儿子把鱼儿放掉呢？让我们一起读读爸爸的话。

（生齐读爸爸的话：“不管有没有别人看见，我们都应该遵守规定。”）

师：喜欢这样的爸爸吗？为什么？

生：喜欢这样的爸爸，他有爱心，教育“我”爱护野生动物，“我”在爸爸的影响下，也会成为一个有爱心的人。

生：我喜欢这样的爸爸，因为他无论什么时候，都严格遵守规定。

师：汤姆有遗憾吗？后悔吗？

师：一条鱼和做人的道理哪个更重要？（做人的道理）

师：哪一句话会铭刻在汤姆的记忆里？（板书：铭刻）

生：不管有没有人看见，我们都应该遵守规定。（板书：不管……都……）

师：生活中哪些规定我们要自觉遵守，请你用上“不管……都……”这组词语说说。

生：过马路的时候，不管有没有警察看见，都不能闯红灯。

生：在校园里，不管有没有老师看见，都不能随便乱扔垃圾。

生：在公园里，不管有没有人看见，都不能随便摘花。

生：喝了酒，不管有没有警察看见，都不能开车，否则后果不堪设想。

师：生活中有许多规定，不管有没有人看见，都应该自觉遵守。

薛老师的教学不是苍白的语言训练，也没有把文章的旨趣“和盘托出”，而是循序渐进地引导学生自主读书感悟，自主探究领会，在语言的海洋中获得思想的启迪。“喜欢这样的爸爸吗？为什么？”“一条鱼和做人的道理哪个更重要？”这样的引导，把文本世界和学生的精神世界巧妙地结合起来，使本文的思想和学生的精神相遇了、融会了，文本的情感和学生的情感强烈地碰撞着。“生活中哪些规定我们要自觉遵守，请你用上‘不管……都……’这组词语说说。”教师这一开放性、生成性、实践性的导引，使“知识与能力”“过程与方法”“情感态度与价值观”的三维目标实现了完美的统一，把学生的言语、思维和情感的“芯片”一下子接通，使学生思如涌、语如潮、情如虹。这不仅是言语能力的发展过程，更是学生生命的润泽和提升过程。语言和精神同构共生，构成语文课堂最美的律动。“盐”溶入了“汤”，味更浓了；“汤”承载着“盐”，内涵更加丰富了。语文课堂也因此更加鲜活，富有生命的动感和厚重。

第六节　词语教学反思

著名教育家苏霍姆林斯基一再强调，学习语言，一定要让词深入儿童的精神生活里，使词在儿童的头脑和心灵里成为一种积极的力量，成为他们意识中带有深刻内涵的东西。词语教学是语文教学的重要内容。怎样摆脱机械讲解、生硬灌输、僵化记忆的误区，使词语教学鲜活起来、灵动起来、丰富起来？

一、品味生活，让词语“美”起来

有位老师在上老舍先生的《猫》一课时，对“用身子蹭你的腿，把脖子伸出来要求给抓痒”这一句中“蹭”字的解析，充满了浓郁的生活气息。

师：能说说“蹭”在这儿的意思吗？

生：是摩擦的意思。

师：那老舍先生为什么不用“摩擦”而用“蹭”呢？

生：我觉得用“摩擦”的话，句子中的猫就没有那种可爱的感觉了。

生：我也有这种感觉，就是猫好像不再温柔可爱了。

师：看来，“蹭”虽然有摩擦的意思，但绝不仅仅是摩擦那么简单。大家联系生活实际，看看对这个“蹭”字还能找到什么新的感觉。

生：我觉得“蹭”是一种轻轻的摩擦，因为如果擦得重的话，老舍爷爷会觉得不舒服。

生：我觉得“蹭”是一种温柔的摩擦，因为课文中说，猫高兴的时候比谁都温柔可亲。猫蹭主人的腿，那是在向主人表示亲热呢。

生：我觉得“蹭”还有一种撒娇的味道。猫在老舍爷爷面前撒个娇，要求给抓痒痒，说明猫和老舍爷爷关系特别好。

师：体会得真好！大家看，猫这样轻轻地、温柔地、撒娇似的蹭着老舍爷爷的腿，还蹭出了什么？

生：蹭出了可爱。

生：蹭出了友谊。

生：蹭出了顽皮。

生：蹭出了乖巧。

生：蹭出了感情。

……

师：说得多精彩啊！同学们，一个“蹭”字，不仅让我们感受到了猫的可爱，还让我们看到了一幅人爱猫、猫爱人的动人画面。

本案例中，老师没有用语言直白地告诉，而是联系学生的生活经验，借助联想和想象，激活学生头脑中储存的生活表象，有效地唤起学生的生活积累，让学生把眼前所读到的语言文字与他们自己的生活经验相沟通，与他们的精神世界相联系，学生的认知世界与他们的生活世界融为一体，形成五彩缤纷的精神花园，词语的形象逐渐清晰、美丽起来。这样，学生就能够运用自己的生活经验去品味作品中语言的精神内涵和独特的情趣，进而理解词语的意思。

二、肢体唤醒，让词语“活”起来

《梅兰芳学艺》教学片段

于永正老师在指导学生理解“紧盯”和“注视”时，先让学生熟读含有这两个词语的句子：“他常常紧盯空中飞翔的鸽子，或者注视水底游动的鱼儿。”接着请了一个学生到前面来，让他站在椅子上，于老师举起手中的话筒演示鸽子在天空中飞翔，让学生的眼睛跟着“鸽子”转动。于老师说，这就叫“紧盯”。于老师又将手中的话筒放低，演示鱼儿在水中游动，学生的视线又跟着“鱼儿”转来转去，于老师说，这就叫“注视”。

于老师在教学“梅兰芳的眼睛会说话”一句时，先把两个孩子扶上凳子，然后说：“你俩现在就是梅兰芳，你们不用开口，请用眼睛告诉我，你们看到我很高兴。”学生一听，便眉开眼笑地望着于老师。接着，于老师又诙谐地说：“你们再用眼睛告诉我，看到于老师很生气。”学生便怒目圆睁地瞪着于老师……于老师告诉孩子们，这就叫“眼睛会说话”。

没有获得感性的个人含义的词语是不可能被主体顺利调遣或正确使用的。苏霍姆林斯基认为：“学生用词混乱，是因为这些词没有跟他自己所做、所见、所观察和所想的东西联系起来。”当词语未与学生的精神领域建立广泛而紧密的联系时，这些词语在学生的心中是无生命的。它们是生机勃勃的心灵之树旁的一片枯叶，而不是心灵之树上的一片有生机的绿叶；是游离于学生精神系统之外的幽灵，而不是学生精神系统中一个活动的细胞。于老师不是生吞活剥地对学生进行独白，而是巧妙地借助肢体语言唤醒学生。通过肢体动作的演示、学生现场的观察和直接的领悟，使静止枯燥的文字符号在学生的眼前活起来、美起来，亮起来，获得了生命的动感，词语的丰富内涵实现了直观的彰显和灵动的外化，从而与学生的感性世界和精神领域产生了互动和交融。这样的词语教学才是充满生命活力，蕴含人文关怀的。

三、情境表演，让词语“动”起来

《小稻秧脱险记》教学片段

师：“团团围住”“气势汹汹”“蛮不讲理”“不由分说”“一拥而上”几个词，谁知道他们的意思？（老师喊了几位举手的同学到前面）

师：这几位同学都懂了，没有懂的同学请看我们的表演，看了你们就会懂的。现在，我当小稻秧，你们几个当杂草。杂草把小稻秧团团围住，你们应该怎么站？（学生从四面把老师围住）

师：你们要干什么？

生：快把营养交出来。

师：“气势汹汹”这个词你们还没读懂。你们应该怎么说？做什么动作？想一想。要凶，声音要大，把腰卡起来。

生：（卡腰，大声，凶恶地）快把营养交出来！

师：我们刚搬到大田来不久，正需要营养，怎么能把营养交给你们呢？（学生不知所措）

师：（问全体同学）他们应该干什么？

生：他们应该上前去抢营养。

师：对，要抢。营养在地里，快——

（“杂草”们“一拥而上”，抢起了营养。“稻秧”没精打采地垂下了头，下面的学生哈哈大笑）

师：杂草厉害不厉害，凶不凶？

生：厉害！凶！

师：这就是气势汹汹。杂草野蛮不野蛮？

生：野蛮。

师：讲理不讲理？

生：不讲理。

师：这就叫蛮不讲理！杂草让小稻秧发言吗？（生：“不让。”）这就是“不由分说”。各位“杂草”请回去。（笑声）

“进入学生头脑的语言，必须真正构成可视可感的表象或概念的外壳，而不是‘空壳’，这样的语言才可以成为他们思维和表达的工具，供他们自由地驱遣、运用。”（胡克英语）文本中的词语不是孤立的存在，而是蕴含着蓬勃生机的言语生命。词语教学必须让学生进入词语所描绘的情境，词语才能产生强烈的吸引力、凝聚力、感染力，召唤着学生去捕捉词语的丰富内涵。上述案例，执教的于永正老师抓住学生喜欢展示、乐于表演的特点，把语言文字所描述的故事情节巧妙地设计成一个情境“场”，把抽象的文字符号还原成鲜活的生活画面。学生沉浸其中，兴高采烈地表演，入情入境地感悟。这样，走进学生视野的就不是一个孤立静止的词语符号，而是一个个立体的可触可摸的人物形象、一组组鲜活的可视可感的活动画面。当这些人物形象和活动画面在学生的脑海中跳跃时，词语的意思已经跃然纸上，语言的意义就在学生的心中创生了、活化了、灵动了、定格了。淋漓尽致的情境表演，恰到好处的智慧点化，能使学生在心中长出一双灵动的眼睛，敏锐地窥测到课文中的丰富内涵；能使学生在心中长出一对灵动的耳朵，迅捷地捕捉到语言中的美妙声响。

四、巧妙拓展，让词语“胖”起来

《梅兰芳学艺》教学片段

师：哪位同学知道“大师”是什么意思？请读课文的最后一个自然段。

生：（齐读）经过勤学苦练，梅兰芳终于成为世界著名的京剧大师。

师："大师"是什么意思？

生：很著名的那些人。

生：学得很好很好的人。

生：可以教别人的人。

生：可以当老师的人。

……

学到这里，于永正老师随机给学生讲了一些梅兰芳的小故事：梅兰芳在1937年日本发生大地震时踊跃义演赈灾；1937年，日本侵略者占领上海，屠杀中国人，他非常气愤，蓄须明志，日本人多次请他去唱戏，他都严词拒绝。在那期间，梅兰芳以画画为生。梅兰芳的演技非常高超，曾应约到美国、苏联等国家演出，受到各国人民的高度评价。于老师依次把"大师"的形象具体地呈现在学生的面前，让学生懂得像梅兰芳这样德艺双馨的艺术家才能称为"大师"。

由于学生知识经验的不足、认识水平的欠缺，他们对词语的理解经常是浅尝辄止，停留在肤浅的层次上，影响了教学的效果。在理解"大师"一词时，学生是就词解词，很难深入进去。于老师敏锐地抓住契机，适时地补充一些梅兰芳的人生故事，使学生在更广阔的社会背景中，对梅兰芳有了更深刻的了解，真切地感受到了梅兰芳的人格特点，把握住词语背后的深层含义。这样就丰富了学生的知识背景，拓展了文本的学习资源，开阔了学生的思想视野，巧妙地填补了学生知识的"空白"和认识的"断层"，使词语的内涵被逐渐放大、拉长、加厚、丰满，学生的理解也由表及里、由浅入深，情感得到陶冶，精神得到升华。这样的补充和拓展，不仅是丰富知识的积累，也是美化学生精神的家园。

五、灵活运用，让词语"化"下来

于永正老师在指导学生理解和运用"流利"一词时有这样一个教学片段：

师：还记得《锄禾》这首诗吗？谁能背下来？

生：锄禾日当午，汗滴禾下土……

师：他背得怎么样？谁能说一说并用上"流利"这个词？

生：小明同学背古诗《锄禾》，背得很流利，很有感情。

师：谁能用赞扬的语气说一说？

生：小明同学背得多么流利啊！

师：（出示《高山流水》图画）这幅画画得怎么样？谁能用“流利”这个词说一说？

生：这幅画画得很流利。

师：（拿出钢笔写字，钢笔不出水）谁能用“流利”说个句子？

生：于老师在纸上写字，钢笔不出水，写字很不流利。

……

词语教学是一个理解、积累和运用的循序渐进的过程。理解和积累是前提，表达和运用才是最终目的。学过的词语只有运用于实践中，才能获得持久的生命力。在以上的案例中，于老师运用不同方法，创设了很多真实生动的言语交际情境，让学生从不同的视角、不同的层面，进行言语转换的实践性操作。在这种多样化、情境化的实践运用中，学生思路开化了，言语活化了，知识消化了，认识敏化了，词语的丰富意义不仅被牢牢地同化和固化到学生的认知结构中，而且深深地内化和融化在学生的精神世界里，成为学生宝贵的语文素养。

苏霍姆林斯基在《给教师的建议》中写道：“我努力做到，使一个词对儿童来说不仅仅是一种东西、对象或现象的标志，而且使它带有情感的色彩——带有它的芬芳的香气和丰富多彩的色调。重要的是，要使儿童像倾听美妙的旋律一样倾听词……”词语教学不是简单地告诉，不是静态地提取，而是动态地生成，是与学生的精神生活和情感领域息息相通的生命活动。教学实践证明，与学生精神世界联系越广泛的词语，这个词就越难以遗忘，越容易被提取；联系越紧密的词语，这个词就越有活性，其再生功能就越强。我们不能只从词典给出的意义去理解、解释文学教材的语言，因为融入文学教材中的语言已经超越了词典上的含义，获得了与作品整体不可分割的意义功能。所以，语文教学要尽可能地启发和调动学生在生活实践中获得的“真实的经验”，把语言放在具体的语境中，使学生完整地感受其表达的深厚底蕴，但这样不是把词语归还给词典，而是把词语变成自己的东西。总之，词语只有融入儿童的精神生活里，与儿童的精神同构共生了，才能真正在儿童的心灵中获得持久的生命力，成为精神的元素。

第七节　课堂现状反思

我们经常到许多村级小学检查视导，随机听了很多教师的课，发现农村小学的语文课堂教学跟过去相比有了长足的进步，但是距离学科教学素质化、创新化的要求还有一定差距，主要表现在：

一、语言文字训练浅尝辄止

实施“新课程”改革以后，很多老师不敢提“训练”二字，唯恐陷入“工具化”的误区。但是，无论“新课程”怎样改革，语文教学都不能丢了语言文字这个教学的根本，提高学生对语言文字的理解和运用能力，这是语文教学的根本任务。在这一点上，老师们的认识都是一致的。但是至于如何操作，怎样才能落实到位，还需要进一步研究和提高。

1.“训”和“练”的关系不和谐

何为“训练”?“训”是教导、训诫；“练”是练习、习得。“训”是教师的事，“练”是学生的事。课堂教学中既要“训”，更要“练”。教师要精心设计“训”，训得精，训得巧，训得准；学生要扎实进行“练”，练得熟，练得活，练得实。要在“训”的基础上“练”，在“练”的过程中“训”。只有“训”和“练”有机交织，巧妙融合，才能最大限度地提高训练实效。我们在听课中发现，有的课只“训”不“练”，有的课只“练”不“训”，有的课“训”和“练”脱离，大大削弱了训练的效果。由此看来，理解“训”和“练”的内涵，处理好“训”和“练”的关系，把握住“训”和“练”的时机，实现“训”和“练”的优化组合、协调发展，是我们语文教师必须要解决的问题。

2. 训练什么不明白

要加强语言文字训练，首先要明白训练什么，即要有明确的训练目标。现在的问题是：有的训练目标模糊不清；有的目标制订得不正确、不恰当、不全面；有的根本就没有目标。训练的盲目性大、随意性强，有的甚至误入歧途，迷失了方向。例如，在初读课文时即要求学生有感情地朗读或分角色朗读。学生没有“披文”，怎能“入境”? 没有“理解感悟”，又怎样“揣摩角色”？再如，检查学生默写的生字词，只看正确与否，而不看是否规范美观，学生写字怎能“入体”呢？还有，在三年级大谈分段知识，研究分段方法……这些都是教学目标定位不准或错位的表现。制订教学目标要根据教材实际和学生的认知水平，突出整体性、准确性和可操作性。全课的教学目标在各个课时应如何分解，怎样逐步实施，教师应心中有数，这样教学才能有的放矢，事半功倍。

3. 怎样训练不清楚

（1）理解语言没有深度

叶圣陶说过：“一字未宜忽，语语悟其神。”阅读教学中要抓住文中关键的字词句，引导学生仔细比较、揣摩、推敲，从而使学生深化理解，培养语感，领悟作者遣词造句之精妙。但是，许多教师对词句的教学只重结果而不重过程，有的还停留在让学生读《词语手册》这个抽象的层面上，大大降低了理解的深度，不利于培养学生的思维能力。如《东方之珠》中“精彩”一词，让学生读了《词语手册》上的解释还远远不够，还应该结合文中插图，再联系下文“尽情嬉戏”“腾空跃起”“悠然落下”等词的意思，并配以形象的动作演示，让学生感受到海豚表演的优美出色，进而深刻理解“精彩”的内涵。

（2）积累语言没有强度

理解的语言只有积累下来才能为自己所用。语言训练的重要目标就是使学生大量吸收课文中规范的语言材料，把它储存进自己的“语言仓库”，以备运用时随时“检索”。朗读、背诵、复述、摘录等是积累语言的主要形式，许多教师虽有这种意识，但教学强度不够。朗读训练机械重复，无目的、无层次、无感情。对于背诵训练，有的教师把它视为“副产品”，课堂上不作指导和训练，放到课外让学生自由背。至于复述课文、摘录优美词句等练习，许多课上看不到，使学生失去了很好的训练机会。学生的积累如此单薄，运用语言文字工具的能力怎能提高呢？

（3）运用语言缺乏效度

学习语言的最终目的在于能够运用，掌握语文这种工具，所以教师要根据教材特点精心设计应用性练习，让学生在反复的语言实践中形成能力。但是很多教师对此重视不够，有的虽设计了练习，但力度不够；或指导不得法，导致学生不会操作；或课堂上不留时间，导致练习成了“尾巴”和摆设。教师应当把练习纳入课堂常规，落实在每一节课中。如《翠鸟》一文，可要求仿照课文第一自然段写一种小动物的外形。又如《东方之珠》一文，可要求仿照课文第五自然段的写法，围绕“一到休假日，街上就热闹起来”

写一段话。不少教师没能很好地组织此类训练，使学生失去了一次次极好的说写训练的机会。

二、学生的主体地位没有得到强化，情感领域尚处于封冻状态

语文教学究竟是以教师为主还是以学生为主，是以讲解为主还是以感悟为主，是以问答为主还是以读书为主，这些关系仍未彻底厘清。许多课还是以教师为中心，以讲解为手段，以提问为主线。教师牵着学生走，学生围着问题转。少数尖子生频频“大显身手”，部分后进生成了“被遗忘的角落”，学生的主体地位没有得到确立和强化。不少教师教学缺乏激情，忽视了语文教学的情感性，不注意挖掘教材中的情感因素去感染和打动学生。教学形式呆板，方法陈旧，课堂气氛压抑沉闷，影响了学生学习兴趣的激发以及积极性和主动性的提高，更谈不上培养思维的创造性。学生的情感领域还没有吹进温暖的春风，尚处于“封冻”状态。

其实语言文字是情感信息的载体，学生只有“动之以情”，才能“晓之以理”，情感犹如催化剂，对语文训练具有重要的促进作用。

三、教学手段滞后

许多学校还没有突破“粉笔、嘴巴加黑板”的传统的教学手段。录音、投影、录像等现代化教学手段几乎没有得到运用，有的连最基本的卡片、挂图也残缺不齐。与苏教版教材配套下发的配乐录音磁带和教学投影片也被束之高阁，难以走进课堂。

四、教师素质有待进一步提高

“打铁需得自身硬”，提高教学质量的关键在于提高教师的素质。少数教师由于不加强学习，对语文教改方向把握不准，对教材钻研不深，对教法和学法设计不当，驾驭课堂的能力不强，激发诱导的技巧不够，普通话不标准，这些都影响了教学效益的提高。

课堂是实施素质教育的主阵地，我们要真正落实课堂教学素质化的各项要求，素质教育的目标才能顺利实现。面对问题，我们不能回避，而应采取

有针对性的措施。比如：（1）端正教育思想，提高对素质教育的认识；（2）研究教学方法，根据农村的“教情”和“学情”设计最切合实际的教法和学法；（3）加强教学管理，平时的教学管理应从平面静态的备课作业等资料管理转移到立体动态的课堂教学管理和研究上来；（4）提高教师队伍素质，全体语文教师要加强学习和研究，努力提高自身业务素质，以高素质的教师队伍建设来促进高素质人才的培养。

第八节　作文评价反思

作为一个语文教师，我常常在想：作文为什么这么难？学生的作文为什么距离教师的要求这么远呢？尤其是一些后进生，作文对他们来说更是难上加难。究竟是学生的写作水平差，还是我们作文评价的标准太高，我们审视孩子的眼光太理想化了？

最近看了这样一个小故事，颇受启发：有一支淘金队伍在沙漠中行走，大家都步履沉重、痛苦不堪，只有一个人快乐地走着。别人问：“你为何如此惬意?”他笑着说：“因为我带的东西最少。”原来快乐很简单，拥有物质少一点就可以了。由此我想，我们的作文教学能不能拥有少一点呢？要求少一点，标准低一点，门槛宽一点，让每个孩子都摆脱各种各样的束缚，让作文走进孩子的心灵，使他们享受到作文的成功和快乐。或许这简单的背后就孕育着无限的精彩，这平平淡淡中就有着创造的萌芽。

我想说说我们班一个特殊学生刘二的作文。

本学期我接替别人教四年级语文，班里的刘二是个典型的后进生，他热爱劳动、乐于助人，就是学习起来犯糊涂，每次语文考试成绩都是一位数。尤其是作文，要么一字不变地照书上抄，要么满本画圈圈，老师只好听之任之。难道真的没有一点办法了吗？我想，主要是作文没有走进孩子的心田。

一、两个字就是创新

我布置给学生的第一篇作文是写一种植物，花草树木什么都可以写。作文交上来了，刘二的作文让我大吃一惊，他写的题目是《我家的桃树》，有条有理地抄了两张多纸。哎呀，刘二的作文不差呀！正当我暗自高兴时，学习委员拿着一本作文选来了，对我说：“老师，刘二的作文是抄袭这本作文选上的。”我接过作文选，仔细地对照了一下，确实是抄袭的，只不过把原文中的“梨树”改成“桃树”，把“白花”改成“红花”。我的心头一亮，决定找他面批作文。我把刘二找来，让他在我的椅子上坐下，亲切地和他交谈：“刘二，你的这篇作文写得很好嘛，老师真为你高兴。”他好像意识到了什么，有点局促不安：“老师，这不是我自己写的，是我抄来的。”他低下了头，声音很低。“不对，我看过了。你并没有全抄，你把‘梨树’改成了‘桃树’，把‘白花’改成了‘红花’，这两个地方的变化是最重要的。”“老师，我家没有梨树，只有桃树，所以我就改成桃树。我看过桃树开的是红花，所以就改成了红花。”我高兴得要跳起来：“刘二，你是最诚实、最聪明的孩子。你在模仿例文的同时还能注意变化，虽然只变了两个字，但这就是创新，你这篇作文应该得‘优秀’等第，老师相信你今后的作文一定能写得更好。”刘二抬起头，我看到他的眼里顿时有了光彩。看着他那激动得涨红的小脸，我不知道我是否找到了打开他心灵的金钥匙，是否正在走进他那尘封的心灵。我只想对他说：“孩子，你要记住，作文是简单的，你是最棒的!”我想让孩子在童年的世界里找到自我、自尊、自信，感受到作文的快乐。

二、一句话同样精彩

这是一节语文实践活动课，同学们提议要做脑筋急转弯的游戏，于是教室里热闹起来。同学们有问有答，掌声、笑声不断。忽然班长提了一个问题：“世界上最贵的‘蛋’是什么‘蛋’?”学生的答案很多：鸡蛋、恐龙蛋、脸蛋、原子弹……这时刘二站起来怯生生地说：“世界上最贵的蛋是笨蛋，因为大家都叫我‘笨蛋’。”同学们哈哈大笑起来。我没有笑，抚摸着他的头，真诚地对他说：“是的，你是世界上最宝贵的。”他瞪大疑惑的眼睛看着我。

接下来的作文课是写一篇日记，刘二的日记是这样写的：今天语文活动课上，班长问：“世界上最贵的蛋是什么蛋?”同学们都不会。我说：“是笨蛋，因为大家都叫我笨蛋。”同学们都笑了，可是老师却没有笑。

多么朴实可爱的孩子！我不知道是因为“笨”才可爱还是因为可爱才显得“笨”。这就是童心，一颗纯洁无瑕的童心；这就是天性，一种让你陶醉的天性；这就是作文，最质朴自然的儿童作文。我在他的作文后认认真真地写上两句话："孩子，你并不笨，你和别人一样优秀。你的作文虽然不长，但也同样很精彩。"

三、让真情在心中流淌

今天是三八妇女节，我想进行一次亲情和爱心教育，就要求学生回家后每个人为自己的母亲洗一次脚，然后以《我为母亲洗脚》为题写一篇作文。第二天作文交上来了，刘二却一个字没写。我想这里边一定有原因，就把刘二找来耐心地询问。没想到他突然哭了："老师，我妈妈没有脚。"我一下子愣住了，不知如何是好。（后来才知道他的妈妈在一次车祸中失去了双脚）"老师，我写给妈妈洗脸，行吗？""好的，你写什么都行，你一定能写好的！"我激动地鼓励他。中午他的作文就交上来了，作文是这样写的：今天回到家，我对妈妈说："妈妈，老师让我为你做一件好事，我就帮你洗脸吧。"妈妈高兴地把我搂在怀里，笑着说："孩子，你真能干！你长大了，能为妈妈做事了。"我笑着为妈妈洗脸，眼里还流出了泪水。

看着眼前的几行文字，我的心也在震撼着。我们习惯于拿一个固定的标准要求千差万别的学生、衡量学生，可是我们真正了解过学生、研究过学生吗？知道学生在想什么、做什么、差异在哪里吗？我们只会用霸权压抑个性，用标准淹没差异，用虚假代替真实，导致学生的作文无病呻吟、千篇一律、干瘪而乏味，这是作文教学的一大悲哀。从刘二这短短的几句话中，我真切地感受到他那纯洁的心灵、真挚的情感，这就是最美的语言、最善的人性、最真的作文。这不是我们期盼的作文教学的理想境界吗？

真正的教育只能建立在尊重与信任的基础上，建立在宽容与乐观的期待上，存在于人与人心灵距离最短的时刻，存在于无言的感动之中。尊重、宽容、相信每一个孩子，呵护、珍视、唤醒每一颗童心，让师生之间彼此敞开心灵，走进对方的精神世界，进行人格平等的精神交流和心灵对话，使每一个学生都能感受到自主的尊严，感受到独特的存在的价值，感受到心灵成长的快乐，每时每刻都沐浴在人性的光辉里，拥有一个美好的人生，这是现代教学最崇高的追求。这次"课改"的核心理念就是以人为本、一切为了促进学生的发展。可长期以来，我们的作文教学是以本为本、以师为本。作文评价项目多、标准高、要求严、理想化、绝对化，远离学生的生活，漠视学生的感受，忽视学生的差异，淡化学生的情感体验，使作文变得高深莫测、枯燥无味，让学生谈文色变、望而生畏。尤其是一些后进生的作文被教师判了

“死刑”后，就永远被打入“冷宫”，再也见不到阳光。这种苛刻的作文评价，不是在甄别作文的好坏，而是在泯灭儿童的天性，摧残儿童刚刚开始的美好人生。我在进行作文评价时，尽力蹲下身子，走进儿童的真实世界，融入自己的爱心、真情、宽容和理解，真诚地赏识和激励学生，收获的却是学生生命的成长、精神之花的绽放。后进生不是不会写作文，关键是看我们教师怎样引导，怎样评价。尽管差异依然存在，但发展是显而易见的，这不就是作文评价的根本目标吗？所以，我们在评价学生的作文时，一定要摒弃功利思想，挣脱陈旧的枷锁，着眼于学生的精神世界，关注学生的生命成长，珍视学生的心灵体验，营造一个宽松、安全、自由的习作氛围，让作文融入学生的心灵，让学生写心中的作文。这样他们就会真切地感受到作文并不难，作文其实很简单，每个人都是作文的成功者。

记得有人说过，越是科学的，就越是简单的。作文又何尝不是如此？语文教师，请使用好你手中评价的“魔棒”吧。要知道：多一把评价的尺子，就会多出一批精彩的作文，多出一批优秀的人才。

第九节　阅读取向反思

最近听了两位教师执教《普罗米修斯盗火》一课，两位教师教学设计不同，教学效果各异，给了我很大的启示。请看两个教学设计的主要环节：

案例一

1. 寻找特点：快速浏览课文，从文中找出普罗米修斯是一个怎样的神。（学生读后很快从文中找出关键词语“勇敢而极富同情心”）

2. 验证特点：哪些地方表现出他的勇敢？哪些地方表现出他富有同情心？找出相关的段落，练习朗读。

3. 读出特点：你能把普罗米修斯的勇敢和富有同情心读出来吗？指名学生抓住关键词语读出普罗米修斯的勇敢和富有同情心。

4. 强化特点：教师强调，从“无火”可以看出他极富同情心，从“盗火”“受罚”“获救”可以看出他很勇敢。所以说，普罗米修斯是一个勇敢而极富同情心的神。教师指着黑板上的板书“勇敢”和“富有同情心”，让学生齐读。

案例二

1. 初读感悟：反复自由读课文，看看哪些文字使你最受感动？

（学生读后纷纷找出了最受感动的段落）

2. 精读品味：抓住自己感受最深的文字反复练读，把自己的感受通过朗读表达出来。

（学生读得声情并茂）

3. 交流分享：从这些动人的文字中，你读出了什么？能把你独特的感受和大家分享吗？

（学生的回答也丰富多彩，概括如下：从“无火”读出了普罗米修斯的博爱和富有同情心；从“盗火”感受到他的勇敢和机智；从“受罚”感受到他的坚强不屈；从“获救”体会到他的真诚和善良）

4. 朗读内化：选择你喜欢的方式，把你脑海中的普罗米修斯读出来，让他的形象在你的心目中更加高大起来。

从以上两个课例可以看出，两位教师都分四步进行教学，也都注意了读的训练，但是读的顺序不同，读的层次不同，读的方法不同，读的效果不同，其中折射出来的阅读教学取向值得深思。

1. 教学入手点是“思想内容”还是“语言文字”

学习语言的基本规律是从语言文字入手，进而理解语言文字所承载的思想内容，最后再回到语言文字本身，也就是遵循了“语言文字——思想内容——语言文字”的基本规律。案例一中，教师让学生先找出普罗米修斯的性格特点，再去研究具体的语言文字。教师着眼的是教材思想内容的解剖，关注的是知识结论的获取，把文本内容当成了教学的内容。案例二中，教师让学生先感悟具体的语言文字，再在对语言文字的朗读品味中构建起人物形象，着眼的是语言文字本身，关注的是学生在学习过程中的主体体验，让学生在和语言文字的“零距离”接触中感悟教材内容。很显然，前者是从思想内容入手，学生脑海中留下的是有关内容的痕迹；后者是从语言文字入手，学生收获的是鲜活的文本语言。语文教学的重点是学语言还是学内容呢？当然是前者。阅读教学要“披文入境”，前提是“披文”，学生只有在语言文字中走个来回，才能真正内化语言文字所蕴含的思想内容。

2. 教学方法是重“归纳”还是重“演绎”

“归纳”与“演绎”是两种不同的学习方法，教学过程中使用归纳法还是演绎法，往往是由不同的教学理念支配而产生的行为结果。

案例一中，教师先把人物的特点从语言文字的“母体”中强行拎出来，然后再层层剥笋、逐条验证，将知识演绎得淋漓尽致。案例二中，教师没有急于让学生找出答案，而是让学生抓住让自己感动的语言文字练习朗读，在动情的诵读品味中，使人物形象在脑海中慢慢清晰、渐渐丰满，进而呼之欲出。在此基础上，教师相机引导学生进行归纳和提炼，从而使学生实现对人物形象的完整构建。

案例一侧重演绎法，案例二侧重的是归纳法。其实，教学中运用归纳法还是演绎法，本无可厚非，可根据需要而定，并无优劣之分。但综观我们的课堂，很多教师热衷于运用“演绎”的教学方法，就让人深思。只要我们仔细审视一下，就会发现：“归纳”是属于研究性学习理念的产物，“演绎”是属于灌输式教育理念的产物；“归纳”以能力培养为本位，“演绎”以知识传授为本位；“归纳”突出的是学习过程，“演绎”突出的是学习结果；“归纳”是以学生为主体，“演绎”是以教师为主体。由此可见，教学过程中采用什么方法，不仅仅是教学方法的问题，而是教育思想、教育观念的问题，也是对教育功能的认识问题。

3. *教材解读是“求同”还是“求异”*

在阅读理解过程中，既要注意教学内容的价值取向，同时也应尊重学生在学习过程中的独特体验。阅读理解不是简单的“求同”，不是机械的“整齐划一”，得出一个统一的标准答案就算完成任务。而是要“同”中求“异”、“异”中求“活”，鼓励学生思维的多样化、理解的多元化，培养学生创造性的思维能力，使他们构建属于自己的“哈姆雷特”。“求同”只能建立联系，“求异”才能形成个性；“求同”只能肤浅地认同，“求异”才能深刻地探究。

案例一中，教师在引导学生理解人物特点时，一开始就将学生的思维“固化”在一个狭隘的视野中，学生的认识只能在“勇敢而富有同情心”的圈子里打转转，无法“越雷池半步”。虽是“异口”，却是“同声”；只有“同”的附和，却没有“异”的精彩。思维的“固化”、视野的“窄化”，导致了认识的“弱化”。情感丰富、催人泪下的普罗米修斯，在所有学生的眼中成了一个僵化的模式、一个抽象的概念、一个干瘪的人物标签。案例二中，教师没有给出固定的答案，提供的是更多的“不确定性”，让学生自主发现“不同点”、自主寻找“新风景”、自主构建“新形象”，每个学生都获得了独特的理解和深刻的情感体验，他们心中的人物形象才是鲜活的、立体的、有血有肉的。

4. 教学设计是“便教”还是“利学”

现代教学论强调以“学”为中心来设计教学，教学的出发点是学生的“学情”，教学的过程是学生的自主探究，教学的归宿是学生的自主发展。“新课程”倡导学生是语文学习的主人，教师是学生学习的引导者、组织者、合作者、参与者、服务者，要以“学”定“教”，因“学”施“教”。案例一中，教师是以“教”为中心来设计的，考虑的是怎样教才能顺风顺水、得心应手、不出意外。课堂上，线性的教学流程完全在教师的掌控之中，不用思考就能找到的问题的答案已经设计在教师的教案上，整个教学过程波澜不惊、一帆风顺，可谓成功圆满，师生皆大欢喜。案例二中，教师的教学设计是开放性的、自主的、动态的、生成的、不确定的，教师充分尊重学生的主体地位，关注学生的心理特点，遵循学生的学习规律，完全是以“学”为中心来组织教学的。没有统一的模式，没有固定的线路，没有统一的答案，学生充满灵性地感悟，满怀激情地创造，思维在不断发散，意义在不断生成，心灵在不断充盈。

叶圣陶说过：“教是为了不教。”这就明确告诉我们：“教”只是手段，而不是最终的目的，“学”才是我们孜孜以求的目标，“教”是为了更好地“学”。什么时候，当我们完全以“学”为核心来设计教学时，语文教学就进入了一个崭新的境界。

第十节 言语训练反思

在学校语文教研组的听课评课活动中，两位一年级老师都执教《做什么事最快乐》一文，在课终处理文章最后一节（妈妈笑着说：“为别人做自己能做的事，你就会觉得最快乐。”）时，两位教师采取了不同的教法。

案例一

第一位教师在指名学生读完该节后，提问：“什么叫自己能做的事？为别人做自己能做的事就会觉得怎样？”学生回答后，教师让学生再齐读全文，就结束了全课教学。

案例二

第二位教师是这样进行教学的：

他先用幻灯出示句子：“为别人做自己能做的事，你就会觉得最快乐。”

并且特别在“为别人”“自己能做”“最快乐”三个词下加着重号，引起学生注意。待学生齐读这句话后，教师提问。

师：同学们，什么叫为别人做自己能做的事？文中啄木鸟叔叔、老水牛爷爷、蜜蜂妹妹，它们能为别人做什么事？谁来说一说？

生：啄木鸟能为别人做的事是给树木捉虫子，水牛能为别人做的事是耕地，蜜蜂能为别人做的事是酿蜜。

师：那你知道工人、农民、医生、教师能为别人做的事是什么？

生：工人能做的事是做工，农民能做的事是种田，医生能做的事是给病人看病，教师能做的事是教书。

这时教师出示小黑板，让学生填空：

①工人____最快乐。

②农民____最快乐。

③医生____最快乐。

④教师____最快乐。

师：你们还能说出什么人为别人做什么事最快乐吗？每人举一两个例子说说。

生：司机为别人开车最快乐。

生：解放军为祖国站岗放哨最快乐。

生：演员为观众表演节目最快乐。

师：你们自己为别人做什么事最快乐？

生：我参加学校劳动最快乐。

生：我帮妈妈洗衣服最快乐。

生：我替五保户老人扫地最快乐。

以上两位老师的教学方法截然不同，教学效果也大不一样。前者采取的是传统的“问答式”教法，看似圆满地完成了教学任务，其实学生收获甚微。而后者采取的是“言语训练型”教法，教学的效果是显而易见的。表现在：

1. 巧抓训练点

本文最后一句是对文章中心的高度概括，是全文的点睛之笔，包蕴着丰富的思想内涵和训练因素，抓住这句话进行训练，能起到“牵一发而动全身”之效，要强化语言文字训练，就是要在这样的要害处、闪光处敲重锤。

2. 拓展训练过程

著名特级教师钱梦龙说：“除非不练，练就要练得学生一辈子也忘不了。”语言训练唯有拓展过程才有实效，唯有新颖才有特色。案例二中这位教师在学生初步理解句意后，让学生回顾并述说啄木鸟等动物做了什么事，巧妙地进行说话训练，进一步复习巩固课文内容，也为下面的训练打下基础。然后让学生思考工人、农民……做什么事最快乐，诱发思维的迁移。接着再填一填，进行规范的句式训练。最后请学生放开说“谁做什么事怎么样”，融创造性的思维活动和语言训练于一体。这样的训练内容丰富，方法灵活，循序渐进，形成一个层层深入的语言实践过程，有较强的趣味性、思考性和可操作性，学生思而有得，练而有趣，一举多得。

3. 在语言训练中渗透思想教育

语言文字训练不是机械地灌输，而是把思想教育、人文关怀巧妙地融入其中，做到工具性和人文性的高度融合、相互渗透。通过训练，学生明确了自己应该怎样为别人做事，为社会尽自己的义务，思想品德教育水到渠成，润物细无声，避免了生硬的说教，使语文教学的“工具性”和“思想性”达到了完美的统一。

第十一节　冷落文本反思

教材文本是教师教学的凭借、学生学习的载体，是实现师生教学互动的纽带和桥梁。在实施“新课程”的过程中，有的教师不知不觉地犯了“理念眩晕”症。有些教师片面理解“用教材教，而不是教教材”的教学理念，不知道将文本置于何位置；有些教师盲目开发教学资源，拓展教学内容，无暇观照文本视野，使得经典的教材文本逐渐被冷落、淡化甚至遗忘。其实，文本是最重要的教学载体，也是最宝贵的教学资源。语文教学无论怎样改革，也不能弃“本”而为、舍本求末。语文教学只有把“本”留住，把“本”激活，学生语文素养的提高才会落到实处。

一、无度的拓展，“淹没”了文本的重点

为了体现“建设开放而有活力的语文课程”的新理念，很多教师对教材内容进行了大量的开发和拓展，这本是好事，但是如果开发无度、拓展无序，那语文教学就会“捡了芝麻，丢了西瓜”“种了别人的田，荒了自己的

园”。如有位教师在教学《我应该感到自豪才对》时，就对教学内容进行了大量的拓展。在揭示课题时，教师就对“小骆驼”和“小红马”进行了细致的介绍，从生理特征讲到生活习性，可谓是细致入微。在学习小骆驼和妈妈的沙漠旅行一段时，教师又一次出示收集来的资料，详细地介绍了沙漠的特点，用文字、图片、音响等逐一进行了展示。然后又组织学生分组讨论，探究沙漠形成的原因。整节课，学生都在有关骆驼和沙漠的知识里转圈圈，没有整块的时间认真地读书、潜心地感悟。我们在欣赏这位教师占有大量学习资料的同时，不禁要问：这就是“新课程”理念下的语文课吗？学生在课堂上除了获得了一些动物知识和地理常识之外，还学到了什么？这堂课抛弃了文本的重点，迷失了语文课的目标，把语文课上成了不伦不类的地理课、自然课、生物课，这是语文教学的异化。教材是最好的阅读范本，也是最好的课程资源，是学生营养餐中的“主食”，课外资源充其量只能是“副食”，是“鼻尖上的米粒”，是不会吃饱的。教师要立足教材，让学生直面教材、研读教材、走进教材，在此基础上再适当关注课外的学习资源，让教材成为连接其他课程资源的纽带。有载体，才能有灵魂；若没有载体，语文教学就成了无源之水、无本之木。

二、盲目的生成，“偏离”了文本的价值

“新课程”提出，语文教学是动态的、生成的，阅读是学生的个性化行为，要尊重学生在阅读过程中的独特体验和多元化的理解。于是，有些教师为了生成“无法预约的精彩”，就从“平等的首席”中让出来，隐到了幕后，成了教学的“旁观者”和“局外人”。“阅读对话”脱离文本，不着边际；“教学对话”背离目标，天马行空。在有些学生的眼里，“狐狸”成了“聪明和智慧的化身”，“白骨精”成了“屡败屡战的英雄”，教师不仅不去进行恰当的引导，反而一味地表扬学生的观点有创意。在“生成”这个耀眼的光环下，有些教师已经眼花缭乱，不知所措，思维僵化，完全迷失了自我。故事是别人的故事，解读中却不可避免地融进了自我，透视了心灵。萨特说：“阅读是一种被引导的创造。”我们追求课堂的生成，但是必须是在尊重文本价值的基础上；我们鼓励学生多元化的理解，但是必须是在符合人生基本价值观念的原则下，“多元”不是“无元”，“哈姆雷特”也不会是“贾宝玉”。当理解误入了歧途，当生成背离了文本，教师该引的要引，该堵的要堵，“该出手时就出手”。教育拒绝浅薄，教师必须进行有意义的引领，不能用浮

躁的活跃使学生沉湎于肤浅，而是要用思维与精神的历险让学生视野更开阔，使孩子获得思维的快乐、意义的丰满。

三、泛滥的媒体，“剥夺”了文本的意蕴

每一个文本都是言语、形象、意境、情感的结晶体、黏合剂。学生只有在对语言文字进行“零距离”的亲密拥抱中，在对文本进行深入的咀嚼品味、密咏恬吟中，才能产生心灵的“超级震撼”，获得情感的强烈共鸣，把文本美妙的意蕴植入心中，化为自己成长的精神元素。但是，由于多媒体走进课堂，逐渐取代了文本载体，我们经常看到，完整的课文被割裂成一个个小片段，一次次地被投影到屏幕上，让学生照着读。课文美妙的意境被肢解成一个个孤立的画面，一次次地播放在屏幕上，让学生照着看。媒体把文本深邃的意蕴活生生地从语言文字的“母体”中剥离出来，企图通过外显直接地强加给学生，结果只能事与愿违。文字一旦脱离鲜活的语言环境，还有味吗？意境一旦离开丰富的想象，还能美吗？课堂滥用直观的媒体，把本应依托语言文字本身、通过思维活动获得的认识，让学生倒退到用感官去直觉它们。这样虽然满足了学生的好奇心，使学生获得了丰富的视觉享受，但是鲜艳的画面淹没了灵性的语言文字，喧嚣的视听效果取代了学生心灵的感悟。学生的脑海中除了留下一些线条和色彩，还有语言的痕迹吗？语文素养的提高落在何处？只能说，媒体活了，文本死了；眼睛亮了，心灵暗了；课堂热闹了，头脑僵化了；温度上去了，深度下来了。试想，学生长期依赖好看的媒体画面，心浮气躁，久而久之，他们还能静下心来认真阅读吗？还能潜下心来深入思考吗？他们原本的阅读功能就会退化，应有的阅读能力就会下降。所以说，任何媒体也不能代替文本载体，再好的媒体也不能代替阅读本身。

第十二节　自主学习反思

《语文课程标准》倡导“自主、合作、探究”的学方式，强调学生的自主性学习，突出了学生在学习中的主体地位，打破了传统课堂教学的僵化和封闭局面，使语文课堂洞开了一片美丽的天地。于是，语文课理念求“新”、

教法求“活”、课堂求“亮”，片面地强调学生的自主性学习，过分地强调学生的个性化感悟。教师对学生的学习过程和结果无原则地迁就，学生由语文学习的“主人”提升到语文学习的“主宰”，导致不少语文教师在课堂上的“不作为”。所以，当我们沉浸在学生“眼花缭乱”的“自主”选择、陶醉于学生“变化多端”的“自主”探究、迷恋于学生“丰富多彩”的“自主”体验时，就会发现一种偏差和尴尬，产生一种困惑和顿悟：学生自主学习了，教师做什么去了呢？自主学习方式中出现的教师行为缺失现象值得我们忧思。

案例一：随意的“选择”缺失“引导”

请看《庐山的云雾》的教学片段：

师：同学们，你认为课文哪些地方写得好？你想读哪一段就读哪一段，想怎样读就怎样读。

（部分学生开始读起来，少数学生看看别人读那一节，也跟着读起来。有的读云雾的“姿态美”，有的读云雾的“变化美”。还有几个学生读第四节，问他为什么喜欢读这一节，他们说这一节很短、好读）

师：请你们把自己喜欢的段落读出来。

（学生每人读出一节课文）

案例二：盲目的“探究”缺失“辅导”

请看《黄河的主人》教学片段：

师：同学们，下面你们想怎样来学习这篇课文呢？

生：我想朗读课文。

生：我想画一幅画，把黄河的主人画出来。

生：我想把课文表演出来。

生：我想唱歌来赞美黄河的主人。

……

师：你们的想法很好，下面就按你喜欢的方式去学习吧，想怎样学就怎样学，想和谁交流就和谁交流。

（学生开始忙碌起来，有的读书，有的画画，有的练表演，有的则不知所措，在盲目地东张西望。教室里闹哄哄的。教师在静静地等待着）

案例三：散乱的“体验”缺失“评导”

请看《狐假虎威》的教学片段：

师：学完了课文，你想对老虎、狐狸说些什么呢？请大家先小组讨论，要尽量说得与众不同。

生：老虎，你真是太笨了，你怎么相信狐狸的话呢？

生：老虎，你不会动脑筋，以后可不能轻易相信别人。

生：狐狸，你真聪明，居然把老虎都给骗了，我喜欢你。

生：狐狸，你真神气，在老虎面前大摇大摆的，真有气派，老虎也不是你的对手。我要能像你这样就好了。

……

《语文课程标准》指出，学生是语文学习的主人，语文教学应激发学生的学习兴趣，注重培养学生自主学习的意识和习惯，为学生创设良好的自主学习情境，尊重学生的个体差异，鼓励学生选择适合自己的学习方式。这是教学观念的重要解放，使传统的教学由封闭走向开放，由呆板僵化走向充满灵性。但是从以上几个案例可以看出，学生自主学习了，教师却淡化出场，隐身幕后，无所作为。一切都由学生说了算，学生想学什么就什么，想怎样学就怎样学，把学生主体绝对化，一味强调学习内容由学生自己定，学习方式由学生自己选，学习伙伴由学生自己挑，完全放弃了教师的主导作用，结果使不少学生无所适从、无从下手、无可奈何。“自主”成了“自流”，“放手”成了“放羊”，课堂成了虚幻的“游乐场”。这种教师主体地位退让的语文课，看似热热闹闹，其实华而不实，是自主学习的异化。

案例一中，学生在选择学习内容时存在很大的随意性，没有明确的选择目的，只凭自己的喜好，但由于小学生年龄小，他们避重就轻，避难就易，找不到教材的重点和关键，缺乏教师的有效引导，自主学习的效果显而易见。其实，阅读是一种高层次的心智活动过程，其间伴有认知的冲突、思维的碰撞、情感的融汇、意志的努力。而每一篇文章都是一个独特的审美载体，每一种读的形式都有其特定的功能和作用。教学中若不顾内容，不问学情，一味让学生只凭好恶去自主选择，学生就会陷入主观随意、避难就易的误区。试想，回避“不喜欢”读的段落，学生怎能全面地把握课文，真正地读懂课文？放弃“不喜欢”读的方式，学生又怎能练就高超、多样的朗读技能呢？

案例二中，学生在探究时为了追求方法的独特，一味地求新求异，但并不知道为什么要这样学习，加上没有教师的辅导、同伴的合作，学生只能盲目地东一榔头西一棒，在散乱的活跃和表面的热闹中完成盲目的探究活动。可是，学生究竟对语言文字的理解和积累有多少，对文章思想情感的体验有多少呢？

案例三中，孩子们的发言可谓丰富多彩，可以说这些都是孩子阅读这篇文章后的独特感受，再现了学生的心灵世界，凸显了学生的个性品质。“阅读是学生的个性化行为，要珍视学生独特的感受、体验和理解。”的确，学生是阅读理解的主体，他们在阅读过程中，调动已有的知识背景，联系个人的生活阅历，渗透自我的情感理念，从不同的角度对作品作出不同的解读，他们的独特体验是一种珍贵的教育资源。尊重学生的独特体验才能培养学生的主体意识、创新精神，才能使课堂焕发出生命的活力，也才能使学生的生命得以自主地发展。但是，尊重独特体验，并不是要放弃文本基本的价值取向和内涵；提倡多元理解，也不能脱离文本而异想天开、随心所欲，甚至荒诞不经。要知道，文本是作者独特思想和体验的载体，是语文教学的根本，是学生理解感悟和创造的重要凭借，对它的价值和内涵的发掘，在语文教学中占有极其重要的位置。学生的理解和体验散乱肤浅、人云亦云，有的远远脱离文本的价值取向，而教师却熟视无睹、听之任之，不去进行评判鉴别，不去进行点拨引导，不去通过比较作出恰当的选择和取舍。该引的不引，该堵的不堵，任由学生的体验漫无边际，这就是自主体验吗?

著名学者庞国维将自主学习概括为：建立在自我意识发展基础上的“能学”；建立在学生具有内在学习动机基础上的“想学”；建立在学生掌握了一定学习策略基础上的“会学”；建立在意志努力基础上的“坚持学”。“新课程”强调教师成为课程资源的开发者，成为学生学习活动的引导者和组织者，成为学生生命发展和成长的促进者。在学生的自主学习中，要求教师和学生两个主体的有机结合和促进，既不能让“学”围绕着“教”转，也不能让“教”围绕着“学”转。教师要成为“平等中的首席”，要像一位循循善诱的导游，做学生自主学习的引领者；像一个聪明勤巧的技工，做学生自主学习的参与者；像一位善于点化的智者，做学生自主学习的促进者。这样，才能使师生两个主体在平等对话、互动交流中有效地走向教学目标。

强调学生的自主学习，教师的角色行为不是淡化了，而是要更加凸显。我们应该有这样的基本理念：学生力所能及的，教师避之；学生力所难及的，教师助之；学生力所不及的，教师为之。要在教师巧妙引导的前提下，让学生对学习内容有适当的自主选择；在尊重文本思想意义的前提下，让学生拥有对文本的自我解读权；在教师的积极参与、突出语文实践的前提下，让学生拥有对学习方法的选择权。这样，学生的主体地位才能切实得到回归，自主学习才能真正落到实处。

第十三节　敞亮童心反思

《语文课程标准》指出，阅读是学生的个性化行为，不应以教师的分析来代替学生的阅读实践，应让学生在主动积极的思维和情感活动中，加深理解和体验，有所感悟和思考，受到情感熏陶，获得思想启迪，享受审美乐趣。怎样实现“新课标”提出的目标呢？笔者的做法是巧妙地创设学习情境，让学生在生动有趣的情境中尽情地探索和创造。

请看在学完《狐假虎威》《乌鸦和狐狸》之后，我整合教学资源，创设想象情境，引导学生进行创造性阅读的片段：

师：同学们，我们学过了《狐假虎威》《乌鸦和狐狸》两篇课文，认识了两只狡猾的狐狸。巧合的是，在茂密的树林里，两只占了便宜的狐狸正巧相遇了，他们俩亲热地说起话来。（多媒体出示两只狐狸在森林里说话的情境图）过了一会儿，被他们俩骗过的老虎和乌鸦也刚好路过这里，听到了他们说的话。（大屏幕上又出现一只老虎和乌鸦）在这样的情境中，他们会说些什么？做些什么？请你尽情地展开想象。（学生很快进入情境，有的皱眉思索，有的窃窃私语，有的跃跃欲试要举手发言）

师：请你们四人一组练习想象性表演，角色可以根据自己的兴趣爱好自由选择。哪一组表演得最好，我们就请哪一组到台上来演。

（学生分组进行练习，然后推荐一组学生戴上头饰上台表演。两只“狐狸”先上）

生：兄弟，这些天没见到你，又到哪儿找肉吃了？我真佩服你，能把人家口中的肉都骗到手。

生：大哥，这算什么？那只乌鸦呆头呆脑的，还净爱听好话，它上当受骗，活该！大哥，还是你厉害，居然把一只大老虎哄得团团转。瞧你在百兽面前多神气，真让人羡慕！

生：兄弟，我那也是没有办法，急中生智。谁知道那只老虎笨得像头猪似的，真是死脑筋，这么好对付。

生：大哥，你那叫艺高人胆大。不过，人类都说我们狡猾。这能叫狡猾吗？这只能说明我们聪明。

生：对，我们是聪明，不过我们的聪明都没有用在正道上，所以人类说我们狡猾，其实也真是这么回事。现在这个年代，为了能生存下去，也只有这样了，过一天算一天吧。

（这时，“老虎”和“乌鸦”悄悄地走上来）

生：（老虎）好个臭狐狸，那天骗了我，还在这里说风凉话！现在我再也不会上你的当了，今天看本大王怎么收拾你！（说着就往狐狸身上扑去）

生：（乌鸦）无耻的狐狸，今天我终于找到你了，上次你把我辛辛苦苦弄来的肉骗走了，害得我的几个孩子几天没吃到东西，头都饿晕了。今天你要当面给我赔礼道歉，还要赔偿我的损失，不然我就到动物法院告你！

生：虎大王，您消消气，上次确实是我不对，不过那也是没有办法的办法，毕竟我的生命只有一次，保护自己是最重要的。不然，我早就成你的下酒菜了，现在怎么能和你在这儿说话呢？可话又说回来，这也不能全怪我，你也应该动动自己的脑子啊，有脑子不会用，那不成了行尸走肉了吗？

生：乌鸦妹妹，我为上次的事真诚地向你道歉。当时我只是非常想吃那块肉，就耍了点小聪明，没想到你还真相信了，给你带来这么大的麻烦，真是不好意思。

……

“作者胸有境，入境始于亲。”一个文本就是一个情境的“磁场”，一篇课文就是一座形象的“园林”。学生只有融入其中，才能和文本产生强烈的精神碰撞。作为语文教师，就是要把开启这座“磁场”和“园林”的“金钥匙”交给学生，让他们尽情地徜徉其中，敞亮尘封的心扉，得陶醉之情趣，享求索之愉悦，获得新鲜而独特的感受，成为阅读实践的主人。

这节课，我根据学生爱幻想、乐于表演的心理特点，将两篇课文有机地整合起来，虚拟了多个角色“不期而遇”这样一个颇具悬念而又有挑战性的“情境场”：狡猾的狐狸、自以为是的老虎、爱听好话的乌鸦，它们在茂密的森林里上演了一出有趣而又惊险的闹剧。更为开放的内容，更加鲜活的形象，更加戏剧化的情节，强烈地刺激着学生的神经，激发了学生的好奇心和表演欲，放飞了他们幻想的翅膀。学生陶醉在美的情境里，沉浸在欢乐的表演中，各种各样的奇思妙想便应运而生。其实，学生和学生之间的表演性对话，就是他们以不同的方式跟文中角色进行心灵的碰撞和交流，从独特的视角对文本进行富有灵气的解读和诠释。这是儿童天性的尽情释放，也是独特个性的自由飞扬。杨再隋教授认为，儿童文化是一种诗性文化，儿童常常在现实世界和想象世界之间自由地转换，甚至模糊了幻想和现实的界限，绝不要武断地指责孩子们的“无知”，正是这些想入非非的幻想、标新立异的见解，造就了崭新的儿童文化，显露了儿童文化的天性，这是智慧的花蕾，是创新的萌芽。苏霍姆林斯基也说过："孩子只有生活在游戏、童话、音乐、幻想和创造的世界里，他的精神生活才充实，才有价值。"教学实践证明，只要我们从一味地关注知识的积累转变为关注学生的精神生命，从一味地肢解和分析教材转变为更注重学生充满灵性的阅读实践，那么童年的世界将更敞亮，我们的语文教学将更精彩，我们的学生将更富有创造性。

第十四节　公开教学反思

"新课程"实施以来，语文公开课教学已经成为推进课堂教学改革的一种重要形式，是教师相互学习、交流、展示的平台，它对先进教学思想和教学理念的传播起到了积极的推动作用。但是，时下的公开课却陷入了作秀、作假、表演、形式、功利的误区，让老师们"欢喜并忧虑着"。著名特级教师李镇西曾在多个场合大声疾呼："我们的公开课正在变味，正在成为束缚教师的绳索，成为某些功利的工具，甚至成为教育腐败的载体!"为了改进公开课，必须"清算""公开课"！公开课教学是深化课堂教学改革的"晴雨表"，它必须返璞归真，突出"四态"美。

一、平和的"心态"美

心态决定思维，心态影响行动，心态关乎成功和失败。如何看待一节公开课，我们要调适平和、健康、积极的心态。作为执教者来说，要把公开课当作一次交流、观摩、研讨的形式，要有低调、沉着、安静、淡然的心态，充分认识到自己的课堂就是为大家学习"新课标"、发现新问题、研究"新课程"提供范例。要有"靶子"观念，慢慢等待瞄准；要有"麻雀"意识，耐心接受解剖，以达到研究教学艺术、提高教学水平的目的。千万不要有太多的功利思想，指望着一"课"成名、一夜走红，那样会给自己更大的压力，变得心浮气躁和急功近利。作为听课者来说，要有理智、谦逊、欣赏、宽容的心态，把听课当作一次难得的学习和反思的机会，对教学中的亮点要由衷地给予鼓励，对出现的问题要真诚地给予包容。无论是成功的经验和失败的教训，都能给自己带来深入的思考、有益的借鉴和意想不到的收获，变为自己的经验和财富。上课和听课的老师都要进行必要的心理调适，才能在公开课中积极地自省自察，让公开课成为我们共同成长的阶梯。

二、自然的“常态”美

要上出一节高质量的语文公开课，教师自然要进行充分的准备，展示出自己的教学理念和教学水平，绽放课堂的精彩，这是很正常的事。老师们反对的是，有些老师为了公开课十全十美，找专家指导，集体包装，反复演练，甚至不惜作假，公开课异变成了教师作秀的舞台，成了“集体智慧的结晶”，“乱花渐欲迷人眼”的背后失去了公开课教学的本真。

其实，公开课过程不是听课人向授课人学习或授课人向听课人学习的单向活动，而是双方借助公开课这种平台进行的共同学习活动。因此，公开课也应该是一种常规化、常态化、自然化的呈现，它不一定尽善尽美，也不一定精彩绝伦，但它应该有真实性和研究意义。现在我们发现，有些名师找人包装好一节课以后，全国各地巡回“表演”，也不管当地学生用的是什么教材，也不顾学生的实际情况，他们总能以“不变”（一节课）应“万变”（情况各异的学生），哗众取宠而名利双收，让人汗颜。

美轮美奂的公开课如同“水中月，镜中花”，虚幻的成分过多，缺乏示范性和实效性，中看而不中用。“清水出芙蓉，天然去雕饰。”“大餐”虽好但不能经常吃，而“家常菜”最适合我们的胃口，是我们生命的营养液。公开课既是对平常教学的超越，又最终以平常教学为依归。我们呼唤公开课回归自然和常态。大道至简，真水无香，繁华落尽见真纯，朴实中透露精彩，平淡中蕴含深刻。贴近教学常规和师生生活的公开课，才是最有说服力、最有感染力的好课。

三、绿色的“生态”美

卢梭说过，教育必须顺着自然——也就是顺其天性而为，否则必然产生本性断伤的结果。“新课程”呼唤生态教学和生态课堂。生态课堂是尊重儿童天性的课堂，生态课堂是人文精神和语言发展水乳交融的课堂，生态课堂是价值引导与自主建构和谐统一的课堂。说到底，生态课堂是以儿童生命为本、以儿童的发展为本的课堂。公开课作为教学研究的试验场，处在“课改”的最前沿，更要树立生态教学的理念，保持教学本真的“原生态”。林清玄在《生命的化妆》一文中说："三流的化妆是脸上的化妆，二流的化妆是精神的化妆，一流的化妆是生命的化妆。"一流的公开课是不需要"涂脂抹粉"的，而要保持生命的本色。目前，公开课上的各种虚假和功利化倾向，都是课堂的"生态危机"，使课堂生态遭到破坏。

有这样一个典型例子：一物理特级教师上了一堂我们认为很精彩的公开课，老师发问，学生流畅、准确地回答，下课铃响起，预设的问题都得到了解决。中国听课的专家和教师都认为这是一节无懈可击的完美的课，而美国专家并不以为然，甚至很困惑："既然学生都会了，你们还教什么？为什么学生没有问题？"多么深刻而精辟！多年来我们追求的所谓"完美的课"，原来恰恰是问题最严重的课！生态课堂关注学生的生命发展，张扬学生的个性和智慧，聚焦学生的自主创造，而不是看教师预设得多么周密，表演得多么精彩，包装得多么华丽。生态的公开课追求真实、朴实、平实和扎实，突出本色、本真、本源和本质。保护课堂生态，是公开课最美的选择。

四、精神的"状态"美

一堂公开课教学，不仅要看学生学到了多少知识、训练了多少技能、生成了多少问题，更重要的是看师生精神是否"在状态"、生命是否"在现场"。教师要"在状态"，才能真诚地关爱、相信和赏识学生，才能热情地鼓励、启发和引导学生，以师爱之火点燃学生的精神之光。但这种状态一定要是发自内心的、激情的、智慧的，而不是虚情假意、装腔作势的"忽悠"。一位专家在其《青年优质课的八大通病》一文中曾指出："有的老师平时对学生不是冷若冰霜，便是横加指责，可到了公开课上，却一下子变成了'狼外婆'，不但'慈眉善目'，而且'海纳百川'，学生说什么都是'好'，答什么都是'对'，更有甚者，动不动就鼓掌喝彩。把求知的学堂变成了作秀的舞台。实际上，这种毫无原则、缺乏理性的肯定，往往只能让学生思想更懒惰、情绪更低落。"这是公开课的"伪状态""虚情怀"，是教师表演出来给听课教师看的，以博取廉价的掌声。

公开课教学的最终落脚点是看学生生命是否"在状态"。如果学生的思想处于游离的状态，那是无效的课堂。教师通过创设情境等手段，激发起学生浓厚的学习兴趣，让学生情不自禁、心花怒放和浮想联翩，让学生富有激情地探索，充满灵性地创造，使课堂成为学生诗意栖居的精神家园。学生的精神"在状态"，生命就"在状态"，课堂就"在状态"，这才是务实高效的公开课教学。

5 第五章 深化教研新构建：

教师内涵发展的“发动机”

“教师成为研究者”和“研究作为教学的基础”是“新课程”改革对教师提出的重要要求。一个优秀教师与普通教师最大的区别应该是有没有科研的追求和能力。“新课程”改革要求广大教师不仅应该掌握教育规律、教育教学技巧，还应通过教育科研实践，不断取得新知识，探索新领域，在教育科研活动中逐渐提高科研素质。教师要从“经验型”向“学者型”“专家型”“研究型”教师转变，不能甘于一辈子做“教书匠”，而要潜心争做“教育家”。教育中的每一天都是鲜活的、变幻的、多彩的，需要教师以审视的视角、研究的心态、探究的意识去观察、去判断、去选择。一个锐意进取的教师，就是做一个实践的研究者，做一个研究的实践者。问题即课题，过程即研究，成长即成果，学校即研究中心，教室即研究室，研究无时不在、无处不有。教育研究能使教师从极其平凡的、司空见惯的事件中发现新的办法、新的特征、新的细节。教师只有在深化教学研究中才能掌握教育的本质、感受成长的幸福，才能在专业发展的道路上越走越远、越来越快乐。这是教师内涵发展的“发动机”。

第一节 “学案导学型”教学模式研究

一、问题的提出

传统的语文课堂教学是以教师为中心、以教案为中心、以教材为中心的僵化封闭的教学模式，难以适应“新课改”的要求，其表现有以下几点：

1. 备课：教师带着教参走向教材

备课是教学的起始环节，是教学的重要基础和前提。传统的备课主要是教师钻研教材，设计教法，编写教案。教师以教参为“纲”，以课本为“本”，对课文进行解读和演绎。教师着眼的是知识的传授，考虑的是教师怎样教，关注的是教学的结果。这样的备课，只有教师站在教者的角度，以成人的视角来理解世界——成人世界，而极少能设身处地地去倾听学生视角中的独特世界——儿童世界；只有教师“教”的信息输出，没有“学”的行为反映；只有教师根据教参设计的标准答案，而没有学生主动预习和探索后的顿悟。备课的过程成了教师孤立地、机械地抄写教案的过程。备课主体的一元化、时空的封闭化，导致备课的形式化和虚脱化，大大削弱了备课的实用价值，备课成了形式和摆设。教学实质上是一种交往互动的过程，其中当然也应该包括备课的过程。备课中看不到学生的身影，教师闭门造车，学生蒙在鼓里，到了课堂上，教师打哑谜，学生只能东一榔头西一棒地猜谜语。这样在教学的第一个环节里，师生的交往就被阻隔，师生的互动就被截断，备课的真正意义就难以体现。

2. 上课：教师带着教案走向学生

在传统的或者说现实的教育教学中，教师仍是学生精神王国的主宰，学生是教师意志的服从者。教师带着个人解读的教案走向学生，课堂上的所谓理想境界是圆满完成教案，整个教学过程都是围绕着教师严密预设的教案来展开，“死”的教案成了支配和制约“活”的学生的工具，课堂成了“教案剧”演出的舞台，教师是导演和“主角”，好学生是“配角”，多数学生只是

“群众演员”，甚至是“观众”和“听众”。在这样的课堂上，只能听到以权威自居的教师的“单一声音”，而没有学生发自内心的声音，学生作为学习主体逐渐演变为权威言语的纯粹接受者，学生能做的就是静静地等待教师的安排。这种单向性和单维度的灌输结果，使“群言堂”变成“一言堂”，使对话交往变成了教师个人的独白和演说。

“新课程”强调学生是语文学习的主人，是发展的主体，倡导“自主、合作、探究”的新型学习方式，鼓励学生选择适合自己的学习方式，教师要尊重学生的个体差异。怎样将这些鲜活的教学理念运用到具体的教学实践中，使语文课程成为学生自己的课程、语文学习成为学生自主的追求，我们进行了“学案”教学的实践和探索。

二、“学案”教学的内涵和理论基础

1.“学案导学”的内涵

“学案导学”的内涵是将传统的“教案”改为“导学方案”（简称“学案”）。上课前，教师根据“学情”设计“导学方案”，学生根据“个情”设计“自学方案”。课堂上，教师以“导学方案”为凭借进行引导，学生以“自学方案”为载体主动探索，师生之间进行“学案”的交流、碰撞、整合和融汇。教师致力于点拨和引导，学生着力于自主学习和自主探究。这是以改革传统的备课模式为着眼点，以转变教师的教学行为和学生的学习方式为着力点，以学生的自主学习、自主发展为落脚点的新型的语文教学策略体系。

“学案导学”旨在通过改变传统的备课模式来改变教师的教学方式，进而促进学生学习方式的根本转变，实现学生学会学习、学会发展、学会创造的最终目标。“学案导学”是以学案为操作材料，把教师的教学目标转化为学生的学习目标，把教师的教学行为转化为学生的学习行为，把教师的教学内容转变为学生的学习内容，实现“教学案”的一体化。它以学生依案而学、教师导学释疑、师生互动交流为主要步骤，以学生探究为主体，以教师调控为手段，注重学法指导，突出学生自学，重在培养学生的学习能力和创新意识，从而提高教学效益。

2.“学案导学”的理论基础

（1）学习论原理

传统的教学是以知识灌输为中心，排斥学生的“自主”“会学”“发现”。

而新的学习论把“学生”和“学”作为最主要的研究对象，以“学”为中心组织教学，通过转变教学方式引导学生转变学习方式，使学生在自主、合作、探究式的学习中逐步学会学习。

(2) 人本原理

现代教育思想的核心是“以人为本”，教育的本质是为了人的发展。“学案”教学着眼点在于为学生的可持续发展打基础，着力点放在“学生”和“学”上。突出两个意识：一是学生意识，即学生是教学的出发点和归宿，教学应以学生为中心；二是生命意识，即教学是对学生生命的关怀，是激发学生的生命活力。学习是学生生命的奠基工程和生长过程，是学生由自然人变为社会人的过程。因此，教师面对一个个充满生命活力的教育对象，要时刻拷问自己：我是谁？为了谁？是否把学生素质的发展和生命价值的提升放在首要位置？

(3) 创新教育原理

创新教育是以培养人的创新精神和实践能力为基本价值取向的教育。心理学研究认为，人人具有创新潜能，教学在学生心理发展中起主导作用。语文教学是一种自主创新的教学，其目的是培养学生与他人互相合作、交流，引导学生主动地发现问题和解决问题，形成自主创新的学习观和人生观。“学案”教学解放了学生的眼睛，创造了学生观察的机会；解放了学生的嘴巴，创造了学生表达的机会；解放了学生的双手，提供了学生动手操作的机会；解放了学生的头脑，创造了学生独立思考的机会；解放了学生的空间，提供了学生自我表现的机会；解放了学生的时间，提供了学生合作交流的机会。让学生在创新性的学习中培养创新能力，达到身心全面、自主、和谐地发展。

三、“学案”教学的现实意义

1. “学案导学”有利于改变传统的教学理念

“学案导学”要求教师要改变教师主宰、知识至上、灌输为主的传统的教学理念，树立以人为本、以发展为本的全新的教学理念，突出做到以下两个方面：

首先是改进教师的“教”，更新观念。即从知识、能力本位向人本位转变，关注学生的个性发展和语文素养的提高。备课方面，从以“教”为出发点、以完成教学任务为归宿的教案，转变为以“学”为出发点、以促进学生发展为归宿的“学案”。教学设计方面，以“学生”和“学”为中心设计学生的学习方案，从三维目标去设计学习过程。教学过程方面，从授受式教学转变为自主探究式学习，突出师生间的互动、交流与合作。教学评价方面，形成立体、多元、全程的评价体系。

其次是强化学生的“学”。即从被动接受转向自主学习探究，从记忆模仿为主转向理解创造为主，从书本知识为主转向书本知识与实践能力相结合，从单纯的知识学习转向培养健全人格。

2.“学案导学”有利于突破僵化的备课模式

“学案导学”的突出特点是以“学”定“教”，教师不是在备“教”案，而是备“学”案；不是在设计“教”的过程，而是在设计“学”的方法；不是在关注教师怎样“教”，而是在关注学生怎样“学”；不是教师独立设计，而是师生合作设计。它的设计不是教师“授予”的程序，而是教师站在学生的角度，从学生的角度切入，以学习者的视角去钻研教材、解读文本、探询学习路径，力求获得最适合学生学习的方法和规律。在教师的“导学方案”里，不过分预设严密的教学程序，没有固定的环节，没有僵化的结论，但又有一定的设计思路，是一种粗线条且具有弹性化的教学设计，留给学生大量的自主创意的空间，具有很强的开放性、自主性、灵活性和生成性。“学案”显示的是“教”和“学”的流程，并不是教师“一厢情愿”地解读文本的答案，对教学过程中有可能随机生成的内容，“学案”中不一定要体现出来，但是教师要做到心中有数，以便及时做好点拨和引领。教师在备课的同时，学生也拿到提前下发的自学提纲，教学过程在学习课文前呈现给学生，学生就可以按照自学提示进行有目标、有步骤、有重点的预习和自学，重点完成“确定学习目标，收集相关资料，提出疑难问题”等任务。教学的前临界——预习，得到了极大的关注和开发。学生的备“学”和教师的备“教”同步展开，将“教”与“学”的活动有机地整合起来，让学生也参与到“备课”中来。这样的备课是对传统备课模式的突破和超越，不仅减轻了教师孤立解读、机械抄写的负担，也为学生提供了体验、实践的机会，使学生亲身经历学习的全过程，获得了难得的发展和创造的时空。

3. 优化教学环境，提高教学效率

传统的课堂上，教师滔滔不绝地讲，学生默默无言地听。教师的职责是灌输知识和传递信息，学生的任务是接受知识和储存信息，并且按照这些信息行动。师生的交往是单一性的，信息的传输是单向度的。教师教的活动代替了学生学的活动，教师是统治者、操纵者，学生是被统治者、被操纵者，这样的课堂近乎于没有生命活力和灵性的“心智屠宰场”。（钟启泉《课程改革：新视点与生长点》）在“学案”教学的课堂上，学生读书、思考在前，教师引导、点拨在后，学生通过自己的努力已经基本掌握了教材中的基础知识，而无需教师在课堂上花费更多的时间再去讲述，节省了课内用于无效劳动的时间，将时间用于创造性思维能力的培养和开发。教师和学生以“学案”为平台进行互动交流，以教材为载体进行平等对话。由于学生在课前已经对教材进行了认真的研读，有了一定的学习体会，对教学内容胸有成竹，在交流时就能左右逢源、得心应手，师生之间很容易形成思维的碰撞、经验的共享。因为“自学提纲”里展示了教学的流程，学生对教学过程的推进一目了然、驾轻就熟，教学中就能形成师生有效的交往和互动。师生相互展示学习的成果，共同分享探究的快乐，使课堂教学真正成为教师、学生、文本之间对话的过程。这样的课堂，没有了知识的权威，最多只有“平等中的首席”；没有了线性的灌输和简单的“独白”，取而代之的是立体的信息交融和充满灵性的多元解读。学生真正成为课堂的主人、学习和发展的主体，师生成为密不可分的“学习共同体”。这样就形成了活动性的、合作性的、交互性的、反思性的语文学习方式，实现了从“传递中心”的教学转变为“对话中心”的教学，从“记忆型教学”转变为“思维型教学”。在改善师生活动方式、优化教学环境的同时，大大提高了教学的效率。

4. 培养了积极的情感态度和创新人格

“学案导学”全面关注学生的学习过程，非常强调学生课前的预习、课内的参与、课后的拓展，给学生搭起了一个开放的自由创造的舞台。学生在“预习——交流——分享——重构——延伸”各个学习环节中，都在积极尝试自主、合作、探究的学习方式，这既是一个探究新知的过程，也是培养学生积极的情感态度和创新人格的过程。因为在学生独立探索的过程中，更需要学生有强烈的创新意识和实践精神，有刻苦钻研的态度和坚持不懈的意志品质。语文教学不仅是建构知识的过程，更是构建学生情感态度与价值观的过程，是塑造学生精神家园的过程。

四、“学案导学”课堂教学的模式建构

在学生充分预习和自学的基础上，进入课堂教学的交流和互动环节。“学案导学”的课堂分为“自主交流——自主感知——自主质疑——自主探究——自主发展”五个基本环节。

1. 自主交流

阅读教学要培养学生收集、整理、加工、整合信息的能力，尽可能丰富学习的资源，拓展学生的视野，增加学生的“前理解”，为学生探究和理解新知奠定基础。

在课前学生充分预习和广泛收集相关信息的基础上，教师组织学生进行信息交流，不仅大大丰富了学生已有的知识背景，让学生积累了足够的知识储备，在脑海中构建起立体的信息网络，而且激发起学生主动阅读的兴趣和愿望。

2. 自主感知

让学生选择自己喜欢的方式充分地读课文，选择自己喜欢的内容尽情地读课文，把读书的时间还给学生，把读书的方法教给学生，使学生在读中走进文本，在读中感悟课文内容，在读中增强情感体验。这一环节的主要任务是让学生汇报自己对课文主要内容的掌握情况和对文中关键词语的理解，从总体上把握课文。

3. 自主质疑

美国教育家布鲁巴克认为：“最精湛的教育艺术，要遵循的最高准则，就是学生自己提问题。”在充分自读的基础上，让学生带着发现的眼睛，静下心来阅读，潜下心来思考，真正地走进文本，主动地去产生疑问、提出问题。问题是阅读的“助推器”，是理解的“催化剂”。学生有了问题，产生了认知冲突，这时的阅读才是有效的；学生自己提出的问题，最契合他的思维和实际，他才可能乐此不疲地去想办法解决。

4. 自主探究

课文中精妙的句子和重点段落，包含着丰富的思想内涵，这也是教学的重点和理解的难点，就像一个个“智慧的宫殿”，等待着学生去探索。教师要鼓励学生根据自己的特点选择适合自己的学习方式，大胆地去尝试和探究，这是一次愉快的精神探险和智慧挑战。教师在关键处给予点拨和引导，使学生的学习循序渐进、步步深入，学生不仅深刻理解了课文的内涵，而且获得了独特的情感体验，感受到了探究的乐趣。

5. 自主发展

“语文是实践性很强的课程，应重视培养学生的语文实践能力，而培养这种能力的主要途径也是语文实践。”学生学习语言的落脚点是要学会积累语言和运用语言。教师以“自助餐”的形式，呈现出形式多样、内容丰富的语文实践活动，让学生根据自己的爱好自己选择活动内容，自己选择活动伙伴，自主设计活动形式，在读一读、演一演、评一评、写一写、问一问、讲一讲等生动活泼的言语实践活动中，加强语言积累，积淀语感经验，提升语文素养，使语文课堂成为学生自主创造、自主发展的大舞台。

“学案导学型”教学从课内延伸到课外，从书本拓展到实践，从记忆知识提升到个性创造。这样的语文学习才会浸润到学生的精神中，溶化到学生的血液里，成为学生永恒的精神财富。

第二节 “信息整合型”教学模式研究

人类社会已经进入知识化、信息化、多元化时代，要求未来的人才必须具有敏捷高效的阅读水平和灵活快速的处理信息的能力。语文教材知识面广、信息含量大，是信息传递的有效载体。教材文本是各种信息的浓缩，信息的内涵就构成了文本的价值取向。《语文课程标准》明确指出，阅读教学要培养学生收集和处理信息的能力。学生阅读的过程，实际上是一个将各种信息通过感觉器官及神经系统传入各个脑区然后进行整合的过程。从某种意义上说，一个人信息整合能力的提高在一定程度上是在阅读的历练中实现的。语文教学要拓宽教学视角，在阅读中优化信息流程，在阅读中提高学生信息整合能力。基于以上认识，我们以读书内化为主线，以信息生成为主旨，构建了“信息整合型”阅读教学新模式。这里以《海底世界》一课为例，谈谈这种教学模式的操作程序。

一、信息的探究和提取——“入境”

教材文本是信息的“集成块”，但这些信息并不是孤立、直白地呈现出来的，而是渗透在具体的语言文字和生动的交际情景中。“作者胸有境，入境始于亲。”学生初读课文时，不仅要敏捷高效地运用眼睛的“扫描仪”，而且要充分调动自己心灵的“解码器”，披文入境，拨云见日，才能融入教材信息的“源头活水”，充分地触摸，仔细地辨识，尽情地探究，从而捕捉到大量新鲜而有价值的信息。

在初读《海底世界》时，教师结合审题启发提问：“你现在最想知道海底世界的什么？”激起学生探究新信息的强烈欲望。接着让学生带着问题边读边想、边读边画，把朗读中发现的新信息及时圈画下来。然后同位交流，扩充各自的信息量。在此基础上，教师组织全班讨论和交流：“现在你已经知道了什么？能不能把你获取的信息向大家展示一下?”通过讨论，使学生从纷繁复杂的信息源中提取以下信息：海底很宁静；海底有各种各样的动物在窃窃私语；海底动物的活动特点大不一样；海底植物的色彩多种多样，形态也各不相同；海底有丰富的矿物质。这样，学生就从整体上把握了课文内容，提取了课文中的重要信息。

二、信息的激活和贯通——“入情”

初读只是找到了信息的源头，凸显了课文的外显信息。这些信息通过视觉就可初步获得，是僵化静止、苍白单调的，是粗线条、轮廓式的语言符号，没有生命的活力，难以真正走进学生心灵的深处。课文中还有许多藏而不露、蓄而不发的隐性信息，如认知的、思想的、情感的、精神的等，这是看不见、摸不着的内隐信息。需要学生调动自己的情感经验，走进作者的精神领域，融入文章的“情境场”，和作者的情感、文中人物的情感形成强烈的情感共振。在这样的氛围中，学生潜心会文，细细地品读、慢慢地咀嚼、尽情地想象，唤起深刻的情感体验，赋予枯燥的文字以生命和活力，形成了鲜活的内心视象，使那些含义深刻的精神元素得到发掘、激活、放大，活生生地呈现出来，以不同的代码形式，经不同的输入通道同时摄入，让外显信息和内隐信息充分地融会贯通，从而立体地内化到信息的仓库中。

1. *声音激活*

以声传情，通过声音激活文中沉睡的情感信息，通过声音传达读者内心真实的感受。如在品读第二节时，让学生把蜜蜂的嗡嗡声、小鸟的啾啾声、小狗的汪汪声，还有人的呼噜声，读得惟妙惟肖、生动逼真，使各种动物的窃窃私语声清晰地印在学生的脑海中。

2. *形象激活*

通过观察插图或者进行动作模拟，把文中抽象的事物还原为鲜明可感的形象，使抽象的文字信息形象化、立体化，更容易被学生吸收。在品读第二节动物的活动特点时，让学生结合图画边读边表演，使海参的肌肉伸缩、梭子鱼的快速攻击、乌贼的喷水和后退、贝类的扒船旅行等活动特点跃然纸上，铭刻在学生的信息结构中。

3. 想象激活

想象可以使僵化静止的文字信息活化起来，使其变得亲切而美好，成为学生宝贵的信息资源。如课文中说深水鱼自身就有发光器官，游动起来像闪烁的星星。教师引导学生在品读中想象：海底就像漆黑的夜幕，深水鱼轻轻地游来游去，身上的发光器官闪闪发亮，这不就像夜空中闪烁的星星吗？学生在想象中获得了美的享受，在想象中获得了独特的信息资源。

三、信息的提炼和整理——“入神”

学生在前两步阅读中获得的信息虽然丰富多彩，但却是杂乱无序的，缺少系统性和规律性，无法继续开发和利用。这就需要学生带着研究和审视的心理再去研读课文、研究作者，把握文章的真谛，感受作者的思想脉搏，从整体上了解教材文本信息的传输方式和特点，对纷繁复杂的信息进行归纳和整理，从而提炼出信息系统中本质的、规律性的东西，即语言文字所包含的寓意和精髓。教师启发提问：“你已经获得了哪些信息？这些信息是怎样表现出来的？”让学生在读中研究、比较、分析，真正明白文本信息结构的特点。学生研读《海底世界》时，就要让学生通过研读明白：本文是先提出问题，然后具体说明，最后总结全文，突出海底世界的景色奇异和物产丰富。在具体写海底的动物、植物和矿藏时，又都是先总写后分写。这样，全文的结构就清晰地呈现出来，让学生完整而真切地把握了教材信息的内涵。

四、信息的整合和生成——“入化”

如果说初读是找到了信息的“源”，品读是激活了信息的“点”，研读是疏通了信息的“线”，那么活读则是整合了信息的“面”和“网”，生成了信息的“球”和“体”。即通过活读课文，拓宽学习的时空，拓展信息的源泉，扩大信息的“内存”，集八方之流，汇一池活水，在学生的头脑中逐渐构建起数量足够的信息组块，进而形成能够对接触到的相似的外部信息作出迅速反应的“快速通道”，使教材信息与生活信息巧妙契合、课内信息与课外信息有机结合、知识信息与情感信息恰当融合，形成多渠道、多元化、立体式的信息网络。各种信息在重新整合后迅速投入流通和周转、生发和扩张的过程中，从而生成全新的信息“模块”，化为学生智慧的元素，积淀成生命的养料。

1. 拓展

拓展即拓宽渠道，扩充信息资源的数量。学完《海底世界》后，教师及时启发："除了文中的知识，你还想了解海底世界的什么?"让学生广泛阅读课外书，收集相关资料，或者上网查询，采访家长和有关科技人员，尽可能从不同渠道获取大量的有价值的信息。然后开展"我了解的海底世界"交流汇报活动，让学生把从课外学习中掌握的最新信息进行发布，形成纵横交错、多元反馈的信息网。

2. 创生

创生即尝试运用，提升信息的运行质量。在学生拥有一定数量的新信息后，让学生学习课文中信息的表达特点，把收集到的零散信息进行加工整合，投入"信息通道"进行运行，创生出新的信息文本，培养学生综合处理信息和在实践中灵活运用语言文字的能力。如让学生以《我心目中的海底世界》《神奇的动物王国》《巧妙的植物世界》为题练写短文，从不同的角度展现海底世界的神奇和美丽。或者让学生画海底世界的想象画、设计保护海洋的广告语，以不同的形式建构新的信息模式，让学生在创造新信息的过程中激发出旺盛的创新热情。

第三节 "朗读水平与阅读能力"相关性研究

一、问题的提出

语文教学要坚持以读为本，走读书内化之路，突出读书训练，在读中感悟，在读中培养语感，反对进行烦琐的分析、机械的讲解。尤其是苏教版语文教材，特别重视朗读训练，把朗读视为语文教学的最重要目标，对培养学生的朗读能力起到了极大的促进作用。但是也有教师怀疑，课堂上突出读书训练，不进行讲解分析，学生的阅读理解能力不会下降吗？所以有些教师在课堂教学中还是舍不得放弃传统的"讲解分析"。那么，重视朗读会不会削弱阅读理解水平，朗读能力和阅读能力之间有没有关系呢？有着怎样的关系呢？这是我们要解决的主要问题。

二、研究过程与分析

1. 研究对象及内容

我们从中心小学 240 名学生中随机抽取 60 名作为研究对象，重点测试学生的朗读水平和阅读理解水平。

（1）朗读水平的测试。朗读的成绩由两部分组成，一部分是由语文教师根据学生平时的朗读水平打出分数。另一部分是选一篇适合学生阅读的课外文章，让学生现场朗读，根据正确、流利、有感情三方面的标准随机评出分数。

（2）阅读水平的测试。根据《语文课程标准》的要求，设计一份适合学生阅读理解的阅读试题，让学生独立阅读，完成测试题，然后得出每个学生的阅读成绩。

2. 研究过程及方法

我们先测试朗读水平，把 60 名参加测试的学生按朗读成绩从高到低排序，然后进行分组，成绩最好的前 20 名为 A 组，中间的 20 名为 B 组，最后的 20 名为 C 组，并且计算出各组学生朗读成绩的平均分，这个分数就基本反映出这一组学生朗读的平均水平。接着计算出各组学生阅读的平均分，再把各组学生的朗读和阅读成绩进行比较，从各组分数的差异中寻找变化的规律，从而发现和总结出朗读水平和阅读能力之间的关系。

3. 研究的结论及分析

按以上操作步骤，我们综合统计得出下表：

组　别	朗读水平得分	阅读水平得分
A（1～20 名）	92.3	90.9
B（21～40 名）	88.3	84.0
C（41～60 名）	82.1	70.1

从上表反映的数据看，A、B 两组学生朗读水平分差为 4 分，阅读水平分差为 6.8 分，A、C 两组学生朗读水平分差为 10.2 分，阅读水平分差为 20.8 分。

从以上统计和分析可以看出，学生的朗读水平和阅读水平之间的变化有着鲜明的规律：朗读水平高的，阅读水平也高；朗读水平低的，阅读水平也低；朗读水平差异小，阅读水平差异也不大；朗读水平差异越大，阅读能力差异也越大。这说明，学生的朗读能力和阅读水平之间呈明显的正比关系，朗读水平的强弱，直接影响着阅读水平的高低。朗读犹如阅读的一面镜子、一杆标尺，朗读能力的提高对阅读水平具有明显的促进功能。

三、结论和建议

1. 加强对朗读教学功能的认识

朗读是阅读教学中最重要、最经常的训练，它是发展学生的语言素质、提高学生语文能力的根本手段。长期以来，人们已惯于用西方结构主义的理性分析来代替充满灵性的读书感悟，把语文肢解得七零八落。事实上，朗读是全身心地感受，全息性地体验，全方位地理解，全过程地吸收，是学生与作者情感和心灵的交流与碰撞，是培养创新精神的“黏合剂”。

2. 改进朗读指导的方法

朗读，不是苍白的图解文字，也不是机械的叙述语言，而是心与心的接触、情与情的融合。要提高朗读的效果，就要点燃朗读的“火”。俄国作家果戈理曾说：“像样地朗读一篇抒情作品……需要同作者分享那充满他心灵的崇高的感受；需要用整个心灵去感受它的每一个字。这时在朗读者的声音里听得出一种真实的内心激动。”这种“整个心灵的感受”，这种“真实的内心激动”，就是朗读的“火”。指导学生朗读课文，就是要让学生“火”起来，以浓厚的感情、生动的趣味、优美的意境去点燃学生心中炽热的火焰，诱导学生用整个心灵去感受，把眼前的文字变成生动的画面、鲜明的形象、丰富的感情，走进文章的意境之中，和作者真诚地对话，和文中人物心贴心地交流，从而充分感知语言之精妙，洞察语言之精髓，把握语言之理趣。

3. 强化课外阅读，促进朗读水平和阅读能力的和谐发展

日本心理学家通过大量的调查研究得出这样一个结论：人拥有的词汇量和智商成正比。课外阅读是架起朗读水平和阅读理解能力的桥梁，为朗读提供丰富的材料，补充新鲜的血液。只有经常地读、大量地读、生动活泼地读，学生才会在读中有所发现、在读中学会思考、在读中学会创造，真正提高语文素质。

第四节　“读书内化型”教学模式研究

传统语文课堂教学的症结是“教师一统”“学生被动”“烦琐分析”，严重阻碍了学生自主的阅读和自主发展。怎样确立新的教学观，构建素质化的语文课堂教学模式呢？

我们的认识是：

第一，语文课堂教学要突出学科性，坚持以读为本，通过有指导的读书活动，让学生把课文的规范语言内化为自己的语言，进而促进语文素养的提高，走“读书内化”之路。

第二，语文课堂教学要突出主体性，坚持以人为本，关注人的发展，把培养学生的自主探究意识和实践创新能力作为教学的重点，走自主创新之路，促进学生健康人格和整体素质和谐发展。

第三，语文课堂教学要遵循阅读教学的规律性，注重对阅读策略的研究，要根据阅读教学的基本规律和学生的阅读心理特点，引导学生从文章中走个来回，在感知、理解、积累和运用语言的实践过程中掌握语文这门工具。

语文教学必须走“读书内化”之路，这是语文教学改革思想的核心成分。“读书内化”就是通过有指导的读书活动，让学生把课文的规范语言内化为自己的语言，同时促进整体素质的提高。落实到操作层面上，就是要念好“九字诀”：读进去、记得住、用得出。同时强调“四重”：重读书、重感悟、重积累、重迁移。语文教学要由以理解课文内容、获取知识结论为主要目的，转变为以学会读书、发展语言为主，同时塑造健全人格为主要目的。基于以上认识，我们以“读书内化”为主线，以“自主创新”为主旨，构建了“读书内化型”语文课堂教学模式，其基本结构为：

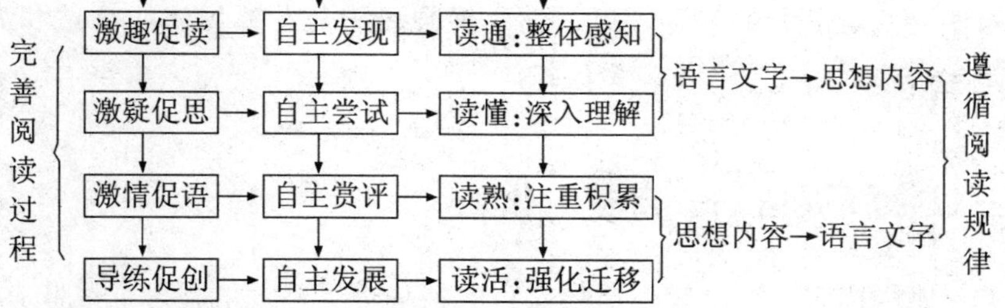

一、激趣促读——自主发现

教师通过激趣手段促使学生认真读书、积极思考、自主探索、主动地感知课文内容，实现“读进去”的目标。

1. 激趣引读

激趣的形式有：联系旧知，提供背景材料；创设情境；激疑启问；等等。学生在兴趣的引导下进行自学，通过读、查、画、思等活动，达到读准读通课文、全面感知课文信息的目标。

2. 交流汇报

在充分自读后，同桌互相交流自己对课文的初步理解，以扩充信息源。汇报的程序有两步：一是通过“读”传递对课文的感受，主要通过检查朗读进行；二是通过“说”汇报对课文内容的掌握程度，主要是让学生各自发表意见，谈谈自己读懂了什么、发现了什么。

二、激疑促思——自主尝试

学起于思，思源于疑。在学习过程中，教师启发学生善于敏锐地发现和提出问题，主动地探索问题，最终独立地解决问题，达到对课文的深入理解，提高学生主动获取新知、加工处理信息的能力。

1. 学中生疑

学贵有疑，学生在细读课文时要边读边想，找出疑点。教师要注意教给学生质疑的方法，如抓住首尾质疑，抓住重点、难点、特点质疑，抓住课文矛盾处、重复处、转折处、空白处质疑等。

2. 主动解疑

指导学生充分发挥主观能动性，通过各种手段，力求自行解决疑问。

3. 合作释疑

对于一些难度大的问题，组织学生展开讨论，发挥集体的智慧和力量，通过生生合作或师生合作共同释疑。

三、激情促悟——自主内化

初步掌握内容后，让学生抓住文章的精华进行仔细的揣摩、品味、赏析和评价，从中感受它的丰富、它的美妙、它的韵味和情致，领略作者遣词造句的精妙独到和语言文字的无穷魅力，进而体会出蕴含在字里行间的浓郁的真情实感，引起强烈的情感共鸣。这样做不仅能帮助学生有效地积累语言、培养语感，而且能陶冶情操、启迪心智，达到“记得住”。

1. 美读欣赏

叶圣陶先生说：“设身处地，激昂处还他个激昂，委婉处还他个委婉……务期尽情地发挥作者当时的情感，美读得其法，不但了解作者当时说些什么，而且与作者的心灵相通。”学生在入情入境的美读中熟读精思、玩味欣赏、积淀语感，达到“其言皆若出于吾之口，其意皆若出于吾之心”的同化境界。

2. 品味评价

美读中不仅要让学生品出滋味，还要能说出原因，说出精彩在何处，奇妙在哪里。评价的方式要灵活多样，可以师问生答、生问生答、生问师答，也可以通过“我来考考你”“请你来补充”“谁来考考我”的方式进行，形成全方位反馈、多元化评价的网络，使学生思维的灵活性与创造性、语言与个性等方面都得到长足的发展。

四、激创促练——自主发展

教育心理学指出，人的学习从心向和感知到理解是由具体到抽象的认知的一次飞跃，而从学习的理解到迁移和应用的过程则是一个从抽象到具体化的过程，是比上一次难度更大更复杂的认知的飞跃，只有完成两次飞跃，才是一个阶级学习的终结。“读书内化型”教学把学生语文能力的形成和健康个性的和谐发展作为教学的出发点和归宿，它强调为迁移而教、为应用而学、为创造而导。所以，要根据课文特点强化语言的迁移和应用训练，通过自主竞争与合作、自主反思与完善，举一反三，学以致用，激发学生的创新精神，促进学生综合素质的发展。

这一环节主要是通过比赛的形式进行。主要内容有：鉴赏性的朗读背诵，以强化积累，形成规范运用语言文字的能力；巩固性的复述评议，提高口语表达能力；迁移性的练笔，仿照课文的精彩段落有机进行片段训练；创造性的想象，抓住文章结尾巧妙延续、扩展发散，培养学生创造性思维的能力；激情性的表演，根据文中的故事情节表演游戏或课本剧，培养艺术才能；操作性的实践，结合课文内容，让学生进行小实验、小制作、小设计等，培养学生实际的动手操作能力和创新精神。以上内容不一定每课都练，可因文而异，有选择地进行。

以上四步程序，前两步重在“披文入境”，后两步重在“潜心会文”，融语言发展、思维训练、个性培养为一体，相辅相成，相得益彰。这种将教师授受型转变为助读型、主体内化的教学模式，把知识信息的“外循环”转变为“内循环”，突出以读书活动为主线，强调学生的自主学习、自主操作、自我建构，帮助学生形成扎实的语文能力和深厚的文化积淀。教学实践证明，这种教学结构，学生参与率高，主动性强，是培养创造人才、实施素质教育的有效的教学模式。

第五节　“同步拓展型”教学模式研究

一、问题的提出

“新课程”改革虽然已经实施10余年了，但是语文教学依然存在许多问题，主要表现在：

1. 课堂教学高耗低效

“新课程”提出自主、合作、探究的学习方式，我们的老师在具体操作中经常走向两个极端，要么是让学生自由散乱地读书、随意而为地感悟、天马行空地讨论；要么是教师充分发挥自己细读文本的特长，对教材进行烦琐的分析、详细的肢解，追求讲深读透，以自己的理解代替学生的感受。在这样的课堂中，学生被严重架空，学习能力逐渐弱化，教学效果甚微。

2. 课外阅读漫无边际

现在很多教师都意识到课外阅读的重要性，广泛开展了诵读经典的读书活动。但是由于阅读时间没有保证，阅读方法缺乏指导，阅读内容没有落实，导致学生阅读处于散乱无序的状态。

3. 重读轻写，读写脱节

长期以来，受“阅读本位”读写观的影响，教师认为语文教学的中心就是阅读，过分放大了阅读的地位，削弱了写作训练。课堂几乎是讲读、串讲课文的天下，写作被放置一边，学生全学期只写8篇作文，这样的写作量，很难帮助学生提高作文能力。

二、对“同步拓展”的思考

1. 阅读教学的目标不是“教课文”而是“学语文”

叶圣陶先生在几十年前就指出：“语文教材无非是个例子，凭这个例子要使学生能够举一反三，练成阅读和作文的熟练技能。”学生的语文能力不是教师讲出来的，而是在大量的语文实践活动中熏染和历练出来的。语文教材只是个“原型”，教师要摒弃烦琐的分析教学法，运用教材进行迁移拓展训练，用“课文教”，而不是“教课文”。对于教师过分讲解的现象，吴忠豪先生说道：“……要求小学生解读文本、细读文本，教师必须精心指导，甚至过度指导，然而效率依然不高，因此每篇课文教师几乎都是在同一个平面上循环往复教学。其实阅读教学主要不应该是‘教课文’，而应该用课文来‘学语文’。”

2. 多读多写是阅读能力形成的重要途径

《语文课程标准》指出，要培养学生广泛的阅读兴趣，扩大阅读面，增加阅读量，提倡少做题、多读书、好读书、读好书、读整本的书。课标同时规定，小学阶段学生的课外阅读总量为145万字。有人说，学好语文没有什么技巧，四个字：多读多写。著名作家和哲学家周国平先生写过一篇文章，题目叫《假如我是语文教师》。“假如我是语文教师，我只做两件事。一件事，让学生大量地课外阅读；第二件事，让学生养成每天写日记的习惯。”李白坚教授在《愿教师少分析，让学生多读多写》文中说，我国中小学语文教学非但把分析课文看成阅读课的主要内容，而且还把学生精确掌握每一篇教师分析过的课文看成语文教学的总目标。然而，当教师通过“细读文本”将每一篇课文分析得体无完肤的时候，也就把学生死死“钉”在他们亲手制作的阅读“十字架”上了！耶稣是肉体被钉，尚可复活，孩子们是思想被钉，要复活就难了！著名语言大师吕叔湘先生曾讲：“同志们可以回忆自己的学习过程，得之于老师课堂上讲的占多少，得之于自己课外阅读的占多少。我想自己大概是三七开吧，也就是说70%得之于课外阅读。课外阅读对语文课来说，绝不是可有可无的。”由此可见，学好语文唯有多读多写，没有他途。

3. 学以致用是语文教学的重要方法

学生在阅读中学到了知识和方法，只有在写作中实际运用，才能形成语文能力。著名教育家潘新和先生突破性地提出：“阅读，指向言语表现，指向写作。”“写作是阅读的目的。”“写作是语文能力的最高呈现。”这就与传统的读写观完全不同了。这一读写观是“表现本位”“写作本位”的。在“写作本位”的读写观里：读“完”（就是读“懂”）一篇文章，阅读教学才完成一半。另一半更重要，这就是使学生学以致用，就是要让学生把从读中学到的用在文章写作中，让他们把对文本的理解、感想说出来，或者写出来，这才能算是真正完成了阅读教学的一个完整过程。一个人如果不会说和写，读不能致用，读了再多的书也是白搭。可见，阅读的归宿必定是言语表现，在阅读教学中就要有意识地往写作能力培养上迁移，尽量使阅读能力转换成说、写能力，提高阅读教学效能。

三、“同步拓展型”教学模式的构建

1. 教学模式的界定

“同步拓展型”教学立足于课堂教学改革，构建符合“新课程”标准的简约高效的阅读教学模式，确立创新型的课堂教学观念，牢固树立以学生为中心的教育主体观、以提升学生的语文素养为重点的教育质量观、以完善学生人格为目标的教育价值观。

“拓展”指在课堂教学中，在完成课文学习任务的前提下，结合学习内容恰当地向课外阅读扩展迁移，向习作训练补充延伸。“同步”指的是扩展阅读和写作训练不是脱离课堂教学和课文另起炉灶，而是紧扣课文的学习同时同质进行。拓展阅读和拓展习作的内容和课文学习的内容同步，基于课文，契合课文，指向课文；拓展阅读和拓展习作的时空和课堂学习同步，依托课堂，利用课堂，在课堂上。“教学模式”是指拓展型课堂教学的结构程序、指导方法和实施策略。小学语文同步拓展教学模式实验研究的出发点，就是要在平时的阅读教学中，尽量压缩教师讲解、分析课文的时间，留出整块的时间相机进行拓展性的阅读和写作训练，丰富学习资源，强化学习效果，以达到提高学生语文素养和教学效益的目的。

在这里，“同步”是教学的前提，“拓展”是教学的重点。基本的目标是：每篇课文的教学都用两个课时，第一课时即完成课文教学任务，达成教学目标（精读课）；第二课时专门进行相关的拓展阅读和习作训练（拓展课）。形成“一体两翼”的教学模式：“一体”就是以语文课堂教学为主体，“两翼”就是拓展阅读和拓展写作。精读是拓展的基础和前提，拓展是精读的深化和提升；精读课掌握知识和方法，拓展课则彰显能力和创造性。

2. “同步拓展型”教学模式的操作要点

本课型强调课前预习，要求学生利用回家或者早自习时间预习新课，至少读两遍课文，要有明确的读书要求。第一遍读书要求：读准课文，感悟新词。具体操作：边读课文边把遇到的生字新词画出来，借助生字表或工具书等读准字音，结合上下文初步想想词语的意思。第二遍读书要求：读通课文，感悟内容。具体操作：连贯通顺地朗读全文，边读边想想课文主要写了什么内容。

精读课操作提示（第一课时）：

一、自学（20 分钟）

1. 导入课题，揭示目标。（3 分钟）

2. 检查预习效果：认读生字新词，结合文中关键的词语巧妙说出课文的主要内容。（出示重点词语，4 分钟）

3. 听课文录音朗读。（3 分钟）

4. 自由朗读全文，思考领悟文章内涵。教师出示两个重点问题，分别指向文章的内容和写法。学生默读思考批注。（6 分钟）

5. 小组围绕问题合作讨论（前后排 4 人小组或者同位）。（4 分钟）

二、展示（15 分钟）

1. 开火车分节朗读课文。（3 分钟）

2. 展示汇报：围绕教师提出的问题谈阅读感受和理解情况。（8 分钟）

3. 积累精彩段落语句（朗读或背诵）。（4 分钟）

三、巩固（5 分钟）

1. 完成填空练习（出示文章中的一些重点语句）。（2 分钟）

2. 完成一些书面作业（可以是练习册上的作业）。（3 分钟）

拓展课操作提示（第二课时）：

一、拓展阅读（20 分钟）

1. 教师导入。（1 分钟）

2. 学生自由阅读相关课外文章，思考主要内容或感受。（15 分钟）

（教师提前收集和课文相关的课外文章 5～6 篇，并复印下发给每个学生）

3. 学生简单说说阅读感受，教师相机评价。（4 分钟）

二、拓展写作（20 分钟）

1. 教师引导，提示习作要求。（1 分钟）

2. 学生拓展写作。（15 分钟）

（根据课文和所阅读的课外文章，教师提出写作话题，让学生进行拓展写作）

3. 习作点评。（4 分钟）

（指名朗读自己的习作，教师相机点评）

第六节 “语文实践活动”策略研究

一、问题的提出

从语文教学的现状看。当前的语文教学还没有根本改观，仍然是以教师为中心、以教材为中心、以课堂为中心、以讲授和灌输为主的教学模式。这种僵化封闭的教学模式禁锢了学生的思维，压制了学生能力的发展。语文学习是一个反复实践、不断历练的过程。学生只有亲自体验、亲身实践，才能有效提高语文能力。

从素质教育的目标看。实施素质教育的重点是培养学生的创新精神和实践能力，鼓励个性和特长发展。语文实践活动缩短了大社会和小课堂的距离，缩短了社会现实与学生思想实际的距离，为实施素质教育提供了更为广阔的大环境，有利于培养学生的创新精神和实践能力，激发学生的创造性。

从课程改革的要求看。《语文课程标准》明确指出，语文是实践性很强的课程，应着重培养学生的语文实践能力，而培养这种能力的主要途径也应是语文实践，不宜刻意追求语文知识的系统和完整。语文又是母语教育课程，学习资源和实践机会无处不在、无时不有。因而，应该让学生更多地直接接触语文材料，在大量的语文实践中掌握运用语文的规律。加强语文实践活动，在实践中学习，在实践中创新，在实践中提高，这是语文教学的呼唤，也是学生素质发展的迫切需要。加强语文实践活动，就是要充分以学生为主体，让学生积极参与活动的全过程，成为实践活动的主人，使语文实践活动成为学生创新的乐园，提高语文综合素质的“平台”。

二、语文实践活动的内容设计

根据语文学科特点和学生心理规律，语文课按活动分类主要有以下几大类：

（1）阅读实践类。主要目标是扩大学生的阅读量，丰富学生的经验，使学生养成良好的阅读习惯，培养阅读能力。比如，阅读报刊，阅读名著，背诵古诗文，阅读童话、寓言等。

（2）口语实践类。主要目标是创造口语交际情境，提供口语交际内容，提高学生的口语交际能力。比如，开展“新闻发布会”、热门话题讨论、故事会、专题辩论会或进行情景表演等。

（3）听说实践类。主要目标是训练学生认真听别人说话，能根据听到的内容迅速作出反应。比如，听故事复述、听新闻复述、听录音想象、听记比赛等。

（4）写作实践类。主要目标是把写作与多彩的生活结合起来，让学生在学校生活、家庭生活和社会生活的大环境中练习写作，增强写作的实践性和生活性。比如，组织故事接龙、绘画日记、红领巾信箱、编写广播稿、少儿文学社、专题征文、作文门诊、通讯交友、看影视剧写读后感等活动。

（5）游戏实践类。主要目标是将语文知识融入生动有趣的游戏、表演、竞赛中，使学生在愉悦的氛围中学习语文、训练智能。比如，进行课本剧表演、绘画表演、游戏作文等。

（6）艺术实践类。主要目标是把语文学习和艺术学科的学习结合起来，促进各科知识融会贯通，实现学生综合素质的提高。比如，办手抄报、黑板报，进行书法展览、剪贴写话、歌舞表演等。

（7）社会实践类。主要目标是让学生走向社会，在社会的大课堂里学习语文、运用语文、丰富阅历、增长才干。比如，参观游览、访问名人、开展社会调查、当语言文字“医生”、设计广告语、创作对联等。

（8）观察实践类。主要目标是让学生学会观察自然、观察社会、观察生活，在观察中思考和想象，养成认真观察、勤于思考、善于积累的好习惯。比如，观察说话、写观察日记等。

（9）操作实践类。主要目标是让学生结合语文学习内容进行试验制作，培养学生动手操作、手脑并用的能力。比如，小实验、小制作等。

在以上的活动内容中，低年级以观察活动、游戏活动、听说活动为主，突出“趣味性”；中年级以阅读活动、口语活动和操作活动为主，突出“技能性”；高年级以社会活动、艺术活动和写作活动为主，突出“发展性”。各个年级段的内容要相互补充、相互渗透，不能截然割裂。

三、语文实践活动的实施原则

1. 趣味性原则

兴趣是最好的老师，语文实践活动的内容和形式，都要以学生的兴趣和需要为前提，活动本身要能激发学生的主动性和积极性。

2. 综合性原则

语文实践活动中，学生所面对的是完整的生活世界，实践活动课程着眼于学生的整体发展，是各学段学生文化课学习与非智力品质发展的重要凭借，应切合该学段学生的综合发展水平。实践活动的设计和实施特别强调其主题性，主题的确定应充分考虑时代性、生活性、真实性。

3. 实践性原则

实施语文实践活动要特别关注学生活动时的感受和体验，要关注过程的充分程度、丰富程度、深刻程度，学生的亲身体验和主观感受应成为宝贵的学习经验。

4. 开放性原则

语文实践活动是一个开放的学习领域，其活动目标、活动内容、活动方式等都具有开放性，它面向每一个学生的个性发展，尊重每一个学生发展的特殊需要，应在活动方式的选择和教育资源的开发上充分体现开放性。

5. 发展性原则

在语文实践活动中，要培养学生独立自主、积极主动的学习态度，关注学生主体意识与能力的发展程度，逐步让学生在教师的指导下把学习当做自己的事情，真正成为学习的主体、发展的主体。

四、语文实践活动的模式构建

1. 活动内容——让学生自主选择

语文实践活动内容丰富多彩，但是再好的内容如果脱离了学生的兴趣爱好和实际需要，都会黯然失色，很难收到好的效果。我们从众多的活动内容中筛选出一部分趣味性强、操作简单、学生喜闻乐见的项目，如阅读童话故事、热门话题讨论、想象作文、循环日记、红领巾编辑部、表演课本剧、成语接龙、剪贴写话、书法比赛、设计广告词、对联集锦等。我把这些内容推荐给学生，让学生根据自己的爱好自由选择，然后再把选择相同内容的学生编成若干个兴趣小组，有计划地开展活动。梁启超说：“趣味是活动的源泉。”这些活动内容贴近学生的生活，贴近学生的心灵，有效地激发了学生的积极性和主动性。

2. 活动方式——让学生自主设计

有了感兴趣的内容，还要设计好有价值的活动方式，这是发挥学生主动性、创造性的重要环节。学生在教师的点拨下，互相讨论、互相启发，许多高质量的活动方案应运而生。

如第一兴趣小组的活动内容是编辑小报，他们给自己的报纸取名“春晖”，其中有“校园聚焦”“欢乐童年”“佳作欣赏”“异想天开”等栏目。小组人员分工明确，有采访报道组、资料收集组、书写校对组、美术设计组等。报纸每周出一期，定期在全班举行征文比赛。“课本剧表演”小组有编剧、导演、演员、化妆师，活动开展有条不紊，每周四下午的文娱活动时间都为同学们奉献一台精彩的节目。别具一格的活动设计，开掘了学生的创新潜能，使学生体验到了创造的乐趣。

3. 活动过程——让学生自主参与

在语文实践活动中，最重要的是学生能主动参与到活动的全过程，并且能在活动中获得最直接、最真切的感受——智力的、能力的、情感的、意志的体验与训练。学生只有在活动过程的磨炼与展现中，才能更好地发挥创造才能。

如“童话之星”兴趣小组，按以下过程开展活动：（1）读童话。每人每天至少阅读一篇童话故事，做好摘抄笔记。（2）讲童话。在每天晨会课前，他们轮流到台前给大家讲童话故事，锤炼口语表达能力。（3）写童话。在达到一定的阅读积累后，他们开始独立地编写童话，如《夜晚教室里的争吵》《动物园选美》《奇妙的太空旅行》等。同学们充分展开幻想的翅膀，在五彩缤纷的童话世界里遨游，创造出许多精彩动人的童话故事，描绘出许多鲜明生动的形象。一学期下来，他们编的童话故事装订成厚厚的一本，取名为《采贝集》。这是童心的闪耀、童趣的结晶，是创新之花绽放的光芒。（4）演童话。日积月累，厚积薄发。他们经常把看到或自己写的童话故事编成课本剧演给大家看，在重大节日时演给全校同学看。以上活动过程，犹如开启一条智慧通道，学生通过读一读、讲一讲、写一写、演一演，步步深入，循序渐进地步入知识的殿堂、创造的乐园。

4. 活动效果——让学生自主评价

语文实践活动的效果如何，应让学生自己进行评价。学生在自主评价中不断进行自我总结和反思、自我反馈和矫正，逐步培养正确的审美观念和价值取向。尽管学生的评价可能不够全面、不够深刻，但这是学生内心真实的感受，是学生独立思考、大胆发现的结果，是培养创新个性的最佳途径。

比如，评价学生为商品“推土机”设计的广告词，学生设计的内容有：“力量的象征。”“走过曲折，便是平坦的大道。”“哪里不平哪里有我。”经过评议，大家一致评选“哪里不平哪里有我”为最佳广告设计，因为这个广告借用一句歌词来表达，幽默、风趣、含蓄，恰如其分地写出了推土机的特点，让人一见就留下深刻的印象。这些精妙的设计和评价，既体现了学生对语言文字的纯熟驾驭，更闪烁着学生智慧的火花和飞扬的个性。我们的教学不就是要培养这样的创造性人才吗？

图书在版编目（CIP）数据

高效能语文教学5项修炼 /王其华著．—南京：江苏教育出版社，2012.12

ISBN 978-7-5499-2600-8

Ⅰ.①高… Ⅱ.①王… Ⅲ.①小学语文课—教学研究②中学语文课—教学研究 Ⅳ.①G633.302

中国版本图书馆CIP数据核字（2012）第312586号

书　　名	高效能语文教学5项修炼
作　　者	王其华
责任编辑	严小英　马春霞
出版发行	凤凰出版传媒股份有限公司
	江苏教育出版社（南京市湖南路1号A楼　邮编210009）
苏教网址	http：//www.1088.com.cn
照　　排	润星之源文化有限公司
印　　刷	三河市华润印刷有限公司
厂　　址	三河市杨庄镇杨庄村
开　　本	787毫米×1092毫米　1/16
印　　张	16.75
字　　数	292千字
版　　次	2012年12月第1版　2012年12月第1次印刷
书　　号	ISBN 978-7-5499-2600-8
定　　价	30.00元
网店地址	http：//jsfhjy.taobao.com
邮购电话	025-85406265，85400774　短信02585420909
E - mail	jsep@vip.163.com
盗版举报	025-83658579